MARTE E VÊNUS RECOMEÇANDO

John Gray, Ph.D.

MARTE E VÊNUS RECOMEÇANDO

UM GUIA PRÁTICO PARA REENCONTRAR O AMOR
DEPOIS DE UMA SEPARAÇÃO TRAUMÁTICA,
DIVÓRCIO, OU DA PERDA DA PESSOA AMADA

Tradução de
ALYDA CHRISTINA SAUER

Título original
MARS AND VENUS STARTING OVER
A Practical Guide for Finding Love Again
After a Painful Breakup, Divorce or the Loss of a Loved One

Copyright © 1998 by Mars Productions, Inc.

Primeira publicação por HarperCollins, Nova York, N. Y.
Todos os direitos reservados

"Publicado por acordo com
Linda Michaels Limited,
International Literary Agents"

Direitos mundiais para a língua portuguesa
reservados com exclusividade à
EDITORA ROCCO LTDA.
Avenida Presidente Wilson, 231, 8º andar
20030-021 – Rio de Janeiro, RJ
Tel.: (21) 3525-2000 – Fax: (21) 3525-2001
rocco@rocco.com.br
www.rocco.com.br

Printed in Brazil/Impresso no Brasil

preparação de originais
MÔNICA MARTINS FIGUEIREDO

CIP-Brasil. Catalogação-na-fonte.
Sindicato Nacional dos Editores de Livros, RJ.

G82m	Gray, John- 1951- Marte e Vênus recomeçando: um guia prático para reencontrar o amor depois de uma separação traumática, divórcio, ou perda da pessoa amada/ John Gray; tradução de Alyda Christina Sauer. – Rio de Janeiro: Rocco, 2000. Tradução de: Mars and Venus starting over: a practical guide for finding love again after a painful breakup, divorce, or the loss of a loved one ISBN 85-325-1133-3 1. Relações homem-mulher. 2. Homens – Psicologia. 3. Mulheres – Psicologia. 4. Perda (Psicologia) 5. Separação (Psicologia). I. Título
00-0233	CDD-158 CDU-159.9.392.6

Dedico este livro com amor e afeição profundos à minha alma gêmea e esposa, Bonnie Gray. Seu amor radiante continua a fazer brotar o que existe de melhor em mim.

SUMÁRIO

Agradecimentos 11
Introdução 13

PARTE UM
MARTE E VÊNUS RECOMEÇANDO

1 – Marte e Vênus recomeçando 21
2 – Por que dói tanto? 29
3 – Intervalo emocional 37
4 – Lamentando a perda do amor 48
5 – Desbloqueando 54
6 – Bons finais geram bons começos 66
7 – Exercício para sentir-se melhor 78
8 – Descobrindo o perdão 86
9 – Dizendo adeus com amor 93
10 – Deixando a mágoa para trás 113
11 – O princípio 90-10 121
12 – Processando nossas mágoas 130
13 – Lembre-se sempre do amor 152
14 – 101 maneiras de curar nosso coração 163

PARTE DOIS
RECOMEÇANDO EM VÊNUS

1 – Carregando uma lista enorme 177

2 – As novas pressões do namoro	180
3 – Namore por aí, mas não durma por aí	182
4 – Glorificando nosso passado	185
5 – Prisioneira da dor	187
6 – A traição de amar de novo	188
7 – Sexo e auto-estima	190
8 – Sexo, obrigação e auto-estima	192
9 – À espera de um terremoto	196
10 – Filmes versus vida real	199
11 – Atraindo o parceiro errado	201
12 – Romantismo exagerado	203
13 – Mulher procura homem sensível	205
14 – Concentrada no lado negativo	208
15 – Quem precisa de um homem?	210
16 – Mulheres que fazem demais	214
17 – Cuidando dos outros	220
18 – A mulher que tem medo da intimidade	222
19 – Meus filhos precisam de mim	223
20 – Mas meus filhos sentem ciúme	227
21 – Sentimentos como atitudes e não comunicação	232
22 – Aprendendo a ser feliz sozinha	237
23 – Tudo ou nada	241

PARTE TRÊS
RECOMEÇANDO EM MARTE

1 – O homem de ressaca	251
2 – Sexo na ressaca da separação	256
3 – Vícios positivos	259
4 – Trabalho, dinheiro e amor	261
5 – Amor não é o bastante	264
6 – Aprendendo com nossos erros	267
7 – Não temos de parar de amar	269

8 - Amor não retribuído 270
9 - Assumindo a responsabilidade de deixar para trás ... 272
10 - Almas gêmeas não são perfeitas 276
11 - Ter pressa 278
12 - Reconhecendo a alma gêmea 280
13 - Concretizando as fantasias 282
14 - Não podemos viver com elas e não podemos
     viver sem elas 285
15 - A busca sem fim 287
16 - Repressão 290
17 - Ser versus fazer 293
18 - Quanto maior melhor 295
19 - Encontrando o equilíbrio 298
20 - Escolhendo a mulher certa 303
21 - Aprendendo a dizer adeus 306
22 - Tendências autodestrutivas 310
23 - Descobrindo o poder do provedor 318
Conclusão 324

AGRADECIMENTOS

Agradeço à minha mulher, Bonnie, por partilhar mais uma vez da viagem de criação de um novo livro. Agradeço às nossas três filhas, Shannon, Juliet e Lauren, pelo amor e apoio constantes. Agradeço especialmente a Helen Drake por administrar com eficiência meu escritório enquanto escrevia este livro.

Agradeço aos seguintes familiares e amigos pelas sugestões e pelo apoio valiosos para as idéias do livro: minha mãe, Virginia Gray; meus irmãos, David, William, Robert e Tom Gray; minha irmã, Virginia Gray; Robert e Karen Josephson; Susan e Michael Najarian; Renee Swisko; Ian e Elley Coren; Trudy Green; Candice Fuhrman; Bart e Merril Berens; Martin e Josie Brown; Reggie e Andrea Henkart; Rami El Batrawi; Sandra Weinstein; Robert Beaudry; Jim Puzan; Ronda Coallier; Jim e Anna Kennedy; Alan e Barbara Garber; e Clifford McGuire.

Agradeço à minha agente, Patti Breitman, pelo brilhantismo e apoio constantes. Agradeço à minha agente internacional, Linda Michaels, por fazer com que meus livros fossem publicados em todo o mundo, em mais de quarenta línguas.

Agradeço à minha editora, Diane Reverand, pela orientação e pelos conselhos de especialista. Agradeço a David Steinberger, presidente da HarperCollins, e a Jane Friedman, presidente executiva, pela orientação e apoio. Agradeço também a Carl Raymond, Marilyn Allen, Laura Leonard, David Flora, Krista Stroever e aos outros incríveis membros da equipe da Harper-Collins pela gentileza em suprir as minhas necessidades. Não poderia desejar equipe melhor.

Meu muito obrigado a Anne Gaudinier, Rick Harris, John Koroly e à equipe da HarperAudio, e a Doug Nichols, Susan Stone e toda a equipe da Russian Hill Recording que colaborou na produção da versão sonora do livro.

Desejo agradecer às centenas de colaboradores que ensinam nos workshops Marte & Vênus em todo o mundo, e sou grato aos milhares de indivíduos e casais que participaram dos meus encontros de cura nos últimos quinze anos. Obrigado também aos Conselheiros Marte Vênus que continuam a utilizar esses princípios na prática do aconselhamento.

Um obrigado muito especial ao meu querido amigo Kaleshwar.

INTRODUÇÃO

Com a perda do amor, nossa vida se transforma imediatamente. Ao ter de recomeçar, de repente não temos a menor idéia do que fazer pelo resto da vida. Desprovidos do que nos é mais familiar, não sabemos muito bem o que vem depois. Quando enfrentamos esse novo desafio, não temos praticamente nenhuma experiência que sirva de guia. Nossa mente fica repleta de perguntas e nosso coração cheio de dor. Ao ler *Marte e Vênus recomeçando*, você encontrará muitas respostas e orientação. Saberá exatamente o que precisa fazer e para onde está indo.

....
Quando enfrentamos o desafio que é recomeçar, não temos experiência alguma para nos guiar.
....

As análises deste livro são resultado de vinte e oito anos aconselhando homens e mulheres a fazerem escolhas sábias, no processo da cura de seus corações, depois de uma separação traumática, de um divórcio ou da perda da pessoa amada. Apesar das circunstâncias de cada um serem únicas e variarem muito, a dor que sentiam era a mesma: a dor de um coração partido. Por meio de aconselhamento e de workshops de aprendizado, ajudei diretamente milhares de pessoas no processo de cura de seus corações.

As análises e os processos descritos neste livro funcionaram constantemente para eles e vão funcionar para você. Também funcionaram para mim. Na minha própria vida tive de recomeçar depois de um divórcio e sofri a perda do meu pai e de meu irmão caçula. Sei que uma perda pode ser devastadora, e conheço as inúmeras dádivas provenientes da cura de uma perda.

Depois de curar a dor do término do meu primeiro casamento, consegui aprender com meus erros para prosseguir e criar uma vida nova e melhor. Apesar de não ser capaz de imaginar isso na época, hoje agradeço o fato de meu primeiro casamento ter terminado. Caso contrário, jamais teria casado com minha mulher Bonnie, nem teria criado a vida e a família maravilhosas que agora partilhamos.

> Você vai rever essa época de dor e agradecer as dádivas que ela proporcionou.

Ao curar minha dor, fui capaz de criar uma nova vida cheia de amor e sucesso. E meu coração se abriu, mais do que nunca, e consegui ver tudo com mais clareza. Na minha jornada de cura, cada dia revelava *insights* e descobertas que me foram preparando para reconhecer em Bonnie minha alma gêmea. À medida que obtinha sucesso dando e recebendo amor em meu casamento, e com o estímulo do sucesso crescente no aconselhamento de outras pessoas, pude desenvolver as idéias de *Homens são de Marte, mulheres são de Vênus*.

Ao curar meu coração, tornei-me melhor conselheiro e professor, mas, o que é ainda mais importante, melhor marido e pai para meus filhos. Após a viagem da experiência pessoal, passei a conhecer as incríveis recompensas de recomeçar e de encontrar o amor novamente.

> Até um divórcio traumático pode abrir a porta para você experimentar uma vida amorosa rica e gratificante.

Esse processo não é fácil. Para você renascer e ter uma nova vida, são necessárias as dores do parto. Precisa trabalhar duro. Apesar de doloroso às vezes, passar pelo processo também é uma experiência rica e gratificante. Depois da adaptação inicial, tudo fica muito mais fácil. Em pouco tempo você estará olhando para trás e toda essa dor será apenas uma lembrança.

....
Em pouco tempo toda essa dor será apenas uma lembrança.
....

Embora a morte da pessoa amada seja muito diferente de uma separação sofrida ou de um divórcio, o processo de curar essa dor é o mesmo. Neste livro você vai descobrir como curar um coração partido, independente do tipo de perda pela qual está passando. Lerá histórias e exemplos que não correspondem exatamente à sua situação, mas mesmo assim descobrirá alguma parte de você que tem relação.

AS TRÊS PARTES

Marte e Vênus recomeçando se divide em três partes. A primeira, *Marte e Vênus recomeçando*, trata do estágio do processo de cura que é basicamente o mesmo para homens e mulheres. Apesar de o processo ser o mesmo, muitas vezes homens e mulheres têm de enfrentar desafios diferentes. Uma estratégia que é produtiva para um homem não é necessariamente produtiva para uma mulher, e vice-versa.

A segunda parte, *Recomeçando em Vênus*, trata dos desafios específicos que as mulheres enfrentam no processo de recomeçar. A terceira parte, *Recomeçando em Marte*, trata dos desafios típicos que os homens costumam encarar. Ao ler *Marte e Vênus recomeçando,* um homem pode resolver pular a parte dois e voltar a ela depois de ler a parte três. As duas partes contêm informações vitais para homens e mulheres, porque há sempre algumas sobreposições.

O processo de cura dessa nossa dor é o mesmo, mas cada um de nós tem de enfrentar muitos desafios individuais na experiência da perda. Por meio da exploração das condições necessárias para superar uma variedade de situações diferentes, você será capaz de determinar claramente qual abordagem é melhor para o seu caso. Além das suas opções ficarem mais nítidas, você sentirá o alívio de saber que não está sozinho. Outras pessoas já passaram por isso e seguiram em frente, encontrando alívio e cura permanente.

CURANDO NOSSOS CORAÇÕES

Na minha lua-de-mel com Bonnie, recebi uma notícia trágica. Meu pai tinha sido encontrado morto na mala de seu carro. Foi assaltado por um carona e posto na mala do carro, abandonado no acostamento da estrada. Depois de algumas horas sob o forte sol do Texas, ele teve um enfarte e morreu. Eu, como outras pessoas que perdem alguém muito querido, senti uma dor quase insuportável e sofri demais com a perda. Não havia como trazê-lo de volta.

O sofrimento continuou e supus que essa dor jamais acabaria. Felizmente fui abençoado com o apoio do qual precisava para curar a minha dor. Agora quando penso em meu pai, em vez de sofrer, sinto a doçura de meu amor por ele e dele por mim. Apesar de desejar que ele estivesse aqui para se alegrar com as minhas conquistas e para ver as netas, não há mais dor. Ao lembrar dele agora, enquanto escrevo, sinto muito amor e derramo algumas lágrimas, lágrimas de gratidão pelos momentos especiais que tivemos juntos.

> **Até mesmo a dor de uma perda trágica acaba com o tempo.**

Dois anos depois recebi outro telefonema com mais uma notícia trágica. Meu irmão caçula, Jimmy, cometera suicídio. Este mundo era frio e duro demais para sua alma sensível, e ele resolveu acabar com a vida. Sem saber como curar seu coração depois de mergulhar no mundo das drogas por conta de uma separação traumática, a vida dele enveredou por um abismo. Tornou-se maníaco-depressivo e precisava tomar remédios para enfrentar tudo. Naquela época os remédios não eram tão sofisticados como são hoje. Os efeitos colaterais tornaram sua vida insuportável.

A perda de meu irmão foi devastadora. Quando crianças, éramos muito ligados. A morte dele foi tão dolorosa quanto a do meu pai, mas de forma diferente. Além de sentir sua falta, fiquei muito triste por não ter podido ajudá-lo. Ajudei muita gente, mas não pude salvar meu irmão. Mas ao sofrer com a perda, aprendi a me perdoar.

....
Grande parte da nossa dor é gerada pela sensação de impotência de salvar ou trazer nossos entes queridos de volta.
....

A tentativa de ajudar meu irmão com seus problemas foi o que me motivou a estudar psicologia, no início. Quando os métodos tradicionais não funcionaram, continuei pesquisando e ampliando a minha compreensão sobre o processo de cura.

Ao enfrentar o sentimento de culpa e a frustração de não ter salvado meu irmão, curei meu coração mais uma vez. Nesse momento descobri um sentido mais profundo de inocência e de valor. Consegui livrar-me da idéia de que tinha de ser perfeito para merecer amor. Curando a minha dor, com o tempo acabei sendo capaz de distinguir claramente a reação às necessidades dos outros, e o erro que era sentir-me responsável por eles. Esses são apenas alguns exemplos das dádivas que recebi quando curei meu coração depois de perder meu irmão.

A melhor dádiva, no entanto, é poder continuar a sentir amor por ele, sem a dor no peito. No lugar desta dor, sinto-me grato pelo fato de ele não estar mais sofrendo. Apesar de não ter sido capaz de salvá-lo, passei a ajudar muita gente a se salvar. Ele continua vivo em meu coração e é minha inspiração para transformar este mundo num lugar melhor.

TRANSFORMANDO NOSSOS SONHOS EM REALIDADE

Milhões de pessoas em todos os caminhos da vida, ricas e pobres, saudáveis e doentes, continuam a sofrer com a perda do amor. Em vez de tentar reencontrar o amor e transformar seus sonhos em realidade, elas *apenas* passam pela vida. Ficam tentando sobreviver a cada dia. Na maioria dos casos, nem se dão conta do que estão perdendo. Nem sequer sabem que têm uma escolha. Não conhecem uma maneira de curar seus corações e encontrar amor novamente. Não percebem que podem curar sua dor.

Depois de ler *Marte e Vênus recomeçando*, você saberá que tem escolha. A dor que sentimos com a perda é inevitável na vida, mas o sofrimento não é. Você pode curar a dor do passado e evoluir com essa experiência. Em vez de piorar, sua vida pode e vai melhorar.

Marte e Vênus recomeçando é uma obra de amor. É a minha dádiva para o mundo e o resultado de vinte e oito anos servindo a pessoas como você. Espero poder ajudá-lo também nessa noite escura da alma. Talvez como uma pequena vela na escuridão do seu desespero. Um mestre sábio para guiá-lo ao longo de seu caminho. Um amigo compreensivo para mitigar sua solidão e ser seu companheiro nesse tempo de dor. Leia várias vezes e lembre que não está sozinho. Outros já trilharam esta estrada, e sobreviveram. Viveram para amar novamente. E você fará o mesmo!

PARTE UM

MARTE E VÊNUS RECOMEÇANDO

1
MARTE E VÊNUS RECOMEÇANDO

Quando se vêem solteiros novamente, homens e mulheres enfrentam desafios diferentes. Da mesma forma que pensamos, sentimos e nos comunicamos de modos diversos, também temos reações diferentes diante de uma perda amorosa. Durante uma crise do coração, as reações instintivas e automáticas de uma mulher não são as mesmas de um homem. Seus problemas são diferentes e seus erros também. O que é bom para ela não é necessariamente bom para ele. Em diversos pontos, as necessidades de cada um não têm nada a ver com as do outro. É como se os homens fossem de Marte e as mulheres de Vênus.

Apesar de encarar a situação de forma diferente, tanto o homem quanto a mulher passam por sentimentos igualmente angustiantes. Recomeçar depois de um divórcio, de uma separação traumática, ou da morte da pessoa amada pode ser a experiência mais difícil de toda uma vida. Para a maioria das pessoas arrasadas com uma perda amorosa, isso é muito maior do que qualquer coisa que poderiam esperar, prever ou imaginar.

....
Recomeçar depois de um divórcio, de uma separação traumática, ou da morte da pessoa amada pode ser a experiência mais difícil de toda uma vida.
....

Nossos corações sofrem, confusos, com a solidão. Ficamos atordoados com o nosso desamparo. Travamos uma luta com nossa incapacidade de modificar o que aconteceu. Ficamos perturbados quando afundamos nas profundezas do desespero e da desesperança. Sentimo-nos perdidos e abandonados num deserto de escuridão. O tempo passa devagar e cada instante parece uma eternidade.

> Depois de uma perda, travamos uma luta com a nossa incapacidade de modificar o que aconteceu.

É uma batalha para simplesmente preencher cada momento vazio e sobreviver a mais um dia. Às vezes a dor doce e amarga da perda cede lugar a um torpor depressivo, mas então alguma coisa nos faz lembrar de nossa perda, e mais uma vez desejamos sentir e amar novamente. Nunca antes experimentamos essa necessidade de amor e de união de forma tão angustiante. Forçados a encarar e sentir essa dor terrível em nossos corações, descobrimos que nossas vidas jamais serão as mesmas.

Depois de um tempo, quando se completa o processo de cura, desistimos. Em nossas mentes e nossos corações, nós nos rendemos e aceitamos o fato de não poder mudar o que aconteceu. Solteiros novamente, começamos a reconstruir nossas vidas. Mais uma vez começamos a nos relacionar para dar e receber amor. Apesar de não termos sido capazes de imaginar isso antes, nossas vidas recuperam um ar de normalidade. Depois da escuridão do desespero, o brilho do sol quente, confortante e calmante do amor surge outra vez. Esse final feliz, embora possível, não é garantido.

COMPREENDENDO O PROCESSO DE CURA

Para curar um coração partido temos de ser capazes de completar o processo de cura. Isso exige uma visão nova das coisas e compreensão, mas a maioria das pessoas não tem idéia do que é necessário. Não aprendemos na escola a reparar um coração partido e tampouco temos muita experiência. Quando estamos no escuro e vulneráveis, costumamos seguir cegamente os conselhos de amigos ou da família, ou então simplesmente obedecemos aos nossos próprios instintos. Tomamos decisões e fazemos escolhas que podem parecer sensatas, mas que muitas vezes são contraproducentes. Apesar de obter um alívio temporário, a longo prazo não alimentamos nem completamos o processo de cura.

> Não aprendemos na escola a reparar um coração partido.

Depois da perda amorosa, algumas pessoas de fato renascem. Muitas não têm tanto sucesso. Depois de despencar nas profundezas do desespero, jamais conseguem chegar ao outro lado. Em vários graus e de maneiras diferentes, continuam a sofrer com a perda. Cientes da dor causada por essa perda, evitam abrir seus corações por completo novamente.

Outras, que parecem ter deixado a dor para trás, às vezes não fizeram isso de verdade. Acreditam que conseguiram seguir em frente, mas para isso tiveram de fechar a porta de seus corações. A fim de evitar a dor, avançaram rápido demais. Conseqüentemente amorteceram sua capacidade plena de sentir. Sem perceber ou reconhecer como fizeram isso, essas pessoas se fecharam. Continuam a viver, incapazes de experimentar o amor em seus corações. A capacidade de crescer no amor e na felicidade ficou atrofiada.

Estar solteiro de novo é definitivamente uma crise. Como qualquer crise, é tempo de perigo e momento de oportunidades. A oportunidade é a possibilidade de curar e reforçar seu coração e sua mente para continuar saudável e íntegro. O perigo é não completar o processo de cura. O tempo sozinho não cura todas as feridas. O modo de enfrentar a perda amorosa é que determina como será o resto de nossas vidas.

COMO É A CURA DO CORAÇÃO

Para garantir a totalidade do processo de cura, é importante compreender basicamente como se dá a cura do coração. É mais fácil entender e visualizar esse processo imaginando como um osso fraturado se recompõe. Uma ferida emocional é abstrata, mas um osso quebrado é bem tangível e concreto. Conhecer os vários passos na cura de um osso quebrado pode nos ajudar a aceitar e respeitar as necessidades do nosso coração partido.

Quando um osso se quebra, nosso corpo já contém o poder natural de cura para corrigir o problema. Dói, mas com o tempo a dor passa. Sem interferência, o corpo se cura automaticamente, num período de tempo previsível. Quando permitimos e facilitamos esse processo de cura automático, o osso volta a crescer mais forte do que antes. Da mesma forma, se você puder incentivar a cura de um coração partido, ele também ficará mais forte. A dor e o desespero passarão, e você encontrará amor e felicidade novamente.

....
Com a cura o coração partido fica mais forte.
....

Quando quebramos um osso, ele tem de ser posto no lugar e depois protegido por gesso para que o processo natural e automático de cura do corpo possa ocorrer. Se o osso não for posto de volta no lugar, ficará deformado. Se não tiver um certo tempo de repouso, protegido pelo gesso, será sempre fraco. Da mesma forma, se a proteção de gesso não for removida, o osso jamais ficará forte outra vez. Recomendações como essas se aplicam ao processo de cura de um coração partido.

Quando nosso coração se parte, não basta simplesmente supor que vamos superar isso. Apesar de automático, sem entender o processo completo, podemos, e é até comum, interferir e criar obstáculos para a cura sem saber. Usando a analogia da cura de um osso quebrado, podemos começar a reconhecer e a apreciar os três passos essenciais para a cura de um coração partido.

Os três passos para curar um osso quebrado são: procurar ajuda, reduzir a fratura e depois dar tempo para a cura, protegendo o osso com gesso. Do mesmo modo, os três passos para curar o coração são:

Primeiro passo: procurar ajuda
Segundo passo: lamentar a perda
Terceiro passo: estar inteiro antes de se envolver novamente

Vamos explorar essa analogia mais a fundo.

OS TRÊS PASSOS PARA CURAR O CORAÇÃO

Primeiro passo: procurar ajuda

Quando se quebra um osso, o primeiro passo é procurar ajuda. Quando nos ferimos, precisamos do apoio dos outros. Mesmo sendo um especialista em fraturas, você teria de encontrar outro para ajudá-lo. Também quando seu coração está partido, o primeiro e mais importante passo é procurar ajuda. Não é hora de ser estóico e de ignorar as sensações de mágoa e de perda. Os homens podem acelerar seu processo de cura ouvindo as histórias de outros que estão sofrendo, enquanto as mulheres se beneficiam especialmente tendo quem as ouça. Partilhar seus sentimentos e estar com pessoas que sabem o que você está passando não é apenas confortante, mas é essencial para o processo de cura.

....

Os homens podem acelerar seu processo de cura ouvindo histórias de outros que estão sofrendo, enquanto as mulheres se beneficiam especialmente tendo quem as ouça.

....

Ler este livro é certamente um bom começo, mas não substitui sua necessidade de apoio de pessoas que estão passando por perdas semelhantes, ou que já estiveram na mesma situação. Se você quiser participar de um workshop, juntar-se a um grupo de apoio, ou procurar ajuda de um conselheiro, esta é a melhor hora. O apoio de pessoas que curaram suas feridas emocionais e o auxílio de um especialista formado podem garantir a oportunidade da cura completa. Durante o período da cura você está mais receptivo ao que um conselheiro, grupo de apoio ou workshop têm para oferecer.

Em *Marte e Vênus recomeçando* vamos explorar as diversas formas pelas quais homens e mulheres, sem saber, se afastam do amor e do apoio necessários para completar o processo de cura. Além disso, daremos ênfase a estratégias práticas para conseguir o apoio de que você precisa. Não existe uma fórmula imediata para acabar com a dor, mas você *pode* conseguir a ajuda necessária para torná-la suportável. Com o apoio correto, na hora certa, você vai liberar sua dor e experimentar a alegria e a paz de um coração aberto outra vez.

Segundo passo: lamentar a perda

No segundo passo, depois de procurar ajuda, o osso deve ser posto de volta no lugar em que estava antes de quebrar. Essa redução faz com que o osso cresça direito. Da mesma forma, quando seu coração está partido, deve ser posto de novo onde estava antes. Nesse segundo estágio temos de sentir a perda lembrando da pessoa e do que aconteceu com o relacionamento.

A perda de alguém que amamos e a lembrança do passado, juntas, geram sentimentos dolorosos, mas também evocam o amor que os dois compartilharam. Reviver esse amor auxilia na cura. Esse amor ameniza e cura a dor da perda.

....
Sentindo gratidão pelos bons momentos e perdoando os erros, o coração vivencia o amor necessário para a cura.
....

Se você está se recuperando de uma separação dolorosa ou de um divórcio e se sente rejeitado e traído, então, no início, pode ser difícil lamentar a perda ou sentir o amor. A raiva pode ser muito grande. Nesse caso, o desafio de "pôr o coração de volta no lugar" se traduz em descobrir a capacidade de perdoar. Só assim você será capaz de lamentar por completo.

Mesmo quando você fica contente e aliviado de terminar um relacionamento ruim, tem de enfrentar o desafio de relembrar suas esperanças e seus sonhos iniciais, e então lamentar essa decepção. Depois da separação você precisa se esforçar para apreciar o que foi bom e perdoar os erros, para pôr seu coração de volta no lugar. Esse processo nos libera para seguir em frente com o coração aberto e encontrar um amor verdadeiro e duradouro.

> É impossível o coração se abrir para outro quando está completamente fechado para alguém do passado.

A conseqüência de reparar nosso coração lamentando e sentindo profundamente é que mais uma vez somos capazes de sentir o desejo suave, inocente e delicado de querer bem e de confiar no amor de outra pessoa. Sem essa cura podemos ficar desgastados demais para gostar ou confiar novamente.

Enquanto o processo de cura não se completa, os homens tendem a parar de querer bem, enquanto as mulheres enfrentam problemas no que diz respeito à confiança. O resultado é que os homens conseguem se envolver imediatamente, mas não querem se comprometer. Por outro lado, as mulheres não se envolvem para não serem magoadas novamente.

> Enquanto o processo de cura não se completa,
> os homens não querem se comprometer
> e as mulheres não conseguem confiar de novo.

Nos capítulos seguintes vamos explorar detalhadamente como se deve lamentar uma perda e sentir plenamente o vazio que fica, para poder preencher esse espaço com amor. Assim como a luz acompanha a escuridão da noite, a plenitude do amor nos invade quando experimentamos nosso vazio interior.

Terceiro passo: estar inteiro

No terceiro passo da cura de um osso quebrado, depois do restabelecimento da posição correta temos de imobilizá-lo com gesso e dar-lhe tempo para se recompor. Quando está forte novamente, é hora de tirar o gesso. Da mesma forma, no processo de cura do coração, precisamos nos dar tempo para recompor nossa integridade antes de iniciar um envolvimento íntimo. Antes de partilhar com sucesso a vida com alguém, temos de curar nossas carências e adquirir um forte sentido do "eu". A melhor hora para se envolver novamente é quando você sente que não precisa. O ideal é estarmos satisfeitos e completos de maneira geral, antes de entrar em outro relacionamento íntimo.

> A melhor hora para se envolver novamente
> é quando você sente que não precisa.

Os homens costumam se envolver cedo demais, e as mulheres rejeitam o amor inconscientemente. Sem se dar o tempo necessário antes de um novo envolvimento, os homens ficam limitados em sua capacidade de se entregar, enquanto as mulheres ficam limitadas em sua capacidade de receber amor. Nos últimos capítulos vamos explorar com mais detalhes como homens e mulheres sabotam esse terceiro estágio sem saber, e examinaremos sugestões práticas para garantir que você se envolva novamente na hora certa.

RECOMEÇANDO

Quando ficamos solteiros outra vez, nossas vidas se transformam subitamente. É como se de repente encarássemos o resto das nossas vidas sem idéia do que fazer. Somos privados do que nos é mais familiar e muitas vezes nem imaginamos que atitude tomar. Com a leitura de *Marte e Vênus recomeçando*, você encontrará esclarecimento e orientação.

2
POR QUE DÓI TANTO?

De todas as perdas, a amorosa é a que dói mais. Quando sofremos outras decepções e injustiças, é o amor que consola a alma e torna nossa dor suportável. No dia-a-dia, quando passamos por uma perda, rejeição ou um fracasso, nossas mentes automaticamente nos protegem lembrando-nos que em casa somos amados. Mas quando perdemos esse amor, não há como obter alívio. Não existe mais conforto ou proteção. A maioria das vezes não nos damos conta do quanto contamos com esse apoio, até que o perdemos.

> Quando sofremos decepções e injustiças,
> é o amor que consola a alma e torna
> a nossa dor suportável.

Ao perdermos a fonte principal de amor, nos vemos de repente privados de todas as nossas defesas e somos forçados a experimentar a dor terrível da perda, a mágoa da privação e a tristeza da solidão. Neste ponto, além de lamentar a perda da pessoa amada, imploramos por alívio e perguntamos: "Por que dói tanto?"

Não há como prever a dor angustiante do vazio que acompanha a perda amorosa. Não importa se é uma separação traumática, um divórcio ou a morte trágica do ser amado, o resultado é sempre um coração partido. No início ficamos atordoados. Sentimos um entorpecimento repentino. Cada célula do nosso corpo exclama: "Não! Não pode ser. Não vou permitir. Isso não está acontecendo." Elevando nossa súplica a Deus, recusamo-nos a aceitar a perda.

Temos esperança de acordar no dia seguinte e ver tudo voltar ao normal. Se ao menos fosse apenas um pesadelo... Mas logo percebemos que aconteceu realmente, e que não podemos voltar e modificar isso. Quando aceitamos a nossa impotência, a realidade se instala, e começamos a sentir a solidão. Olhamos para o horizonte da nossa vida e vemos um deserto frio. À medida que o torpor vai gradualmente cedendo, descobrimos que estamos sofrendo, e que dói muito.

Não é fácil desistir ou dizer adeus para alguém que amamos. Estamos ligados demais. Para encontrar alívio e curar nosso coração partido precisamos primeiro entender a natureza do amor, da dependência e dos vínculos.

AMOR, DEPENDÊNCIA E VÍNCULOS

Quando temos alguém para nos receber no fim do dia, alguém que aprecia o que fazemos, alguém que reconhece nosso valor e que se beneficia com a nossa existência, nossa vida passa a ter significado e propósito. Ficamos mais felizes quando alguém se importa conosco, nos faz sentir especial e importante, compreende nossas tristezas e celebra nossos sucessos. À medida que crescemos no amor, naturalmente ficamos mais dependentes do nosso parceiro ou parceira para o amor.

Mesmo se nem sempre recebemos o que queremos e aquilo de que precisamos, a esperança de conseguir isso e o esforço para fazer um relacionamento funcionar também aumentam a nossa dependência. Se o amor que partilhamos nem sempre é idílico, a esperança de ser amado continuará a nos proteger do mundo frio, impiedoso e indiferente que existe fora do relacionamento. De uma infinidade de formas, quando amamos alguém, dependemos cada dia mais da presença dele ou dela.

Conforme essa dependência vai crescendo, ocorre uma mudança importante. Com o tempo paramos de sentir a necessidade básica de amar e ser amado. No lugar disso vem uma necessidade mais específica: a necessidade de amar e ser amado pelo nosso parceiro ou parceira. Paramos de sentir a necessidade generalizada de amor, mas inventamos uma nova carência: o amor do nosso parceiro ou parceira. Ninguém mais serve. Essa mudança é chamada de vínculo. Da dependência dos nossos parceiros para amar, gradualmente criamos um vínculo com o amor *deles*.

> Num relacionamento amoroso substituímos a necessidade de amor pela necessidade do amor do nosso parceiro ou parceira.

Quando nos apegamos a um companheiro ou uma companheira, não basta ser apreciado pelos outros. Para essa apreciação ter sentido, ela deve partir do nosso companheiro. Se outra pessoa nos cumprimenta ou presta atenção aos nossos problemas, isso não tem o mesmo peso. Durante um dia nós damos e recebemos de modos diversos, mas essas trocas não oferecem o mesmo grau de satisfação que as trocas realizadas com o nosso parceiro ou parceira.

Quando perdemos a pessoa amada, com a qual temos vínculos, nos convencemos emocionalmente de que jamais amaremos novamente. Sentimos que sem o amor dele ou dela não podemos ter aquilo de que precisamos para sermos felizes e para nossas vidas terem sentido. Essa sensação de desesperança amplia a dor da perda centenas de vezes. Uma coisa é sentir que teremos de passar um dia sem comer, outra completamente diferente é acreditar que nunca mais comeremos. Quando perdemos uma coisa que parece insubstituível, a experiência é devastadora.

> Os vínculos ampliam a nossa dor centenas de vezes.

Para curar nosso coração partido temos de nos desligar desses vínculos e estar dispostos a dar e receber amor de outras pessoas. Se não assumimos o risco de abrir nossos corações novamente, acabamos prisioneiros da nossa dor, ou continuamos emocionalmente insensíveis. O processo de desligamento dos vínculos permite a recuperação do coração, para podermos seguir em frente.

Essa recuperação do coração traz de volta a nossa necessidade básica de amor. Em vez de precisar especificamente do amor do parceiro ou parceira, começamos a sentir o desejo genérico de amor. Quando nos desvinculamos, podemos experimentar gradualmente a abertura que tínhamos antes de assumir aqueles vínculos. Não dependemos mais do amor do companheiro ou da companheira e estamos dispostos a aceitar outras fontes de amor e de apoio.

Dentro dessa abertura sem vínculo existe o conhecimento intuitivo de onde encontraremos o amor. Quando nos libertamos do desejo vinculado ao amor do parceiro ou da parceira e sentimos a necessidade da alma de amar e ser amado, descobrimos que nessa consciência se revela o conhecimento e o poder de encontrar a satisfação dessa carência. Enquanto não nos libertamos da nossa ligação com o parceiro ou a parceira, não somos capazes de perceber essa capacidade inata de encontrar o amor.

....
Dentro da consciência da necessidade da alma de encontrar o amor existe o conhecimento intuitivo e o poder de alcançar essa satisfação.
....

Desfazer a ligação com o companheiro ou a companheira é difícil porque dependemos dele ou dela. Quando conseguimos obter aquilo de que precisamos da família e dos amigos, essa dependência diminui. À medida que vamos satisfazendo a necessidade de amar e ser amado sem depender do parceiro ou da parceira, conseguimos liberar nossa dor por completo.

Em outras palavras, com a abertura de dar e receber sem depender do companheiro ou da companheira, somos capazes de deixar para trás os vínculos. Com o novo amor compartilhado, o vazio desaparece. O amor que damos e recebemos não é o mesmo, é claro, mas com o tempo esse novo amor também passa a ser gratificante.

A ARTE DE SE DESLIGAR

O ato de recomeçar exige o desenvolvimento da capacidade de se desligar. Para seguir em frente precisamos sentir mais uma vez o desejo inato de amor sem nosso parceiro ou parceira para satisfazer esse desejo. Para conquistar esse objetivo temos de ser muito habilidosos, senão, em vez de desligar, podemos inadvertidamente aumentar nossos vínculos.

Se estou me agarrando a alguma coisa, e você tenta arrancá-la de mim, a tendência é fazer força e lutar. Vou agarrar-me com mais força do que antes. É isso que acontece quando temos uma ligação. Não queremos soltar, e o resultado é que nos agarramos a ela com mais força ainda.

O segredo do desligamento é se deixar levar pela maré. Não procure se desligar. Ao contrário, continue agarrado aos vínculos. Lembre o quanto ama seu parceiro ou parceira, sinta o quanto precisa dele ou dela, agradeça tudo que ele ou ela deu para você e tenha consciência do desejo de trazer seu parceiro ou parceira de volta.

....
O segredo do desligamento é se deixar levar pela maré. Não procure se desligar.
....

Lembrando-se do parceiro ou da parceira dessa maneira, você se entristece da forma correta. É assim que a cura acontece. No início a lembrança do companheiro ou da companheira intensifica ainda mais a sensação de perda. Você pode experimentar uma variedade de sentimentos dolorosos: raiva, tristeza, medo e frustração. Na verdade é sentindo essas emoções sofridas que conseguimos nos desligar dos vínculos de uma união. Essa dor é temporária.

Com o tempo, depois de liberado dessa ligação, você ainda sentirá alguma frustração quando se lembrar do parceiro ou da parceira. Também vai sentir a doçura do seu amor e a força do seu espírito. Quando seu coração estiver completamente curado, a lembrança do companheiro ou da companheira não será mais dolorosa. Ao contrário, será uma conexão especial com o amor eterno que existe no fundo da sua alma.

Nesse ponto, quando pensar no seu parceiro ou parceira, seu coração se encherá de amor e de paz. Essa experiência é o sinal de que está preparado para se envolver novamente. É a base que garante que será perfeitamente capaz de encontrar o amor verdadeiro e duradouro.

....

Quando seu coração estiver completamente curado, a lembrança do companheiro ou da companheira não será mais dolorosa. Ao contrário, evocará a doçura do seu amor.

....

Para tratar dos nossos corações partidos, primeiro precisamos enfrentar e sentir as emoções dolorosas que surgem. Esse processo de cura ocorre automaticamente, desde que continuemos nos lembrando dos nossos companheiros. O esforço para criar oportunidades para nos lembrar da nossa perda evoca o amor de que precisamos para aceitar a perda e conquistar o desligamento.

Nas tradições de várias culturas e religiões, as pessoas costumam incentivar um período de luto, de lamentação. Recomendam vários rituais de recordação. Por exemplo, usar roupas pre-tas durante um certo tempo, acender uma vela que dura dias, plantar uma árvore, contar histórias no funeral, visitar o túmulo com oferendas carinhosas, transmitir a herança da família, exibir fotos ou imagens especiais. Em cada exemplo fica claro o traço comum. Quando dedicamos um tempo para nos lembrar do parceiro ou da parceira com amor, estamos criando a oportunidade de cura.

ENCONTRANDO O AMOR NOVAMENTE

Depois da morte do cônjuge ou da pessoa amada, sentimentos de dor aparecem porque uma parte de nós acredita que jamais seremos capazes de amar novamente. Sem a presença viva, física do companheiro ou da companheira para amar, paramos de sentir amor. Nosso coração se fecha e somos dominados pela dor.

Nosso coração se fecha, não porque perdemos o amor, mas porque temporariamente paramos de amar.

Depois de um divórcio esse processo também ocorre. Nosso ex pode estar vivo, mas o relacionamento que esperávamos ter acabou. A pessoa com quem planejamos partilhar nossa vida não está mais presente. Para o efeito da lamentação e do desligamento, é como se tivesse morrido. A sensação de perda que temos depois de um divórcio pode ser tão real quanto no caso da morte de um cônjuge.

Sem a presença física do companheiro ou da companheira, achamos que não podemos amar nem receber amor. Apesar disso não ser verdade, precisamos de tempo para nos adaptar e corrigir essa crença. Não é fácil descartá-la. Durante anos dependemos da presença física do parceiro ou da parceira para deflagrar o amor. Segundo nossa experiência diária, a presença dele ou dela era o alvo do nosso amor e uma fonte concreta de apoio. É preciso tempo para conquistar o desligamento desses vínculos e descobrir que podemos continuar a amar essa pessoa.

Quando um parceiro ou parceira vai embora, nós nos vemos forçados a sentir nosso amor sem eles. Não podemos tocá-los ou sentir seu carinho, mas podemos nos lembrar de como era maravilhoso. Lembramos seu amor, sentimos o apoio que davam e continuamos a dedicar nosso amor a ele ou a ela.

Apesar de não vermos mais nosso parceiro ou parceira, eles continuam a viver para sempre em nossos corações.

Nesse processo de lamentação acabamos descobrindo que o amor continua vivo em nosso coração, sem depender da presença do outro. Nosso futuro não é tão árido como pensamos. Quando essa descoberta de que podemos continuar amando deixa de ser um conceito e passa a ser uma experiência diária, encontramos a paz. As nuvens negras do desespero desaparecem, revelando o calor solar do amor. Aceitamos a nossa perda, mas sem esquecer. Uma brisa suave acaricia nosso cabelo quando partimos nessa nova jornada. Ao recomeçar, acreditamos que vamos encontrar o amor que merecemos. Estamos inspirados para partilhar o amor especial que sentimos no fundo do coração.

3
INTERVALO EMOCIONAL

Muito antes de o coração estar preparado para romper os vínculos, a mente já quer seguir em frente. Essa idéia apressada funciona para o cérebro, mas não é assim que o coração se cura. O coração anda bem mais devagar. Essa diferença pode ser comparada à luz e ao som. Usando essa analogia, se a mente se move à velocidade da luz, então, comparativamente, o coração se movimenta à velocidade do som. Há uma diferença significativa. No mundo físico, podemos observar objetivamente a diferença entre as velocidades da luz e do som. Não questionamos isso porque somos capazes de avaliar essas diferentes velocidades concretamente. É muito mais difícil observar o mundo mental e emocional. Normalmente não vemos, nem medimos, a mente e o coração, mas precisamos reconhecer a diferença entre os dois para obter sucesso na cura do coração.

Quando perdemos o amor, nosso coração leva muito mais tempo para se adaptar do que a mente. Logo que pensamos que estamos prontos para seguir em frente, outra onda de sentimentos dolorosos aparece. Essa mudança da maré dos sentimentos não é apenas natural, é um processo necessário. O coração não se desliga de uma vez, faz isso aos poucos e em ondas, do mesmo modo que a maré dos nossos sentimentos não resolvidos sobe e desce. Na maré baixa a dor se esvai e além disso descobrimos mais um grau de poder e conhecimento dentro de nós para encontrar o amor novamente. Então vem a maré alta e somos inundados pelos sentimentos não resolvidos da raiva, da tristeza, do medo e da frustração. Por meio da repetição desse processo de lamentação acabamos chegando ao desligamento e encontramos o amor.

Na maré baixa podemos sentir que tudo está bem. Em nossas mentes já nos ajustamos à perda e estamos preparados para seguir. Quando a maré alta chega, encaramos subitamente nossos sentimentos não resolvidos outra vez. Num dia você está otimista e pronto para seguir adiante, mas no dia seguinte sente raiva, tristeza ou medo. Isso pode parecer meio louco, mas não é. Assim como a luz e o som viajam com velocidades diferentes, a mente e o coração se modificam, se ajustam, se adaptam e se consertam em velocidades diferentes. No processo de cura é normal, e até saudável, haver esse atraso dos sentimentos em relação ao cérebro.

....
É normal, e até saudável, haver um atraso dos sentimentos em relação ao cérebro no processo de cura.
....

AS LEIS DA SOBREVIVÊNCIA

A maioria das pessoas fica tentada a seguir em frente antes do processo de cura se completar. Afinal de contas, ninguém gosta de sofrer. É natural querer sair dessa o mais cedo possível. Evitar circunstâncias dolorosas é uma forma saudável de encarar a vida. A lei mais importante da "sobrevivência" é evitar a dor e buscar o prazer. Por isso, quando aparecem sentimentos dolorosos, a mente diz: "Muito bem, agora chega. Por que está demorando tanto? Vamos em frente!" Em circunstâncias normais essa tendência é boa, mas durante uma crise curativa pode piorar as coisas.

Sem o conhecimento e a devida análise de como processar e ir além dos nossos sentimentos negativos, nossas emoções podem ficar insuportáveis. Para encontrar alívio procuramos escapar das sensações de perda. Quando nos afastamos desses sentimentos cedo demais, sabotamos sem saber o processo de cura. Tomamos decisões e fazemos planos que proporcionam alívio a curto prazo, mas são contraproducentes a longo prazo.

Essa tendência de evitar e resistir aos sentimentos dolorosos é exatamente o que pode provocar a depressão em vários níveis.

Resistir aos sentimentos dolorosos pode provocar depressão em vários níveis.

Quando resistimos às reincidentes ondas de raiva, mágoa, angústia, vazio e solidão, obtemos alívio temporário, mas não somos capazes de deixar para trás os elos que provocam isso. Apesar dos esforços que fazemos para superar esses sentimentos, eles comprometem nossa percepção e nos puxam para baixo de novo. Sem uma compreensão clara e positiva do processo de cura, podemos facilmente acabar reféns do desespero. Conforme a depressão e o desamparo se instalam, pode até parecer que não existe saída. O resultado é que tentamos evitar nossos sentimentos com mais fervor ainda. Esse ciclo de autofrustração só vai parar se dermos um tempo para a recuperação do coração.

Apesar dos esforços que fazemos para superar os sentimentos dolorosos, eles comprometem a nossa percepção e nos puxam para baixo de novo.

Mesmo se foi você que resolveu dar um fim ao relacionamento, é perfeitamente normal e saudável sentir a tristeza e a perda. Depois de uma separação sua mente pode dizer: "Mas foi bom esse relacionamento terminar. Agora tenho a oportunidade de encontrar amor e apoio verdadeiros." Isso é verdade e a mente está preparada para partir para outra, mas o coração pode estar dizendo: "Estou muito triste, muito sozinho. Não sei se serei amado outra vez. Talvez nunca mais possa ser feliz."

Uma mente decidida é o primeiro passo. O segundo e mais trabalhoso é explorar e liberar sentimentos não resolvidos. Dedicar um tempo extra para examinar as emoções, além de normal, é também saudável. Proporciona a cura completa.

Quando a mente está decidida, acredita novamente que "Está tudo bem. A vida é assim mesmo, e está tudo bem". Essa resolução positiva e clara da mente fornece uma base forte para processar e liberar os sentimentos não resolvidos do coração. Um ponto de vista objetivo mas positivo ajuda o coração a se desligar dos vínculos.

>..
> Quando a mente está decidida, acredita novamente que "Está tudo bem. A vida é assim mesmo, e está tudo bem".
>..

Infelizmente, muita gente não se dá conta deste processo. Quando a mente teve o tempo necessário para se ajustar ou se adaptar à nova situação, essas pessoas ficam impacientes com os sentimentos do coração e querem seguir em frente antes da hora. Essa tendência de apressar o processo é comum aos homens e às mulheres, mas fazemos isso de forma diferente. Primeiro vamos explorar o que as mulheres fazem.

COMO AS MULHERES EVITAM A DOR DA PERDA

A tendência feminina de evitar a dor da perda e obter alívio em geral se concretiza por meio da negação da necessidade de amor. Ela se protege do sofrimento resolvendo não confiar nem depender mais do amor. Em Vênus, elas são muito orientadas para o relacionamento. A maior dor é quando se sentem abandonadas. É insuportável depender de alguém se esse alguém não está mais lá. Quando uma mulher não reconhece a importância de explorar seus sentimentos, enterra sua dor dando demais aos outros, ou se priva de relacionamentos íntimos e fica auto-suficiente demais.

>..
> A tendência feminina de evitar a dor e obter alívio se concretiza por meio da negação da necessidade de amor.
>..

Ser auto-suficiente demais significa que a mulher se comporta como se não precisasse do apoio e do carinho de ninguém. Ela pode resistir especialmente a um relacionamento íntimo. É claro que é necessário algum tempo antes de se envolver outra vez, mas para evitar a possível dor do abandono ela minimiza a importância de um relacionamento íntimo. Pode se convencer de que para ela não é tão importante. Ao negar a importância da necessidade de intimidade, ela passa a evitar a experiência da sensação contínua de perda.

Dar demais significa que ela dá mais importância às necessidades dos outros do que às dela. Essa pode ser outra abordagem para evitar sentir as próprias carências. Sentindo e reagindo às necessidades dos outros, ela descobre um alívio temporário. Por exemplo, quando se envolve na dedicação aos filhos, caridade, ou a uma causa, ela pode temporariamente escapar das próprias sensações de vazio e de dor. Servir aos outros certamente é uma coisa boa, mas especialmente para as mulheres que precisam curar um coração partido pode ser uma forma de evitar sentir e liberar as próprias emoções não resolvidas.

....
Para fugir da dor, a mulher passa a dedicar-se demais aos outros, ou a evitar relacionamentos íntimos.
....

Depois de sofrer uma queimadura, até a idéia de chegar perto do fogo pode renovar o medo de queimar-nos novamente. Da mesma forma, até a mais remota possibilidade de se apegar a alguém pode reavivar sentimentos e questões não resolvidos. Quando resolve não confiar mais, a mulher consegue se distanciar dos sentimentos de mágoa, abandono e traição. Ao resolver não se envolver, ela não precisa enfrentar seu temor de ser magoada novamente, nem sentir a frustração de estar magoada.

Vamos examinar alguns sentimentos que podem surgir depois da perda amorosa e então explorar de que forma a mente reage para afastá-los. Essas tentativas do cérebro são gestos razoáveis e carinhosos, mas não ajudam a curar um coração partido.

A MENTE E O CORAÇÃO DE UMA MULHER REAGEM DE FORMA DIFERENTE

Quando o coração sente:

Fico frustrada de estar sozinha. Tenho de fazer tudo. Quero muito me sentir amada e ter o apoio de alguém.

A mente pensa:

Você precisa aceitar a realidade. Se deseja alguma coisa, tem de fazer você mesma. É isso que acontece quando precisa dos outros.

Estou muito desanimada. Muito sozinha. Ninguém compreende. Ninguém liga para mim. Se ao menos pudesse fazer o tempo voltar...

Você não precisa tanto de amor mesmo. Já se dedicou muito, agora é a sua vez. Pode cuidar de você mesma. É hora de seguir em frente. Pode criar uma nova vida.

Preocupa-me o fato de nunca mais encontrar amor. Ninguém mais vai me fazer feliz. Estou muito desamparada, não há nada que eu possa fazer.

Você pode aprender a se fazer feliz. Não é saudável depender tanto dos outros. Procure dedicar-se aos outros, isso a deixará feliz.

Fico constrangida de estar sozinha, sem alguém. Por quê? Por quê? O que foi que eu fiz? Será que há algo muito errado em mim? Será que é tão impossível me amar?

Levante a cabeça. Não precisa demonstrar o que sente. Não desmorone. Fique firme e assim não será um peso para os outros.

Sinto raiva de não ter amor e apoio na vida. Não é direito. Mereço mais. Se é assim que tem de ser, então não quero amar novamente.

Você espera demais da vida. Nada dura para sempre. É hora de deixar tudo para trás. Trate de se cuidar.

Estou muito triste. Nunca mais amarei ninguém. Minha vida é um enorme vazio. Há um grande buraco em meu coração, que jamais será preenchido.

Você não deve dizer essas coisas. Pense em todas as coisas boas da sua vida. Pense em todas as outras pessoas que amam você. Poderia ser muito pior.

Tenho medo de nunca mais encontrar a pessoa certa. Ficarei sozinha

É por isso que precisa aprender a cuidar de você mesma. Não

para sempre. Nunca mais sentirei a doçura nem o aconchego do amor.

Sinto pena da minha vida ter acabado assim. Sinto-me muito mal. Queria poder modificar isso. Minha vida é completamente estéril.

Estou furiosa. Não acredito que isso aconteceu. É ultrajante. Não é justo. Não admito ser tratada dessa forma.

Estou muito magoada. Confiei no nosso amor. Sinto-me abandonada. Como pôde me deixar? Você me magoa muito. Prometeu que me amaria para sempre.

Tenho medo de ficar sozinha. Não sei viver assim. É muito sofrimento.

Sinto vergonha. Devia ter sido mais dedicada. Talvez isso não tivesse acontecido. As coisas podiam ser diferentes. Sinto uma frustração enorme.

precisa de mais ninguém. Precisa ser forte.

Procure pensar nos outros, e não em você. Mantenha-se ocupada. Enquanto estiver ocupada, tudo ficará bem.

Você espera demais dos relacionamentos. Cuide apenas de você mesma. Não seja tão exigente, assim nunca mais será tão vulnerável.

Magoa muito perder o amor. Você deve ser mais cuidadosa antes de se envolver, para nunca mais ser magoada. Você confia demais.

Você consegue sobreviver sem um companheiro. Não é tão ruim. Pelo menos não será abandonada novamente.

Esses sentimentos não são bons para você. Precisa começar a se amar e tocar a vida para frente. Há muito que fazer. Outras pessoas estão em situação pior que a sua.

Em cada um dos exemplos anteriores, o coração está sentindo a perda, mas a mente está pronta para seguir em frente. O cérebro decidido usa a razão para apressar o coração. Se uma mulher quer curar o coração partido, precisa ter cuidado com essa tendência de procurar alívio imediato. Em vez disso, deve definitivamente se permitir um tempo e se abrir para receber apoio dos outros. Não é hora de cuidar dos outros e sim o momento de priorizar suas necessidades. Não é hora de se afastar dos relacionamentos estabelecidos, e sim de deixar que os outros venham ajudá-la.

COMO OS HOMENS EVITAM A DOR DA PERDA

Em Marte a população é muito orientada para soluções. Se existe sofrimento, a prioridade masculina é fazer tudo que pode para livrar-se dessa dor. Quando um homem não compreende a necessidade de se dar um tempo antes de seguir adiante, ele evita ou minimiza seus sentimentos mergulhando de cabeça no trabalho, ou então em outro relacionamento para amenizar o sofrimento.

> A fim de apressar o processo, o homem esconde seus sentimentos no trabalho, ou ameniza o sofrimento correndo para outro relacionamento exclusivo.

Isso explica por que muitos homens tendem a passar rápido demais de um relacionamento para outro. Se o problema dele é a perda do amor, ele resolve esse problema encontrando o amor outra vez. Quando corre imediatamente para outro relacionamento, seus atos não significam que não amava a mulher com quem estava envolvido antes. Esse comportamento não é absolutamente um reflexo do quanto ele a amava. Ele está apenas procurando escapar da dor. Em alguns casos, quanto maior a perda, mais depressa ele tenta se envolver em outro relacionamento. Essa tendência automática pode ser contraproducente.

> Quando um homem corre para outro relacionamento, seu comportamento não é um reflexo do quanto amava sua ex-companheira.

A maioria dos homens não possui uma compreensão instintiva de como curar o coração. Grande parte da filosofia marciana é boa para resolver problemas concretos, mas não funciona para um coração partido. Um homem não sabe instintivamente que reviver inúmeras vezes seus sentimentos é parte essencial do processo de cura. Para ter sucesso na recuperação de um coração partido, o homem precisa guiar seus instintos com mais racionalidade, critério e sabedoria.

Ele deve ter o cuidado de não se permitir assumir um novo compromisso logo em seguida. Certamente não faz mal se optar por buscar consolo num relacionamento íntimo, desde que a nova companheira e ele reconheçam que ele está de "ressaca". Depois de alguns meses de cura, seus sentimentos podem mudar rapidamente. Portanto não é aconselhável fazer nenhuma promessa, nem assumir qualquer compromisso. Para não enganar uma mulher, o melhor é ele sair com duas ou mais ao mesmo tempo. O apego a uma parceira interfere no processo de cura do desligamento da união anterior.

Quando a mente se decide, existe uma variedade de formas pelas quais o homem pode resistir inconscientemente ao processo natural de cura do coração. Vamos examinar algumas fórmulas que funcionam para resolver problemas, mas que não servem para curar o coração. Na lista a seguir vamos explorar alguns sentimentos do coração que são descartados ou minimizados pela mente. Apesar dessas afirmações mentais de fato serem razoáveis, veja se percebe de que modo afastam os sentimentos que ainda precisam ser sentidos. As mulheres também podem se identificar com esses exemplos. Lembre que todas as pessoas, homens ou mulheres, têm um lado masculino e outro feminino. Independente do gênero, você pode se identificar mais ou menos com as listas masculina ou feminina.

A MENTE E O CORAÇÃO DE UM HOMEM REAGEM DE FORMA DIFERENTE

Quando o coração sente:	A mente pensa:
Estou muito frustrado. Odeio isso. É doloroso e difícil. Estou me sentindo vazio.	Pegue a rédea nos dentes e siga em frente. Não é o fim do mundo.
Estou muito desanimado. Não sei o que fazer. Tenho vontade de desistir.	Você não pode mudar as coisas. Devia aceitar a realidade e ir em frente.

Estou muito preocupado. As coisas nunca mais serão as mesmas. Minha vida está acabada. Nada funciona.	Não deve se preocupar tanto com isso. Viva cada dia e faça o que tem de fazer.
Fico muito constrangido. Sinto-me um fracassado. Não sei se terei coragem de aparecer em público. Sinto-me muito incapaz.	Olhe, essas coisas acontecem. Agora levante, sacuda a poeira e vá à luta. Você consegue o que quer.
Sinto raiva porque isso aconteceu. Não está certo, e não vou admitir. Não vai acontecer nunca mais.	A vida não é justa. Por isso, esqueça. Você não precisa de ninguém, cuide apenas de você mesmo. Há mais peixes no mar. Não é o fim do mundo.
Não suporto essa dor. Estou muito triste. Muito sozinho e abandonado. Nada mais me fará feliz.	Quanto tempo mais você vai ficar assim? Só está piorando as coisas. Pense em tudo que tem de bom na vida.
Temo nunca mais encontrar o amor. Agora preciso recomeçar. Perdi muita coisa. E se ficar pior?	Você está exagerando. Não é tão sério assim. Deixe para lá e vá em frente com a sua vida.
Sinto-me mal. Estou muito arrependido. Se ao menos tivesse agido de forma diferente. Por favor, dêem-me outra chance.	Ei, ninguém é perfeito! Agora você não pode fazer mais nada. Dê a si mesmo uma nova chance e siga em frente.
Estou furioso porque isso aconteceu. Não é direito. Não posso acreditar.	Não ligue. Apenas trate de se cuidar daqui para frente. Quem precisa de tristeza?
Estou muito magoado. Você jurou. Disse que sempre me amaria. Como pôde ir embora?	Ora, não seja um bebê chorão. Cresça. Você agüenta. Vá em frente.
Estou com medo. É inútil. Jamais serei feliz novamente. Isso não pode estar acontecendo.	O que está feito está feito. Você não pode continuar assim para sempre. Precisa simplesmente aceitar.
Estou envergonhado. Nunca devia ter deixado isso acontecer.	O destino quis assim. Não fique choramingando, trate de agir.

Em cada exemplo anterior é fácil perceber como a mente invalida os sentimentos do coração. Alguns podem expressar o que sua mente está pensando e também o que seus amigos dizem para você. Os amigos podem ficar com pena, mas depois de vê-lo sofrer umas poucas semanas talvez digam para você seguir em frente. A intenção deles é boa, mas esse conselho pode ser contraproducente.

....

Seus amigos podem sentir pena de você, mas depois de vê-lo sofrer algumas semanas, dizem para você seguir em frente.

....

Eles raciocinam igual à sua mente — você está piorando as coisas levando tanto tempo para se curar. Eles podem achar que você está sendo autocomplacente. De acordo com a perspectiva deles, você não pode ficar lamentando o leite derramado para sempre. Não percebem que esses sentimentos recorrentes estão sempre voltando por um bom motivo.

....

Quando a sua mente está pronta para aceitar a perda e seguir em frente, seu coração precisa de pelo menos mais alguns meses.

....

Com a abordagem correta e o tempo certo, você finalmente será capaz de dissipar a escuridão do desespero e reencontrar a luz do amor e da alegria em seu coração. É importante reconhecer as conseqüências de não dedicar tempo suficiente para a cura. Mesmo se o relacionamento era ruim, sem amor e sem companheirismo, temos de curar nosso coração quando termina. No próximo capítulo vamos explorar as questões e os desafios que surgem na fase de lamentação da perda do amor.

4
LAMENTANDO A PERDA DO AMOR

Lamentar a perda do amor significa sentir por completo e depois liberar todas as emoções dolorosas que surgem quando refletimos sobre a nossa perda. É um processo automático, mas podemos interferir nele de diversas formas, sem saber. Como explica o capítulo anterior, um erro comum é avançar rápido demais, sem nos dar tempo suficiente para lamentar. No entanto existe um outro erro, que é não nos conceder a permissão para sentir todas as nossas emoções.

Quando perdemos o parceiro ou o relacionamento termina, esperamos sentir ondas de tristeza e frustração, mas isso é apenas uma parte do processo de lamentação. Para nos libertar da ligação com uma pessoa ou com um relacionamento, temos de experimentar e liberar outros sentimentos.

AS QUATRO EMOÇÕES QUE CURAM

Para romper os elos precisamos experimentar quatro emoções que curam: raiva, tristeza, medo e pesar. Se continuamos a sentir raiva ou tristeza, ainda estamos ligados de alguma forma. Se sentimos medo e pesar, ainda não nos abrimos para as novas possibilidades que existem para nós. Cada uma dessas quatro emoções curativas tem importância vital no processo de desligamento para podermos prosseguir. Desempenham um papel essencial no processo da liberação dos vínculos e de "recomposição" do coração.

O osso quebrado precisa ser posto de volta no lugar para sarar corretamente, e assim também nossos desejos têm de ser postos no lugar. Em vez de olhar sempre para a mesma direção segundo nossos desejos e carências, precisamos corrigir a orientação no sentido de abrir o coração para novas fontes de amor e apoio. Ao explorar e sentir as quatro emoções que curam, ficamos livres para adaptar nossos desejos, expectativas, necessidades e esperanças. Cada uma dessas emoções curativas primárias desempenha um papel importante. Vamos examinar e explorar o significado de cada uma delas.

EMOÇÃO CURATIVA 1: RAIVA

A raiva nos permite explorar emocionalmente o que aconteceu e que não queríamos que acontecesse. A raiva é o reconhecimento emocional de que não estamos conseguindo o que queremos. É um sinal de alerta que nos faz parar para adaptar-nos ao que aconteceu. Depois de uma perda, a menos que nos deixemos sentir raiva, podemos ficar presos num estado de torpor, sem vida e insensível. Sentir raiva nos liberta da indiferença e nos liga de novo à paixão pelo amor e pela vida.

> Sentir e liberar a raiva nos liga de novo à
> nossa paixão pelo amor e pela vida.

O resultado da sensação de raiva é que conseguimos assim deixar nossos vínculos nas carências do passado, e começamos a sentir novas carências e desejos, sem vínculos. Quando o desejo é desvinculado, estamos abertos para todas as possibilidades. Em vez de "Eu quero o amor do meu parceiro ou parceira", a necessidade se transforma em "Quero ser amado". Incluída no desejo sem vínculos está a capacidade intuitiva de reconhecer fontes novas e apropriadas de amor e de apoio.

EMOÇÃO CURATIVA 2: TRISTEZA

A tristeza nos permite explorar emocionalmente o que não aconteceu e que queríamos que acontecesse. Tristeza é o reconhecimento emocional do que queríamos que acontecesse e não aconteceu. Depois de uma perda, se não nos dermos permissão para sentir tristeza, não poderemos adaptar nossas expectativas ao que é possível nesse momento. A tristeza reabilita nossa capacidade de amar, dar valor e aproveitar o que temos. Enquanto a raiva renova gradativamente nossa paixão pela vida, a tristeza abre nossos corações para a doçura do amor outra vez.

> Sentir e liberar a tristeza abre nossos corações
> para a doçura do amor outra vez.

O resultado da sensação de tristeza é tornar-nos capazes de parar de resistir ao que aconteceu e de aceitar a perda gradualmente. Parar de resistir é a base da adaptação das nossas expectativas. Voltar e sentir as várias nuances do que queríamos que acontecesse é essencial se queremos corrigir nossas expectativas. Em vez de "Espero o amor do meu parceiro ou parceira", nossa necessidade é "Espero ser amado". Incluída nessa expectativa sem vínculos está a crescente confiança e segurança de que podemos conseguir o que queremos.

EMOÇÃO CURATIVA 3: MEDO

O medo permite explorar o que poderia ter acontecido que não queremos que aconteça. Medo não é previsão de desastre, e sim o reconhecimento emocional do que não queremos que aconteça. Sentir medo e resistência ao que poderia acontecer resgata a nossa vulnerabilidade. Esse resgate proporciona a capacidade de discernir aquilo de que precisamos e com o que podemos contar nesse momento. Ajuda na nossa abertura para receber o apoio de que precisamos e enche nosso coração de coragem e gratidão.

> Sentir e liberar o medo nos dá a capacidade
> de discernir aquilo de que precisamos e
> com o que podemos contar agora.

O resultado dessa sensação de medo é que nos tornamos capazes de adaptar nossas necessidades ao que está disponível no momento, em vez de continuar precisando do que não é mais nosso. No lugar de "Preciso do amor e do apoio do meu companheiro ou companheira", passamos a pensar "Preciso ser amado e receber apoio". Incluído nessa necessidade sem vínculos está o poder e a determinação de encontrar o amor novamente.

EMOÇÃO CURATIVA 4: PESAR

O pesar permite explorar o que não pode acontecer, que queremos que aconteça. Pesar é o reconhecimento emocional de que o que queremos que aconteça não pode acontecer. Essa consciência é crucial para o rompimento dos vínculos. Sentir pesar é reconhecer a nossa impotência para desfazer o que aconteceu. Refletir sobre o que é *impossível* nos faz discernir o que é *possível*. Essa capacidade é de grande ajuda para podermos aceitar a compaixão necessária que cura nossas feridas e acaba servindo de inspiração para oferecermos novamente o amor que existe em nossos corações. E por fim, a resignação emocional do pesar nos dá paz.

....
Sentir e liberar o pesar nos dá a capacidade de discernir o que é *possível*.
....

A capacidade de nos libertar de esperanças antigas e de descobrir novas esperanças com o tempo é o resultado da sensação de pesar. Em vez de "Queria que o meu parceiro ou parceira estivesse aqui para me amar", passamos a dizer "Espero ser amado". A intenção e a motivação necessárias para recomeçar estão incluídas nessa esperança sem vínculos. Até a luz da nova esperança surgir, não podemos experimentar por completo o fluxo de amor dentro do nosso coração novamente. Quando a esperança nasce, começamos a nos livrar da escuridão do desespero.

Cada uma das quatro emoções que curam desempenha papel essencial no processo de recuperação de um coração partido.

Uma não é melhor que a outra, nem há uma ordem determinada para senti-las. Muitas vezes, depois de uma perda ou decepção, sentimos primeiro raiva, depois tristeza, medo e, finalmente, pesar. No entanto, em situações diversas e com pessoas diferentes, as emoções curativas surgem em outra ordem. Ter consciência de todas as nossas emoções curativas nos ajuda a explorar completamente nossos sentimentos para curar a mágoa. Se negligenciamos até mesmo uma única emoção, o processo de cura pode sofrer um atraso, ou até ficar comprometido. Para lamentar adequadamente a perda do amor temos de nos certificar de que em nossa mente damos permissão ao coração para sentir cada uma das quatro emoções que curam.

EMOÇÕES NEGATIVAS AJUDAM A MUDAR DE DIREÇÃO

Se estamos dirigindo um carro numa direção e resolvemos parar para dar a volta, temos de apertar o freio. Sentir as quatro emoções que curam é semelhante ao processo de frear antes de dar a volta. A mente reconhece que é necessário mudar de direção, mas cabe ao coração pisar no freio. Para mudar de direção e amar novamente, primeiro temos de parar de nos apegar ao passado e liberar nossos corações.

Lamentar a nossa perda é um processo de desligamento que nos liberta para mudar de direção e nos ajuda a atualizar nossas necessidades, expectativas, carências e esperanças. Quando deixamos de depender do amor do parceiro ou parceira que não temos mais, somos capazes dessa abertura para receber a abundância de amor que está disponível.

....
Quando não dependemos mais do amor do nosso parceiro ou parceira, abrimos nosso coração para receber o amor que está disponível.
....

Só podemos abandonar uma ligação e prosseguir se primeiro nos conscientizamos disto. O sofrimento emocional indica que ainda nos agarramos ao que não está mais disponível. Sentir a dor associada a cada uma das quatro emoções curativas acaba nos livrando do sofrimento. Se alguém lhe jogasse uma batata quente, você automaticamente a jogaria para longe. Do mesmo modo, quando sentimos por completo a dor provocada pelo apego à união que acabou, automaticamente nos desprendemos dessa dor. Ao experimentar as emoções que curam, nossa dor diminui, e com o tempo acabamos conseguindo abandonar tudo.

....
Quando sentimos por completo a dor provocada pelo apego à união que acabou, automaticamente nos desprendemos dessa dor.
....

Se não conseguimos dar vazão a todos os nossos sentimentos, podemos ficar bloqueados em um nível qualquer. Em vez de sentir nossas emoções e depois encontrar o alívio, acabamos prisioneiros de sentimentos negativos. Estar bloqueado significa que não importa o quanto sentimos uma emoção, ela não vai embora. Não nos soltamos e ficamos insensíveis com o tempo; em vez de abrirmos nossos corações para as novas oportunidades de amar e de ser feliz, nos fechamos.

....
Em vez de sentir nossas emoções e depois encontrar alívio, podemos acabar prisioneiros de sentimentos negativos.
....

Para completar o processo de lamentação, cada uma das quatro emoções curativas tem de ser vivenciada por completo. A maioria das pessoas, sem conhecer essa dinâmica, infelizmente jamais completa o processo de cura. Quando essas pessoas perdem o amor, passam por uma ou duas emoções de cura, mas não pelas quatro. Em vez de seguir em frente, elas ficam bloqueadas. No próximo capítulo, vamos explicar como garantir que você não fique bloqueado em nenhum sentimento específico, para prosseguir encontrando cada vez mais amor, felicidade e paz.

5
DESBLOQUEANDO

Essa nova análise das quatro emoções de cura explica por que o simples contato com os sentimentos nem sempre funciona. Às vezes o mergulho nos nossos sentimentos resulta em bloqueio. Em vez de melhorar, acabamos nos sentindo pior. Como acontece com areia movediça, quanto mais lutamos para sair do nosso sofrimento emocional, mais afundamos nele.

Depois de algumas experiências assim, fazemos qualquer coisa para evitar sentir essas emoções negativas. A curto prazo, podemos evitar ou minimizar nossa dor emocional, mas esse alívio temporário tem um preço oculto.

>Reprimindo ou evitando sentir nossas emoções negativas, aos poucos vamos perdendo a capacidade de sentir emoções positivas.

Uma das razões de ser tão agradável lidar com crianças pequenas é que elas são sensibilidade pura. Quando ficam felizes ao vê-lo, sentem de verdade essa alegria. Quando amam você, realmente sentem esse amor. Quando criança, todos nós tivemos essa capacidade de sentir ao máximo, mas muitas vezes quando adultos perdemos isso, uns mais, outros menos. Ao lidar com os desafios e as decepções da vida podemos ficar emocionalmente insensíveis. Não sentindo raiva, tristeza, medo e pesar, acabamos perdendo a capacidade de sentir amor, alegria, gratidão e paz. Quando asseguramos a não repressão das nossas emoções negativas, conseguimos manter nossos corações abertos.

Quando não sentimos nossas emoções negativas, aos poucos vamos perdendo a capacidade de sentir emoções positivas.

Sem compreender e experimentar a liberação das emoções negativas, ficamos sempre preocupados com o fato de que elas possam nos derrubar. Mas quando aprendemos como sentir as quatro emoções que curam, além de reabilitar o coração partido, também estamos assegurando que ele ficará mais forte do que antes. Pode parecer difícil imaginar isso agora, mas depois de curar um coração partido somos capazes de amar e de aproveitar a vida mais integralmente do que antes.

UM FILME ASSUSTADOR

Lembro-me da primeira vez que concluí que os sentimentos precisavam ser equilibrados. Há cerca de dezoito anos eu estava sentado num cinema esperando para assistir a um filme de terror. Não gostava muito desse tipo de filme, mas meus amigos diziam que aquele também era espiritual. Apesar de ser apenas um filme, fiquei muito nervoso e apreensivo. Lá sentado, um medo vago de filmes de terror começou a surgir.

Minha namorada e eu éramos as únicas pessoas no cinema. Logo antes de o filme começar, um homem muito alto, de chapéu de vaqueiro, sentou bem na minha frente. Ele foi muito grosso e mal-educado ao bloquear a minha visão daquele jeito, num cinema vazio. Que panaca, pensei. Fiquei logo furioso. Não me dei conta de que ele não tinha percebido que estava me atrapalhando. Ele era tão alto que nunca teve a visão bloqueada por ninguém num cinema.

Naquela época eu não possuía a civilidade básica para pedir educadamente para ele mudar de lugar. Em vez disso, fiquei lá parado, cada vez mais furioso. Depois de três ou quatro minutos, resolvi apelar para a vingança. Levantei-me e sentei-me bem na frente dele com a minha namorada. Acabei percebendo que ele não dava a mínima. Sequer notara o que estava acontecendo.

Enquanto fiquei lá sentindo raiva e um certo alívio por ter feito alguma coisa, descobri que todo o meu nervosismo e ansiedade por causa do filme tinham desaparecido. Ainda esperávamos o filme começar e vi que não estava mais nervoso. De alguma forma, quando me zanguei, a ansiedade foi embora.

Raciocinei que a minha tendência de reprimir a raiva, a não ser quando realmente provocado, tinha me deixado mais temeroso. Quando negava o sentimento da raiva, meus medos ficavam mais fortes. Para testar isto, desenvolvi e comecei a praticar um pequeno ataque de raiva toda vez que ficava ansioso. Na mesma hora sentia alívio. Equilibrar meus sentimentos expressando raiva fazia a ansiedade ir embora.

NOVAS DESCOBERTAS

A partir de minha descoberta pessoal comecei a explorar o bloqueio das várias emoções negativas nas vidas dos meus clientes. Alguns tinham bloqueio para sentir raiva porque não conseguiam chorar. Outros choravam com facilidade, mas não conseguiam sentir raiva. O resultado era que ficavam presos à dor. Medo e insegurança paralisavam outros, porque não tinham dedicado tempo suficiente para sentir a tristeza ou a raiva. Outros ficavam bloqueados sentindo apenas pesar e saudade, incapazes de amar, por não terem enfrentado seus medos.

As pessoas tinham todos esses bloqueios simplesmente porque o condicionamento prévio impedia que reconhecessem e sentissem uma ou duas das quatro emoções de cura. Descobri que todo estado negativo era resultado direto de um desequilíbrio das emoções negativas. Com o equilíbrio correto, uma liberação curativa acontecia automaticamente. Sentimentos negativos eram automaticamente substituídos por sentimentos positivos de alívio, paz, amor, compreensão, perdão e confiança.

Todos os estados negativos são resultado direto
de um desequilíbrio das emoções negativas.

Essa era uma maneira diferente de encarar emoções negativas. Antes dessa descoberta, eu achava que emoções negativas eram o problema, e não a solução. A partir dessa nova análise, em vez de encorajar meus clientes a livrarem-se das emoções negativas, ou tentar expressá-las, sugeri que expandissem a consciência das emoções negativas até incluir as quatro emoções de cura. O resultado, especialmente para os que estavam bloqueados em alguma emoção, foi que a mudança para outro sentimento, em quase todos os casos, representou alívio *imediato*. Depois de trabalhar com milhares de clientes e participantes de workshops, acabei forjando e refinando essa nova compreensão das quatro emoções curativas.

O BLOQUEIO DA RAIVA

Se uma pessoa não é capaz de sentir tristeza, medo ou pesar, então é fácil ficar presa na sensação de raiva. Devido ao condicionamento social, os homens particularmente têm problema para admitir os sentimentos de tristeza, medo e pesar, ou arrependimento. É mais aceitável para um homem sentir raiva. Essa limitação custa caro para eles. Quando finalmente experimentam as outras emoções negativas, ficam arrasados. É como se toda a mágoa da vida inteira estivesse aflorando. É muito difícil lidar com isso, mas se um homem consegue completar o processo de lamentação, fica livre de uma vez por todas do condicionamento que limita a maioria.

Quando um homem ou uma mulher não é capaz de reconhecer e partilhar o medo e o pesar, a capacidade de dar e receber amor fica comprometida. Se um homem passa pela experiência da desilusão amorosa mas não consegue reconhecer suas emoções mais vulneráveis, pode tornar-se exageradamente exigente, ficar sempre na defensiva, ou ser indiferente nos relacionamentos futuros. Assim que ele começa a sentir que o amor e a intimidade estão crescendo, seus sentimentos não resolvidos de tristeza, medo e pesar são ativados.

Para evitar ter de encarar esses sentimentos não resolvidos outra vez, a tendência automática é se distanciar. Ele vai começar a sentir-se incapaz de obter aquilo de que precisa, ficará confuso em relação aos seus sentimentos, e questionará seu comprometimento. Assim como reprimiu esses sentimentos antes, fará isso de novo. Vai sentir-se justificado, mas será cada vez mais exigente, defensivo e indiferente.

O BLOQUEIO DOS SENTIMENTOS VULNERÁVEIS

Da mesma forma, quando uma pessoa não é capaz de manifestar seu sentimento de raiva, então é fácil ficar presa em emoções como tristeza, medo e pesar. As mulheres têm mais problema para admitir o sentimento da raiva. Erroneamente, a sociedade desaprova quando a mulher diz "não", ou expressa raiva. Desde pequenas as mulheres aprendem a ser desejáveis, e não a desejar. São condicionadas a ser doces e carinhosas e não incentivadas a estabelecer limites, ou a demonstrar raiva.

....
**Desde pequenas as mulheres aprendem
a ser desejáveis, e não a desejar.**
....

Para curar um coração partido a mulher precisa superar essa limitação na expressão dos seus sentimentos. A permissão para sentir raiva é essencial para ela poder confiar no amor novamente. Sem sentir o poder e a clareza que resultam da raiva, os medos, a dor e o pesar podem parecer ilimitados. Depois de uma desilusão amorosa, as mulheres costumam evitar um novo envolvimento para evitar o desespero desses sentimentos.

A menos que os sentimentos vulneráveis sejam equilibrados com a expressão da raiva, a simples idéia de um novo envolvimento pode reavivar esses dolorosos sentimentos não resolvidos. Para evitar esse desconforto, uma mulher pode não querer se envolver outra vez. Incapaz de liberar sua dor, se não sentiu nem manifestou sua raiva, ela ficará deprimida, desconfiada e inflexível. Transforma-se no maior obstáculo para encontrar o amor novamente.

AS EMOÇÕES NÃO SE BASEIAM NO GÊNERO

Embora as mulheres normalmente tenham problema para sentir e liberar a raiva, as emoções agressivas, e os homens em geral tenham dificuldade de experimentar seus sentimentos mais vulneráveis, essas diferenças não são inatas. Nossa capacidade de sentir nossas emoções não é uma diferença de gênero. Ao contrário, essa habilidade é muito influenciada por nossos pais, pela sociedade e pelas experiências que temos na infância. Homens e mulheres têm a mesma necessidade de sentir as quatro emoções de cura.

> Nossa capacidade de sentir as emoções não é uma diferença de gênero. Ao contrário, essa habilidade é muito influenciada por nossos pais, pela sociedade e pelas experiências que temos na infância.

Apesar de o condicionamento imposto pela sociedade ter feito os homens reprimirem os sentimentos vulneráveis e as mulheres os agressivos, há *muitas* exceções, especialmente quando o coração se parte. Dada a oportunidade, os homens podem se sentir tão vulneráveis quanto as mulheres, e as mulheres podem ser tão agressivas quanto os homens.

Como conselheiro, repetidamente observei que meus clientes, homens ou mulheres, só começavam a curar seus corações com eficiência quando davam a mesma atenção a cada uma das quatro emoções. Como regra geral, descobri que a emoção que o cliente achava mais fácil sentir e falar a respeito mascarava as outras emoções. Era apenas a ponta do iceberg.

O progresso só pode ser alcançado quando se exploram os níveis mais profundos que existem sob a superfície da mente. Muitas vezes ocorreu uma liberação completa logo após um retrocesso para examinar outras épocas no passado, em que certo sentimento doloroso não tinha sido totalmente vivenciado. Depois de expressar as quatro emoções de cura, essas pessoas estavam livres para vivenciar os sentimentos positivos latentes do amor, da compreensão, do perdão e da gratidão. Vejamos alguns exemplos.

PRISIONEIRA DA TRISTEZA E DO MEDO

Richard, marido de Mary, morreu de um ataque do coração aos trinta e oito anos de idade. Cinco anos depois de sua morte, ela apareceu em busca de aconselhamento. Estava deprimida. Disse que sua vida era vazia sem Richard. Não havia alegria. Quando perguntei sobre o processo de luto e lamentação, ela disse que levou anos, mas que não tinha superado. Estava muito triste. Chorou meses a fio, sem sentir alívio. Durante anos nem conseguia pensar em envolver-se em outro relacionamento. O pai dela tinha morrido quando ela era jovem, e a morte do marido foi demais. Seria uma dor insuportável amar novamente. O resultado era que ela não queria se envolver com outro homem.

> Quando perdemos o amor, podemos achar
> que será sofrimento demais amar novamente.

Com o tempo Mary foi capaz de superar seus medos e sua tristeza depois de se permitir sentir raiva. Antes da terapia nem considerava a possibilidade de sentir raiva. Isso simplesmente não parecia amoroso. Mary tinha passado anos sentindo pesar, tristeza e medo, mas não conseguiu superar. Depois de se permitir explorar, sentir e expressar sua raiva, aos poucos foi capaz de seguir em frente e encontrar o amor novamente. Conseguiu até exprimir sua raiva de Deus por levar seu pai. A raiva refez a conexão com sua paixão pelo amor e pela vida e acabou alimentando sua coragem para envolver-se com alguém de novo. Até ser capaz de reconhecer a própria raiva, seus temores a estavam bloqueando.

PRISIONEIRO DA RAIVA E DO RESSENTIMENTO

Tom estava satisfeito com o divórcio. Sentia alívio de o casamento ter acabado e de estar livre. Quando era casado vivia completamente frustrado. Achava que por mais que fizesse pela esposa, nunca bastava. Não importa o que dissesse, era sempre a coisa errada. Ele explicou: "Ela era exigente demais. Não nos divertíamos. Um relacionamento deve ser divertido."

Depois do divórcio ele começou a divertir-se novamente. Era um alívio poder ouvir as músicas de que mais gostava, seguir um horário próprio, comer o que tinha vontade de comer e assistir aos filmes que queria ver. Começou a namorar de novo, aproveitava muito, mas quando o relacionamento ficava sério, ele dava para trás. Para ele parecia que todas as mulheres que conhecia acabavam sendo exigentes demais, como a esposa.

Tom era um homem positivo e queria bem à ex-mulher, mas continuava a sentir raiva quando falava da parceira. Sentia que ela não apreciava seus esforços. Sua forma de lidar com a raiva era simplesmente culpar quem estivesse com ele, ir em frente e assegurar-se de não se envolver novamente com outra mulher exigente. Apesar de não perceber, ele estava preso naquela raiva, e isso afetava todos os seus relacionamentos. Num certo ponto em cada novo relacionamento, ele começava a sentir sua raiva, punha a culpa na parceira e seguia em frente.

....

A forma com que lidamos com a perda do amor revela como podemos automaticamente lidar com o amor no futuro.

....

Tom esperava que a namorada fosse alegre, animada, e estivesse sempre satisfeita com ele. Ele se considerava boa praça e queria uma companheira assim também. Quando uma mulher revelava que desejava mais que isso, ele ficava na defensiva. Culpava a namorada de ser exigente demais. Tom não tinha percebido que o que esperava de um relacionamento era irreal. Não se dava conta de que o exigente era ele.

No aconselhamento ele começou a compreender como suas expectativas eram irreais. Aprendeu que é normal homens e mulheres reagirem de forma diferente às coisas, e que um relacionamento amoroso requer aceitar essas diferenças. Na cabeça dele, podia até acabar aceitando a necessidade de uma mulher de partilhar sentimentos negativos, mas ainda ficava perturbado quando a parceira parecia aborrecida. Para adequar suas expectativas num nível emocional, ele tinha de curar seu coração. Então vimos que ele não tinha lamentado por completo o fracasso do seu casamento seis anos antes.

....
Para adequar as expectativas num nível emocional, precisamos curar o coração.
....

Quando Tom se divorciou, nem passou pela sua cabeça explorar as quatro emoções curativas. Sentiu um alívio tão grande, que sequer percebeu que tinha de curar uma ferida. Quando conversamos sobre o que aconteceu, ele sentiu um pouco de raiva, mas nada de tristeza, nem pesar. Estava contente de o relacionamento ter terminado.

Com o passar do tempo, concentrado no que sentia no início do relacionamento, ele conseguiu sentir alguma tristeza e desapontamento. Mas era óbvio que estava bloqueado. Quando lhe pedi para se lembrar de uma época em que sentiu decepção, ele se lembrou da perda do pai, que aconteceu quando tinha doze anos.

O pai dele morreu num acidente de automóvel, e foi devastador para a sua mãe e para ele. Alguém no funeral disse que ele tinha de ser forte pela mãe. Ele se esforçou para engolir as lágrimas e para não demonstrar a tristeza. Procurou ser alegre para não representar um fardo para a mãe. Ao relembrar esse tempo e permitir-se sentir as quatro emoções de cura, aos poucos ele foi conseguindo curar seu coração, que tinha se partido naquela idade tenra e vulnerável.

....
Quando um sentimento fica bloqueado no nosso passado, temos dificuldade de sentir integralmente aquele nível de emoção até desbloqueá-lo.
....

Na vida adulta, Tom não tolerava a tristeza e o desapontamento das parceiras, porque esses sentimentos ainda não tinham sido resolvidos dentro dele. Enquanto não estivesse disposto a sentir a própria tristeza e dor, não podia tolerar o desapontamento em seus relacionamentos. Reagia ficando na defensiva, com raiva e culpa.

Quando passou a assumir os próprios sentimentos, ele acabou conseguindo adequar suas expectativas e compreender a necessidade da parceira de ficar insatisfeita às vezes. Com essa adaptação crucial, ele foi capaz de ficar menos na defensiva e de exigir menos da parceira.

PRISIONEIRA DO PESAR E DA AUTOPIEDADE

Danna foi casada doze anos. Seu marido, Rex, trocou-a pela secretária mais jovem. Ela estava solteira de novo havia mais de dez anos. Quando falava dele, usava um tom de autopiedade e desespero. Para ela, Rex tinha basicamente destruído sua vida. Naqueles anos Danna contou sua história inúmeras vezes, mas não conseguia se soltar e seguir em frente. Do ponto de vista dela, a vida nunca mais seria tão boa.

Danna era prisioneira do seu pesar. Não era capaz de deixar isso para trás e prosseguir. Enquanto se agarrava à saudade de Rex, evitava enfrentar seu medo de ser rejeitada novamente. Bem lá no fundo, sentia-se incapaz e achava que não merecia ser amada. Temia que ninguém mais a amasse. Até admitir esse medo, não conseguiu livrar-se dele.

Este é o problema das emoções negativas. A maioria é irracional. Baseiam-se em idéias erradas. Para livrarmo-nos dessas idéias, precisamos primeiro sentir as emoções negativas. Por orgulho, ela não queria admitir, nem para ela mesma, seu medo de não merecer encontrar o amor novamente.

> **Para livrarmo-nos de idéias erradas, precisamos primeiro sentir as emoções negativas.**

Nas consultas de aconselhamento, ao lembrar-se do tempo em que era apaixonada por Rex, ela conseguiu começar a sentir a tristeza. Lembrou-se do quanto o amava e dos momentos especiais que tiveram juntos. Lembrou-se da dor imensa quando ele partiu. Vivenciando a tristeza, Danna sentiu com maior profundidade. Descobriu que uma parte dela ficava apavorada com a possibilidade de nunca mais encontrar o amor. Tinha medo de confiar e de ser magoada outra vez.

Depois do medo, voltamos ainda mais no tempo. Ela conseguiu se lembrar de uma outra época na vida em que também teve medo. Lembrou-se do pai berrando e maltratando a mãe. Ele não a tratou da mesma forma, mas ela teve medo de que isso pudesse acontecer. Para evitar a fúria dele, Danna procurou ser realmente boa. Lá no fundo acreditava que se expressasse livremente o que sentia, ou fizesse o que queria, perderia o seu amor e seria castigada.

Teve dificuldade de sentir raiva do pai porque ele não era tão malvado com ela. O que Danna não compreendia era que podia sentir raiva de coisas que ele não tinha feito. Ela percebeu que ele não lhe dava segurança para ser ela mesma. Ele não se dedicou a descobrir quem ela era, o que sentia, o que queria e do que precisava. Essa análise deu a Danna razão para ficar com raiva. Ao se permitir sentir raiva da negligência do pai, Danna acabou conseguindo livrar-se de seus medos.

ABERTURA PARA AMAR NOVAMENTE

Usando esse tipo de abordagem em milhares de casos, descobri que sentindo intensamente cada uma das quatro emoções curativas, os clientes do aconselhamento e pessoas que participaram dos Workshops de Sucesso Pessoal podiam resolver a dor do passado e se abrir para o amor crescente, a fartura e o sucesso em suas vidas. Muitas vezes a pessoa já tinha sentido mais do que era necessário de duas ou três emoções de cura, mas se não fosse capaz de vivenciar o nível que faltava, não conseguia seguir em frente com sucesso.

Na maioria dos casos, quando ficamos bloqueados num nível qualquer, é muito útil se lembrar de fatos no nosso passado, em que aquele sentimento específico não foi totalmente reconhecido, partilhado ou permitido. Se você sabe o que está procurando, em geral o encontrará com facilidade. Fazendo a pergunta certa, o sentimento que falta surge automaticamente.

Para abrir nossos corações, como em cada um dos exemplos anteriores, precisamos ter o cuidado de anular nossos condicionamentos pessoais do passado e experimentar cada uma das quatro emoções de cura por completo. Além do nosso condicionamento passado, existem outras formas de bloquear a vivência de uma emoção curativa específica. No próximo capítulo vamos analisar como a perda pode impedir essa vivência das quatro emoções. Com mais essa observação podemos, então, concentrar nossa atenção em fazer aflorar as emoções que faltam a fim de completar a cura com amor, aceitação, compreensão e confiança.

6
BONS FINAIS GERAM BONS COMEÇOS

"Vamos viver juntos e depois de alguns anos felizes teremos uma separação traumática." Ninguém pensa assim quando se apaixona. Quando amamos, não planejamos perder esse amor. No início o amor sempre parece eterno, mas podemos perdê-lo. E quando isso acontece, parte-se o nosso coração.

O fim de um relacionamento íntimo é uma perda devastadora, independentemente das condições que nos levaram a isso. O modo como lamentamos essa perda determinará o resto das nossas vidas. Quando um relacionamento chega ao fim, seja por morte, divórcio ou outras circunstâncias, precisamos ter o cuidado especial de completar o processo da lamentação, do luto. Bons finais geram bons começos.

....
Independentemente de como termina um relacionamento, precisamos ter o cuidado especial de completar o processo da lamentação, do luto.
....

Para tocar nossa vida em frente e encontrar o amor novamente, temos de sentir e lamentar inteiramente a nossa perda. Mas circunstâncias diferentes no fim de um relacionamento podem tornar o processo de cura confuso e difícil. Sem uma análise clara do que precisamos fazer, podemos inadvertidamente sabotar o processo natural de cura de diversas formas.

LAMENTANDO UMA TRAGÉDIA

Conforme descrevi na Introdução, na minha lua-de-mel recebi a notícia que meu pai tinha morrido. Fiquei atordoado, com raiva e horrorizado ao mesmo tempo. Gritei: "Como é que isso pôde acontecer? Quem faria uma coisa dessas? Não é direito. Não é justo. Por que alguém faria isso?"
Mesmo tendo ajudado muitas pessoas a passarem por suas tragédias individuais, ainda não tinha experimentado pessoalmente uma perda tão devastadora. Com o apoio da família e dos amigos, juntamente com alguns workshops, acabei conseguindo vivenciar e completar o processo de cura. No início achei que ia sofrer para sempre, mas com o tempo a dor passou. Quando ela foi embora, meu coração estava cheio de aceitação e de amor. Jamais poderia prever ou imaginar o quanto cresceria com essa experiência.

> **Quando a dor no coração passa,
> restam lembranças queridas e paz.**

Conforme já expliquei, meu pai deu carona para alguém que o assaltou e o prendeu no porta-malas do carro. Depois de passar várias horas preso na mala, ele acabou morrendo de enfarte. Depois do funeral, eu quis ligar-me a ele e de alguma forma compartilhar sua experiência. Uma parte de mim realmente queria sentir o que ele tinha sofrido. Com a minha mãe e os meus irmãos por perto, entrei na mala do carro e eles a fecharam.
Fiquei lá deitado no porta-malas, que não era tão apertado quanto imaginava, e vi as marcas das batidas que ele deu na tampa com uma chave de fenda. Na esperança de alguém ouvir e ir salvá-lo, ele continuou batendo. Observei que tentou arrebentar a tranca. Então descobri que tinha tirado uma das lanternas traseiras para o ar entrar.
Automaticamente enfiei a mão no buraco por um breve momento. Quando estava pondo a mão para dentro outra vez, meu irmão, lá fora, disse: "Veja se consegue alcançar o fecho por

fora." Estendi o braço pelo buraco e consegui apertar o botão. A tampa do porta-malas abriu.

Ficamos todos espantados. Se ele tivesse tido essa idéia, ainda estaria vivo. Quando alguém tenta sair de um porta-malas, não pensa em como se faz para entrar. Eu com certeza não pensei nisso. Foi necessária a visão do meu irmão do lado de fora para notar o botão. Sem essa visão, meu pai permaneceu preso até morrer.

Nos meses que seguiram a morte dele continuei a processar a minha raiva quanto ao assalto e à maldade que fizeram com ele, e senti a minha tristeza pelo fato do meu pai não estar mais na minha vida. Enfrentei meu medo pessoal de morrer trancado naquele porta-malas e senti muito não poder fazer nada para trazê-lo de volta ou para evitar o seu sofrimento. Ouvir e falar com outras pessoas que sofreram perdas semelhantes ajudou a tornar o processo menos difícil. Isso renovava a dor, mas também ajudava a curá-la.

....
Se não pudermos sentir a nossa dor, não conseguiremos curá-la.
....

Gradualmente, em vez de sentir um aperto angustiante no coração, lembrar-me do meu pai foi ficando cada vez mais fácil. Eu não gostava de falar sobre o que tinha acontecido, mas sabia que era parte essencial do processo de cura. Depois de muitas trocas, comecei a sentir o calor do amor que meu pai sentia por mim e a doçura do meu amor por ele. Foi uma mudança importante. Depois de qualquer perda, quando conseguimos nos lembrar do passado e sentir nosso amor sem sofrimento, é sinal de que o processo de cura está completo. E até hoje, quando penso em meu pai e na sua morte trágica, invadem-me sensações maravilhosas de amor e de paz.

> ....
> Quando conseguimos nos lembrar do passado
> e sentir nosso amor sem sofrimento, é sinal
> de que o processo de cura está completo.
> ....

Creio que tive sorte de alcançar essa compreensão de como lamentar uma perda. Há centenas de milhares de pessoas que não avançam depois de uma perda trágica. Em vez de encontrar a paz, elas sofrem em silêncio aquela perda durante anos. Sem saber que existe uma maneira de curar seus corações partidos, elas acabam presas.

A PERDA DO CÔNJUGE

Quando perdemos a pessoa amada num acidente trágico, é importante saber que nossa dor não deve ser permanente. Sem a compreensão de como podemos curar a dor, confundimos o nosso pesar com o amor que sentimos pela pessoa que perdemos.

> ....
> É um engano acreditar que se amamos
> alguém de verdade, então sempre sentiremos
> a dor da perda desse alguém.
> ....

Sem essa compreensão, a idéia de sentir-se melhor, sentir-se bem, ou até sentir-se realmente feliz parece menosprezar nosso sentimento genuíno de perda. Ser feliz de novo implica ter esquecido uma pessoa amada. Com a perda de um cônjuge, podemos até achar que seria uma traição amar de novo. Esse tipo de raciocínio pode obstruir seriamente o processo natural de cura, evitando que deixemos o passado para trás.

Se acreditamos racionalmente que é "prova de amor" não deixar nossa tristeza para trás, continuamos agarrados a ela em nossos corações. Assim como a mente pode reprimir sentimentos negativos, também pode impedir a nossa independência reprimindo sentimentos positivos.

> Para curar completamente nosso coração,
> além de sentir nossas emoções negativas,
> temos também de nos permitir soltar o passado
> e encontrar a felicidade novamente.

Com o tempo, conforme o coração vai se recuperando, quando pensamos em nossa perda, ainda podemos sentir alguma tristeza e saudade dos nossos parceiros, mas o sentimento dominante passa a ser o calor do nosso amor por eles. Em vez de causar dor, a lembrança dos momentos especiais traz sensações de paz e de gratidão. Em vez da sensação de vazio e solidão, sentimos o amor à nossa volta, que nos apóia quando começamos a reconstruir nossas vidas.

Algumas pessoas podem acreditar que a dor infinita é sinal de um amor profundo e verdadeiro, mas não é. Certamente o amor é real, mas o desespero é resultado do processo de lamentação não ter sido completado. O pesar sem fim não é um testemunho do nosso amor imortal, e sim uma doença que requer uma cura. Ninguém está aqui para passar a vida sem amor. Mais trágico do que qualquer morte é continuar a viver com um coração partido. Amar novamente não significa que paramos de amar aqueles que perdemos.

> Mais trágico do que qualquer morte é
> continuar a viver com um coração partido.

Mesmo sabendo disso podemos continuar bloqueados. Se insistimos em descobrir o nível que falta de emoção sempre que ficamos bloqueados, podemos acabar encontrando. A menos que saibamos o que estamos procurando, é possível passar o resto das nossas vidas presos na dor. É por isso que é crucial compreender totalmente como sentir cada um dos quatro níveis. Não basta simplesmente vivenciar qualquer emoção que surgir. Na maioria dos casos, precisamos examinar nossas almas para encontrar os níveis que faltam das emoções.

> Para curar nossos corações, não basta simplesmente sentir qualquer emoção que surgir.

Se passamos a vida reprimindo certos sentimentos em determinadas circunstâncias, não é fácil encontrá-los. Antigos condicionamentos nos impedem de sentir livremente cada uma das quatro emoções de cura. Sessões de aconselhamento particulares, workshops, grupos de apoio e exercícios de auto-ajuda são essenciais, porque criam as oportunidades de que precisamos para nos libertar dos condicionamentos do passado e para sentir nossas emoções ocultas.

O PODER DE CURAR NOSSOS CORAÇÕES

Nós já temos o poder de curar a nós mesmos, mas de qualquer forma precisamos da ajuda dos outros no processo de cura. Se você é um médico e quebra um osso, embora saiba o que é preciso fazer, tem de procurar a ajuda de outro especialista. Da mesma forma, quando nossos corações estão partidos, precisamos de assistência especializada e de apoio. Não podemos fazer isso sozinhos.

Em um workshop ou em um grupo de apoio, nossos sentimentos ocultos podem ser facilmente descobertos. Sentimentos reprimidos surgem automaticamente, pelo simples fato de alguém os estar partilhando conosco. Sozinho você jamais teria essa emoção, mas durante o workshop ela é automaticamente liberada.

> Sentimentos reprimidos surgem automaticamente
> quando outra pessoa compartilha a mesma emoção
> que estamos reprimindo.

Por exemplo, quando outra pessoa que não tem bloqueio no nível da raiva compartilha esse sentimento, o seu lado que sente raiva desperta. Mesmo se o seu condicionamento ordena que não sinta raiva, essa parte adormecida dentro de você acorda e desfaz o bloqueio, assim como acontece no fim de um bom dramalhão no cinema, quando as lágrimas jorram liberadas e você sente alívio. Essas não são as lágrimas do desespero e da autopiedade que causam tristeza. Com elas nós nos sentimos melhor.

> Lágrimas de cura não causam tristeza.
> Com elas nós nos sentimos melhor.

Workshops e grupos de apoio nos ajudam a encarar os sentimentos. Um relacionamento duradouro com um conselheiro pode gerar segurança e confiança para ir mais fundo nos seus sentimentos. Partilhando o que é nosso com alguém que compreende as perdas, sentimos segurança suficiente para explorar níveis mais profundos de sentimentos. Quando um conselheiro é treinado para fazer a pergunta certa no momento certo, então os sentimentos ocultos afloram e conseguimos liberá-los.

Exercícios de auto-ajuda também são muito eficientes, mas essa eficiência cresce drasticamente quando são utilizados juntamente com terapia individual, workshops e grupos de apoio. Você pode fazer sozinho ou sozinha todos os exercícios sugeridos neste livro, mas eles também podem ser executados com a ajuda de um conselheiro ou de um grupo de apoio. Explorar sentimentos dolorosos na presença de outras pessoas, especialmente nos estágios iniciais da cura de uma ferida emocional, é o ideal. A nossa dor fica mais suportável quando alguém mais a conhece. Quando partilhamos a nossa dor, ela é liberada e curada mais facilmente.

OS DESAFIOS DA CURA

Toda circunstância de perda inclui desafios exclusivos. Carol perdeu o marido, Steve, num acidente de carro repentino e trágico. Ela havia pedido para ele usar o cinto de segurança. Depois de receber a notícia de sua morte, descobriu que ele não tinha atendido ao seu pedido e que, em vez de ficar apenas ferido, tinha morrido. E então ela também descobriu enormes problemas financeiros, que caíram todos em cima dela.

Uma parte de Carol ficou triste, mas outra parte sentiu raiva e medo. Era muito confuso. A maioria das pessoas não está habituada a sentir mais de uma emoção ao mesmo tempo. Nesse caso, Carol ficou triste porque amava e sentia saudade do marido, mas também ficou com raiva por ele não ter usado o cinto de segurança. Além disso, teve medo do novo fardo financeiro. Sem entender a importância de passar um tempo vivenciando e explorando cada nível de emoção, ela ficou arrasada e bloqueada.

No funeral ela sentiu tristeza, mas uma parte escondida bem lá no fundo também se atinha à raiva e à culpa. Parecia frieza sentir raiva, por isso ela procurou afastar essa emoção. Mas a raiva persistiu. Culpava Steve por não ter dado ouvidos ao seu pedido e por tê-la deixado com tantos problemas. O medo que sentia em relação às novas responsabilidades alimentava ainda mais a raiva e a culpa que lançava sobre o marido.

À medida que Carol ia abafando a sensação de raiva foi ficando cada vez mais difícil sentir a tristeza verdadeira. Enquanto ficasse empurrando a raiva e o medo, seria incapaz de sentir e de livrar-se por completo da tristeza. A tristeza que conseguia sentir transformou-se em autopiedade. Era até capaz de chorar, mas as lágrimas não representavam alívio. E passou a sentir um entorpecimento sofrido no coração.

> Quando reprimimos a raiva, nossa tristeza
> se transforma em autopiedade.

Nesse exemplo vemos como o processo de lamentação pode ficar muito mais complicado. Sentimos a falta do nosso parceiro, mas também o culpamos e guardamos ressentimentos. Em vez de nos conceder a permissão para sentir raiva, bloqueamos nossos sentimentos achando que devemos sentir apenas tristeza. Como não queremos ser um peso para os outros, nem fazer com que tenham idéias negativas sobre o cônjuge falecido, não partilhamos nossos medos. Guardamos tudo lá dentro, tentando ser fortes.

Sem partilhar tudo que sentimos com alguém de confiança, a culpa vai nos seguir para onde quer que vamos. Podemos nos sentir vítimas pelo resto da vida. Já que andamos por aí com sentimentos "cruéis" de raiva e culpa, também podemos começar a sentir o peso cada vez maior do complexo de culpa. Sentimo-nos mal por não estar amando nosso parceiro como antes. Por mais que procuremos nossos sentimentos ternos de amor, acabamos irritados ou completamente insensíveis.

Com o aconselhamento, Carol finalmente conseguiu revelar seus sentimentos ocultos de raiva e de medo. Então foi capaz de sentir e de livrar-se da tristeza e do pesar. A culpa foi embora e ela começou a sentir-se melhor consigo mesma e ficou mais esperançosa de poder enfrentar as novas responsabilidades.

O BLOQUEIO DA RAIVA

Sharron e Ed discutiam o tempo todo. Seus valores eram diferentes demais para poderem se entender. Depois que se separaram, Sharron passou por uma variedade de sentimentos. O dominante era a raiva, mas alimentando essa raiva havia o medo. Tinha medo de que o filho de nove anos, Nathan, estivesse recebendo educação errada quando ficava com o pai. Ela achava que Ed estava mimando demais o filho.

Sharron ensinava para Nathan a importância de trabalhar para ganhar dinheiro, enquanto Ed sempre comprava tudo que ele pedia. Ela queria que Nathan se incumbisse de tarefas em casa, e o pai dizia sim para todas as vontades dele. Sharron sentia pena de não poder protegê-lo dessa confusão. O medo e o pesar de Sharron quanto a Nathan na verdade alimentaram a raiva que sentia de Ed. Em vez de deixar para trás a raiva da separação, ela sentia mais ainda. Os meses foram passando e Nathan começou a ter novos problemas na escola, o que deixou Sharron ainda mais furiosa.

Para piorar ainda mais as coisas, Sharron tinha cada vez menos tempo para estar ao lado do filho. Tinha voltado a trabalhar fora para poder se sustentar depois da separação. Ficava triste de ver que Nathan não terminava seus projetos escolares, mas era difícil para ela dar-lhe a compaixão e a compreensão de que ele precisava. Todo dia sentia culpa e raiva. Culpa de não passar mais tempo com Nathan e raiva de Ed.

....
É difícil ter compaixão quando estamos com raiva.
....

Sharron não tinha lamentado tempo suficiente o fim do casamento. Por isso as frustrações com a criação do filho pesaram muito mais em sua alma. Quando nossos corações não estão curados, ficamos sensíveis demais aos problemas da vida. Muitas vezes parece que alguém está enfiando o dedo numa ferida aberta. Ela sentia muita raiva de não ser capaz de lidar com os problemas do filho. Quando era ríspida ou insensível com ele, a culpa era ainda maior. E isso era mais combustível para a raiva que sentia de Ed.

Foi possível perceber que as coisas estavam piorando. Em um workshop Marte & Vênus Sharron aprendeu sobre as quatro emoções que curam. Descobriu que não tinha de fato lamentado e curado o fim do seu casamento. Sentia raiva, mas não tristeza. Dedicou um tempo à sua tristeza e lamentou sua perda e, depois, conseguiu perdoar Ed e entender que a culpa não era toda dele. Na verdade ele não era o homem certo para ela.

> Dedicando um tempo para a nossa tristeza conseguimos deixar de lado a nossa raiva e perdoar.

Enquanto derramava lágrimas de tristeza, a raiva ficou mais suave e ela pôde sentir um pouco de amor, valorizando Ed. Recordar o amor que partilharam no início ajudou Sharron a se desvincular com amor. Podia sentir gratidão pelos bons momentos e também se sentir bem com ela mesma. Livrou-se da sensação de ter sido tola de ter se casado. Por isso ficou mais segura de poder encontrar um relacionamento duradouro no futuro.

Sharron reconheceu a importância de dizer coisas boas sobre Ed na frente de Nathan. Também percebeu que as qualidades que criticava em Ed existiam no Nathan. Ao aprender a aceitar e a ver o lado bom do ex-marido, foi mais fácil para Nathan entender a diferença entre o pai e a mãe. Sharron aprendeu que podia discordar dos valores de Ed sem diminuí-lo por isso.

Quando um menino ouve coisas boas a respeito do pai, pode sentir-se bem com tudo que tem de parecido com ele. Sharron ficou motivada a perdoar Ed, não só por ser bom para ela, mas também pelo bem do filho.

> A maior dádiva que os pais podem dar aos filhos é gostarem um do outro.

Quando Sharron se permitiu ir mais fundo e explorar seus sentimentos de tristeza, tornou-se capaz de liberar sua raiva e sentir mais ternura. Além de ficar mais feliz, também deixou seu filho mais contente. Esse tipo de "final feliz" fez com que Sharron aceitasse melhor a possibilidade de um novo relacionamento. Acabou casando outra vez com o homem certo para ela, e teve outros filhos.

REPRIMINDO NOSSOS SENTIMENTOS

Quando reprimimos nossos sentimentos por achar que são sinal de desamor, está na hora de procurar ajuda. Pode não parecer seguro partilhar nossos sentimentos de raiva com a família ou os amigos, mas podemos dividi-los tranqüilamente com um terapeuta. Esse é o melhor momento para conversar com um conselheiro, para participar de um workshop de cura, ou para juntar-se a um grupo de apoio.

Muitas vezes reprimimos nossa raiva porque achamos que é sinal de desamor.

Para obter alívio, é nossa a responsabilidade de criar um ambiente apropriado para partilhar os nossos sentimentos de desamor num contexto em que ninguém saia ferido e no qual não sejamos julgados negativos demais. Quando temos a liberdade de explorar e partilhar tudo que sentimos, nossos corações podem começar a se recuperar, abrindo-se aos poucos para sentimentos como o perdão, a compreensão, o amor e a confiança.

Um conselheiro ou terapeuta experiente não julga o que sentimos. Ouvindo e fazendo perguntas ele ou ela faz surgir as diversas emoções que têm de ser vivenciadas e expressadas. Partilhar os sentimentos sem se preocupar se vão machucar alguém, ou se serão usados contra nós, liberta o coração para que ele possa promover a própria cura. Criar essa segurança para partilhar nossos sentimentos é como engessar um braço quebrado para protegê-lo enquanto se recupera.

Quando partilhamos toda a verdade sobre nossos sentimentos, estamos conquistando a segurança de encontrar o amor novamente. Em qualquer circunstância, com a abordagem correta, podemos liberar a nossa dor e abrir a porta do amor. Trabalhando para criar um final feliz temos a garantia de criar um começo feliz. Quando nossos corações se abrem, temos plena capacidade de encontrar o amor que queremos, do qual precisamos e que merecemos.

7
EXERCÍCIO PARA SENTIR-SE MELHOR

Lembrar e lamentar a perda do parceiro ou da parceira deve fazer com que nos sintamos melhor, mas às vezes o simples fato de vivenciar nossos sentimentos não completa o processo de cura. Podemos sentir nossa dor, mas não encontrarmos alívio. Em geral isso acontece porque estamos esquecendo alguma parte importante do processo e assim limitando nossa capacidade natural de cura. Uma das melhores formas de exercitar e fortalecer nossa capacidade de curar o coração é praticar o exercício para sentir-se melhor. Praticando essa técnica, você poderá curar qualquer dor.

Uma das melhores formas de exercitar nossa capacidade de cura é praticar o exercício para sentir-se melhor.

Apesar de haver centenas de modos e processos de vivenciar nossos sentimentos dolorosos, se não conhecemos os fundamentos da cura da dor, podemos não conseguir deixar o passado para trás, nem encontrar o amor novamente. A prática do exercício para sentir-se melhor é um treinamento do processo pelo qual temos certeza de que somos capazes de curar a mágoa que vivenciamos. Se não pudermos curar uma dor, então ficaremos presos nessa dor, e com o tempo acabaremos por reprimi-la.

ESCREVER UMA CARTA DE SENTIMENTOS

Quando você estiver sofrendo emocionalmente, dedique cerca de vinte minutos para escrever o que sente. No princípio é melhor escrever à mão ou datilografar seus sentimentos. Depois de adquirir uma certa prática nesse processo, poderá fazer isso sentado de olhos fechados, ou junto com um conselheiro ou um grupo.

Eu já pratico esse exercício específico há dezessete anos, e às vezes ainda me beneficio muito escrevendo o que sinto. Quando alguma coisa realmente me incomoda, sento diante do computador e digito meus sentimentos, seguindo o formato básico do exercício para sentir-se melhor.

O exercício para sentir-se melhor tem três partes:

1. Expressar as quatro emoções que curam, junto com suas carências, necessidades e desejos.
2. Expressar a reação de carinho e compreensão que gostaríamos de ouvir.
3. Expressar perdão, compreensão, gratidão e confiança.

Vamos explorar mais detalhadamente cada parte.

PRIMEIRA PARTE: EXPRESSANDO SEUS SENTIMENTOS

A primeira parte do exercício para sentir-se melhor é escrever uma carta para a pessoa que você perdeu. Pode também escrever uma carta com o que sente para alguém que imagina que ouviria com atenção e carinho — um bom amigo ou um anjo de Deus. Certifique-se de explorar cada uma das quatro emoções que curam. Se quiser mudar a ordem, tudo bem. Comece com os sentimentos mais fortes. Sinta cada emoção de cura durante dois ou três minutos.

Enquanto escreve a carta, imagine que a pessoa está ouvindo tudo que você diz. Imagine que ele ou ela é capaz de ouvir seus sentimentos, e que depois poderá dar compreensão e apoio. Mesmo se na vida real a pessoa não puder ouvir seus sentimentos, com o intuito de curar seu coração, imagine como se sentiria, e o que diria, se ele ou ela pudesse fazer isso.

O FORMATO DA CARTA DE SENTIMENTOS

Querido, querida ....,
Estou escrevendo esta carta para partilhar a minha dor e receber aceitação, perdão e amor.
Neste momento eu...

1. *tenho raiva de...*
   sinto raiva porque...
   sinto raiva quando...
   não gosto de...
   queria que...
2. *fico triste de...*
   estou triste porque...
   fico triste quando...
   queria...
   espero que...
3. *tenho medo de...*
   sinto medo porque...
   sinto medo quando...
   não quero...
   preciso...
4. *sinto pena de...*
   sinto pena porque...
   sinto pesar quando...
   quero...
   espero...

   Obrigado por me ouvir.

   Amor, ...

SEGUNDA PARTE: EXPRESSANDO UMA RESPOSTA DE APOIO

Para assumir a responsabilidade de curar nossa dor em vez de depender de alguma fonte externa de amor e apoio, precisamos aprender a amar e a apoiar a nós mesmos. Isso é muito fácil. Nós nos damos apoio do mesmo modo que apoiamos outra pessoa que sofre. Depois de escrever seus sentimentos, o próximo passo é criar e expressar uma resposta carinhosa. Assim como precisamos traduzir o que sentimos em palavras, é muito importante transformar em palavras o apoio do qual necessitamos para nos sentirmos amparados, compreendidos e consolados.

Na segunda parte, escrevemos uma carta para nós mesmos. Fingimos que somos a pessoa com quem nos comunicamos e escrevemos a resposta que gostaríamos de receber. Se imagina que está dividindo seus sentimentos com um amigo ou um anjo, então escreva o que acha que ele diria para você. Diga o que o faz sentir-se amparado. Para ajudar a criar uma resposta, você pode usar o formato da carta-resposta a seguir.

O FORMATO DA CARTA-RESPOSTA

Querido..........,

1. Obrigado, obrigada por...
2. Compreendo...
3. Sinto muito...
4. Por favor, perdoe-me...
5. Quero que saiba que...
6. Você merece...
7. Quero...

Às vezes escrever a carta-resposta é mais poderoso do que escrever as quatro emoções curativas. O ato de escrever o que realmente queremos e precisamos ouvir amplia a nossa abertura para receber o apoio que merecemos. Imaginando esse apoio, estamos abrindo nossos corações mais uma vez, para curar a nossa dor.

TERCEIRA PARTE: EXPRESSANDO SENTIMENTOS POSITIVOS

Depois de escrever a resposta que nos faria sentir o apoio de alguém, é importante expressar e afirmar nossos sentimentos positivos, o perdão, a compreensão, a gratidão e a confiança.

Para ajudá-lo a escrever seus sentimentos positivos, você pode usar esse formato de carta conclusiva.

O FORMATO DA CARTA CONCLUSIVA

1. Obrigado por...
2. Compreendo...
3. Entendo que...
4. Eu sei que...
5. Eu perdôo...
6. Sou grato por...
7. Confio que...
8. Neste momento estou vivendo o processo de...

Dedicar um tempo para afirmar seus sentimentos positivos fará com que se sinta muito melhor. Às vezes, no início, depois de terminar esse processo, você pode ficar meio esgotado. Com uma certa prática, o exercício propicia uma sensação de renovação.

EXEMPLO DE CARTA DE SENTIMENTOS

Este é um exemplo de como Bill usou o exercício para se sentir melhor buscando vivenciar as quatro emoções de cura. Simplesmente utilizou cada começo de frase para exprimir um sentimento específico. Quando você praticar esse exercício, sinta-se livre para repetir um começo de frase quantas vezes quiser, antes de partir para a próxima. Se quiser pular uma, tudo bem também. Use o formato como ferramenta para ajudá-lo a vivenciar e a dar vazão às quatro emoções de cura que existem dentro de você.

Querida Susan,
  Estou escrevendo esta carta para partilhar a minha dor e receber aceitação, perdão e amor.
  Neste momento estou me sentindo sozinho, magoado, abandonado e traído.

1. *Sinto raiva por você ter me deixado.*
   Sinto raiva por você ter se apaixonado por outro.
   Sinto raiva quando penso em vocês dois juntos.
   Não gosto de ser rejeitado.
   Queria que você ainda me amasse.

2. *Fico triste de você não estar mais na minha vida.*
   Fico triste por não saber para onde ir, a quem recorrer.

Fico triste quando penso no quanto a amo.
Eu queria viver feliz para sempre; queria que você me amasse.
Esperava que você me amasse e cumprisse a sua promessa.

3. *Tenho medo de ter feito papel de bobo.*
Tenho medo por não saber o que fiz de errado.
Tenho medo quando penso em recomeçar.
Não quero ficar sozinho.
Preciso do seu amor e da sua amizade.

4. *Tenho pena de não estarmos juntos.*
Sinto pena de não poder fazê-la mudar de idéia.
Sinto pena quando penso no amor que sentimos um pelo outro.
Quero que você me ame. Quero estar casado.
Espero aprender a deixar isso para trás.

Obrigado por me ouvir.

Amor, Bill

EXEMPLO DE CARTA-RESPOSTA

Querido Bill,

1. *Obrigada por partilhar seus sentimentos comigo.*

2. *Compreendo o quanto magoei seus sentimentos.*

3. *Sinto muito, sinto muitíssimo de não amá-lo mais como antes, sinto que as coisas tenham mudado.*

4. *Por favor, perdoe-me por deixá-lo e rejeitá-lo.*

5. *Quero que saiba que gosto de você, mas você não é a pessoa certa para mim. Darei sempre valor ao tempo que passamos juntos. Sou muito grata por seu amor e pelo apoio que me deu.*

6. *Você merece ser amado por alguém e ter um ótimo relacionamento.*

7. *Quero que você seja feliz. Quero que encontre o amor novamente.*

Amor, Susan

EXEMPLO DE CARTA CONCLUSIVA

Querida Susan,

1. *Obrigado por gostar de mim. Sempre gostarei de você.*
2. *Compreendo que tenho de deixar isso para trás e, com o tempo, vou conseguir.*
3. *Entendo que essas coisas levam tempo. Estou muito magoado e vai demorar para isso passar.*
4. *Sei que você me ama do seu jeito. Sei que não é propriedade minha e que é livre para fazer o que quiser.*
5. *Eu a perdôo por não me amar. Perdôo por ter me deixado. Perdôo por não ter me dado uma chance.*
6. *Agradeço os muitos anos que passamos juntos.*
7. *Confio que encontrarei um novo amor e que vou superar isso.*
8. *Neste momento estou vivendo o processo de recomeçar e reconstruir a minha vida. Estou fazendo o que tem de ser feito para encontrar amor e felicidade novamente. Sei que tudo vai melhorar.*

Amor, Bill

AS QUATRO PERGUNTAS

Um outro modo de processar as quatro emoções de cura é simplesmente fazendo quatro perguntas para você mesmo. Muitas vezes os homens acham mais fácil esse tipo de abordagem no princípio. Respondendo a essas perguntas nossas emoções curativas automaticamente aparecem. Quando estiver respondendo, dê-se permissão para sentir raiva, tristeza, medo, pesar e quaisquer outros sentimentos similares.

1. O que aconteceu?
2. O que deixou de acontecer?
3. O que poderia ter acontecido?
4. O que não pode acontecer?

Se você deseja explorar isso mais a fundo, há outras perguntas para fazer e responder.

PRIMEIRA PERGUNTA

O que aconteceu, que você queria que não tivesse acontecido?
O que está acontecendo, que você não quer que aconteça?
O que aconteceu, que você não gostou?

SEGUNDA PERGUNTA

O que não aconteceu, que você queria que tivesse acontecido?
O que não está acontecendo, que você queria que estivesse?
O que devia ter acontecido?

TERCEIRA PERGUNTA

O que poderia acontecer, que você não quer que aconteça?
O que é importante para você?
O que poderia acontecer, que você quer que aconteça?

QUARTA PERGUNTA

O que não pode acontecer, que você quer que aconteça?
O que não pode acontecer que você queria que tivesse acontecido?
O que pode acontecer, que você quer que aconteça?

Fazendo essas quatro perguntas ou praticando as três partes do exercício para sentir-se melhor, você estará melhor preparado para curar as marés dos sentimentos que surgem devido à perda que sofreu. Com essa técnica, poderá lembrar da sua parceira sem ter de ficar preso aos sentimentos dolorosos. Com essa análise e habilidade, você conquista a liberdade de vivenciar seus sentimentos para completar o processo de cura.

8
DESCOBRINDO O PERDÃO

Quando culpamos o companheiro ou a companheira por nossa infelicidade, sem saber estamos impedindo a liberação dos sentimentos dolorosos. Se consideramos nosso parceiro o único responsável pela dor que sentimos, ficamos reféns dessa dor, até ela mudar. Essa tendência é muito limitante. Se acreditarmos que o outro é responsável pela dor que sentimos, não conseguiremos acabar com ela. Culpar nosso parceiro ou parceira pelo nosso sofrimento significa não poder deixar a mágoa para trás, a menos que ele ou ela corrija seu comportamento ou atitude.

....
Se culpamos nosso parceiro ou parceira pela
dor que sentimos, não podemos deixar a mágoa
para trás, a menos que ele ou ela corrija
seu comportamento ou atitude.
....

    A culpa pode ser útil para curar nosso coração, mas depois temos de nos libertar disso. A culpa pode ajudar-nos a impor os limites do que gostamos e do que não gostamos. Também auxilia a descobrir nossa raiva e nos impede de assumir responsabilidade demais por uma perda. Sempre que nos culpamos demais, é porque não nos damos permissão de pôr a culpa nos outros.
    Depois de usar a culpa para vivenciar nossa raiva, devemos trabalhar para acabar com ela. Com certeza os outros são culpados de cometerem erros, mas não devem ser culpados dos seus sentimentos. Perdoar é libertar o outro da responsabilidade do que sentimos. Descobrindo o perdão ficamos livres para deixar a dor para trás.

Perdoar é libertar o outro da
responsabilidade do que sentimos.

Embora seja verdade que o nosso parceiro ou parceira pode nos magoar, também temos de reconhecer que temos o poder de resolver a nossa mágoa. Quando o culpamos pela nossa dor e não por seus erros, ficamos presos nessa dor. Quando sentimos raiva ou tristeza por termos sido magoados, então viramos prisioneiros. Quando nos sentimos impotentes para modificar nossos sentimentos, então começamos a culpar nosso parceiro pela dor, em vez de culpá-lo pelo que fez ou deixou de fazer.

Esses são alguns exemplos da diferença entre afirmações de sentimentos e afirmações de culpa. Passe algum tempo imaginando que está dizendo essas frases e sinta a diferença. As afirmações de sentimentos são a nossa ligação com a paixão, enquanto as afirmações de culpa são o nosso bloqueio. Afirmar os sentimentos dá poder, e afirmar culpas gera a sensação de que somos vítimas.

Afirmações de sentimentos

Sinto raiva porque você não me trata com respeito.

Sinto raiva e mágoa porque você me trata desse jeito.

Sinto raiva porque você tem o que quer e eu não.

Sinto raiva porque você se atrasou e sequer telefonou.

Estou magoado porque você me ignorou, para você os outros são mais importantes que eu.

Estou triste porque você não me deu um presente.

Afirmações de culpa

Sinto raiva porque você me deixa muito infeliz.

Sinto raiva porque você me magoou desse jeito.

Sinto raiva porque você me deixa com ciúme.

Sinto raiva porque você me assustou. Não sabia o que fazer.

Estou magoado porque você faz com que eu me sinta ignorado e desprezado.

Estou triste porque você não faz com que eu me sinta amado.

Tenho medo de que você venha a me julgar.

Tenho medo de que você me magoe.

Sinto raiva de você ter me criticado, ou tenho medo de você vir a me criticar.

Sinto raiva de você ter estragado o meu dia, ou tenho medo de que você possa estragar o meu dia.

Sinto raiva porque você me deixou esperando.

Sinto raiva de você provocar essa raiva em mim.

Tenho medo de conversar com você.

Tenho medo de que você possa me irritar.

Tenho medo de você não se interessar pelo que eu vou dizer.

Tenho medo de que você faça com que me sinta muito mal e insignificante.

Estou magoado porque você foi grosseira comigo.

Estou aborrecido porque você me faz infeliz.

Estou magoado porque você me joga de um lado para outro. Num minuto é carinhosa, no outro distante.

Estou irritado por você me irritar tanto.

Está certo reconhecer o que sentimos quando reagimos ao que nosso parceiro ou parceira diz e faz. Se nosso parceiro nos incomoda, é importante reconhecer o que sentimos, mas depois precisamos deixar isso para trás. Quando continuamos a culpar nossos parceiros pelo que sentimos, não estamos apenas criticando o outro, mas a nós mesmos também. Tornar o outro responsável por continuar a sentir o que sentimos depois de uma ofensa nos impede de deixar isso de lado. Enquanto culpamos o outro continuamos magoados até ele ou ela resolver mudar.

A IMPORTÂNCIA DO PERDÃO

Resumindo, é por isso que o perdão é tão importante: o perdão nos livra de continuar agarrados à nossa dor. Ficamos livres para deixar a mágoa para trás. É a liberdade para sentir-se melhor e encontrar novamente o amor. Sentir nossas emoções e depois conseguir perdoar nos torna mais capazes de encontrar soluções para um problema.

Quando exploramos nossos sentimentos com a intenção de perdoar, diminui a tendência de culpar nossos parceiros. Mesmo se começamos culpando o outro, a exploração contínua das quatro emoções de cura com alguém que não culpamos, ou pôr nossos sentimentos no papel, acaba fazendo com que nos livremos da culpa.

Quando partilhamos nossos sentimentos diretamente com a pessoa que culpamos, aumenta a tendência que temos de fazer afirmações de culpa em vez de sentimentos. Não é errado partilhar os sentimentos com o parceiro ou a parceira, mas devemos escolher um momento em que ele ou ela esteja disposto a ouvir, e também quando já sentimos, até um certo ponto, alguma capacidade de perdoar.

> **Quando primeiro partilhamos nossos sentimentos com alguém que não culpamos, podemos chegar ao perdão com muito mais facilidade.**

Basear nossa disposição para perdoar na reação de outra pessoa é uma proposta perdedora. Apenas reforça o fato de estarmos culpando alguém pela dor que sentimos, e não por essa pessoa ter feito ou deixado de fazer alguma coisa. Quando uma parceira não tem de se defender da responsabilidade do que sentimos, então ela é capaz de ouvir o que temos a dizer e reagir de um modo bem mais favorável.

A maioria dos livros sobre comunicação enfatiza sabiamente a importância de usar afirmações do tipo "eu acho", "eu estou sentindo", no lugar de "você". Isso é verdade, mas também temos de tomar cuidado para que as afirmações que começam com "eu" não sejam também afirmações de culpa. Frases que começam com "eu acho" ou "eu sinto" podem ser tão carregadas de culpa quanto as que começam com "você". Em nome das afirmações "eu sinto" podemos estar empurrando o outro para longe, sem saber.

> Afirmações que começam com "eu acho" ou "eu sinto" podem ser tão carregadas de culpa quanto as que começam com a palavra "você".

Se passamos um tempo vivenciando nossos sentimentos e descobrimos o perdão, a tendência de culpar os outros diminui. Se aprendermos a expressar nossos sentimentos sem usar afirmações de culpa, nosso parceiro ficará muito mais receptivo. Encontrando a capacidade de perdoar antes de partilhar nossos sentimentos, carências, necessidades e desejos, não estaremos partindo da necessidade de culpar alguém.

PARTILHANDO NOSSOS SENTIMENTOS SEM CULPA

As mulheres em geral são mais motivadas para partilhar seus sentimentos. Instintivamente uma mulher sente que dividindo sua dor com o homem que a ama, ele também ficará motivado a fazer tudo que puder para protegê-la e apoiá-la no futuro. Dividir a nossa dor pode motivar os outros a nos dar apoio.

> Se os outros não souberem o que estamos sentindo, não poderão corrigir certos comportamentos, nem saberão de que tipo de apoio precisamos.

A maneira de compartilhar nossos sentimentos determina se alguém pode nos ouvir. Em geral as mulheres usam afirmações de culpa para expressar seus sentimentos. Em vez de ouvir sua dor e ficarem motivados a fazer alguma coisa, os homens partem para a defensiva. Em vez de motivados, eles podem resistir ainda mais à mudança.

REFAZENDO NOSSAS VIDAS

Quando terminamos um relacionamento e há filhos envolvidos, precisamos reconhecer que o relacionamento não acabou de verdade. Não podemos dar um fim a ele, mas podemos modificá-lo. Mesmo não sendo mais parceiros casados, somos pais e vamos ter de nos comunicar de forma que o ex-parceiro e pai, ou mãe, não se sinta culpado.

Para refazer nossas vidas, além de parar de sentir que somos vítimas, precisamos tratar de não nos comunicar como tais. A maioria dos problemas de pais divorciados surge da comunicação com afirmações de culpa, no lugar da calma ou de esperar estar mais centrado antes de partilhar.

Homens e mulheres discutem e brigam sobre finanças, responsabilidades, promessas a serem cumpridas, valores diferentes, a educação dos filhos e o tempo que passam com eles, mas o verdadeiro motivo das brigas é que não aprenderam a alternativa para as afirmações de culpa. Depois de poucos minutos numa discussão, começamos a discutir sobre o modo como estamos discutindo.

Quando somos capazes de comunicar nossas diferenças sem a mentalidade de culpa, nossos parceiros conseguem ouvir nosso ponto de vista. Quando os dois lados se sentem ouvidos e respeitados, e não culpados, então as soluções criativas podem ser encontradas para resolver nossas diferenças e nossos problemas.

Mesmo usando as palavras erradas, se a nossa atitude reflete que perdoamos nosso parceiro, ele ou ela poderá ouvir o que sentimos e ficar motivado ou motivada de forma positiva. Sem o conhecimento de técnicas de comunicação, temos a tendência de culpar o ouvinte por estar na defensiva e não reconhecemos que estamos comunicando culpa.

Reconhecendo e utilizando nosso poder de modificar os sentimentos, deixamos de ficar sempre culpando os parceiros pelo que sentimos. Se não entendermos claramente que temos o poder de liberar e transformar nossos sentimentos negativos, continuaremos a culpá-los por tudo que sentimos. Acabamos agarrados aos sentimentos de mágoa e ficamos cada vez mais ressentidos. No próximo capítulo vamos explorar outros desafios que temos de enfrentar, enquanto nos damos tempo e incentivo necessários para completar o processo de cura.

9
DIZENDO ADEUS COM AMOR

No fim de um relacionamento existem apenas duas direções que podemos seguir. Uma é crescer na nossa capacidade de amar. A outra é iniciar um declínio gradual. Nosso desafio para recomeçar é extravasar a dor com perdão, compreensão, gratidão e confiança. Dizer adeus dessa maneira faz com que nos sintamos bem conosco, com o nosso futuro e com o nosso passado. Isso é fácil dizer, mas difícil de pôr em prática.

Sem a total compreensão do que é necessário durante o processo de cura, é fácil ficar preso em diversos estados emocionais indesejáveis. Não é incomum sermos envolvidos por ressentimento, necessidade de culpar os outros, indiferença, sentimento de culpa, insegurança, desesperança, ciúme e inveja. Essas sete atitudes nos impedem de amar por completo outra vez. São sinais claros de que precisamos nos curar. Quando persistem, significa que estamos negligenciando uma parte do processo de cura.

Essas sete atitudes são o oposto das quatro emoções que curam. Com elas, nem a vivência nem a resistência ajudam. Quanto mais as sentimos, mais dolorosas elas ficam. São como areia movediça emocional: quanto mais resistimos, mais somos puxados para baixo.

....
As sete atitudes negativas são areia movediça emocional: quanto mais resistimos, mais somos puxados para baixo.
....

Cada um desses estados negativos transmite uma mensagem específica. Se pudermos ouvir essa mensagem, o mensageiro irá embora. Se não entendermos a mensagem, ele continuará batendo em nossa porta. O mensageiro só vai embora quando é ouvido. Quanto mais o ignoramos, mais forte ele bate.

Cada uma das sete atitudes negativas é um sinal luminoso que fica piscando e aponta na direção da dor que estamos ignorando. Quando as circunstâncias específicas da nossa perda impedem a vivência completa dessa dor, as atitudes negativas chegam para indicar o que está faltando no processo de cura. Cada atitude pretende revelar em que lugar do nosso coração estamos reprimindo os sentimentos e desejos de cura. Quando conseguimos localizar e curar nossa dor oculta, essas atitudes negativas desaparecem automaticamente.

....

> Cada uma das sete atitudes negativas é um sinal luminoso que fica piscando e aponta na direção da dor que estamos ignorando.

....

A única maneira de escapar das garras das sete atitudes negativas é ouvir suas mensagens.

1. ACABANDO COM O RESSENTIMENTO

A atitude negativa mais comum é o ressentimento, principalmente quando o casamento ou relacionamento que terminou não tinha amor, carinho e atenção. Nós nos ressentimos com o tempo perdido. Com a falta de realização de nossas esperanças e expectativas. Apesar da nossa entrega, não recebemos aquilo de que precisávamos. Por mais que tentássemos, nossos esforços nunca eram suficientes para o nosso parceiro. É claro que esse ressentimento é apropriado, mas indica nitidamente que ainda não estamos preparados para um novo envolvimento.

Quando estamos ressentidos, nosso maior desafio é dizer adeus com perdão e amor. Temos o direito de ficar ressentidos, mas nosso novo desafio é lembrar-nos do amor que sentimos um dia e depois perdoar os erros do nosso ex-parceiro ou parceira. Dedicando um tempo à lamentação verdadeira e completa da nossa perda, é possível acabar com todo ressentimento e querer bem ao parceiro ou à parceira.

....
Com o tempo é possível acabar com os ressentimentos e querer bem ao parceiro ou à parceira.
....

Para encontrar nosso amor reprimido precisamos primeiro explorar cada uma das quatro emoções de cura.

1. Podemos precisar sentir raiva do ex-parceiro ou da ex-parceira por ter desperdiçado tanto das nossas vidas, ter nos traído, ou privado do amor e do apoio que merecíamos.
2. Podemos precisar sentir tristeza porque o relacionamento acabou, por não termos alguém para amar, por não ter dado certo.
3. Podemos precisar sentir medo de ter feito papel de bobo, ou de sermos enganados outra vez, ou de não saber como fazer um relacionamento funcionar.
4. Podemos precisar sentir pesar por não poder voltar atrás e fazer funcionar, por não poder recuperar o tempo perdido, não poder modificar o que nosso parceiro ou parceira sente.

Depois expressamos perdão e compreensão e seremos capazes de lembrar-nos do amor que compartilhamos no início. Lembrar-se do amor é muito importante. O perdão não será real até podermos lembrar-nos dos nossos sentimentos positivos de amor pelo outro.

O SIGNIFICADO DO PERDÃO

Às vezes não conseguimos perdoar porque na verdade não entendemos o que significa perdoar. Achamos que se perdoamos e amamos nossos ex-parceiros deveríamos retomar o relacionamento. Isso não é verdade. A melhor forma de dizer adeus é com amor. Nós o amamos, mas ele não é a pessoa certa para nós. Se temos de dizer "eu não te amo mais" para acabar um relacionamento, sairemos com o coração fechado. É difícil atrair amor para nossas vidas quando o coração está fechado.

> Perdoar nosso ex-parceiro não significa
> que temos que retomar o relacionamento.

Por outro lado, quando o coração está aberto, somos capazes de reconhecer com maior clareza a pessoa certa para nós. Sentimos atração e atraímos parceiros com potencial para nos satisfazer, em vez de nos desapontar. A capacidade para escolher a pessoa certa nasce de um coração aberto. Se nosso coração se fecha para uma pessoa, não pode abrir-se completamente para outra. Se pensar no passado faz nosso coração se fechar, então será muito mais difícil encontrar o amor que buscamos no futuro. Às vezes podemos até encontrar um parceiro, mas não somos capazes de dar valor ao que temos.

2. ACABANDO COM A NECESSIDADE DE CULPAR OS OUTROS

Muitas vezes, depois de terminar um relacionamento, simplesmente culpamos nosso ex-parceiro pelos problemas, sentimos um enorme alívio com a separação e então seguimos em frente. O alívio se deve ao fato de estarmos finalmente livres para encontrar amor e felicidade. Essa reação é muito apropriada, mas é um sinal claro de que estamos negando uma infinidade de sentimentos não resolvidos. Se continuamos a ignorar esses sentimentos e seguimos em frente, tenderemos a atrair parceiros perfeitos para deflagrar esses sentimentos não resolvidos.

> Sentir alívio é sinal claro de que estamos negando
> uma infinidade de sentimentos não resolvidos.

Homens e mulheres normalmente sentem alívio por diferentes motivos. O homem fica aliviado quando culpa a parceira pelos problemas do casal, e a mulher fica aliviada de não precisar mais sentir-se responsável pelo relacionamento. Ambos sentem alívio, mas temos de enxergar mais longe para curar nosso coração e encontrar o parceiro certo da próxima vez.

O homem quer logo esquecer o que aconteceu, mas sem perdoar. A solução imediata que encontra para o fracasso do seu relacionamento é encontrar outra parceira. Ele pode ter uma atitude positiva, mas quando surgem problemas similares nos relacionamentos futuros, põe imediatamente a culpa na parceira e tem mais dificuldade ainda para perdoar.

Para ser capaz de perdoar, o homem tem de explorar a sua contribuição para os problemas do casal. Quanto mais responsável um homem se sente, mais capaz ele é de perdoar. Uma atitude de perdão e responsabilidade vai livrá-lo de ser exigente demais ou de reagir culpando sempre as futuras companheiras.

....
Para ser capaz de perdoar, o homem tem de explorar a sua contribuição para os problemas do casal.
....

O alívio que a mulher sente vem associado a uma atitude de responsabilidade. De não ter mais de se sentir responsável pelo bom funcionamento do relacionamento. Ela acha que já se sacrificou muito, e muitas vezes sente que não tem mais nada para dar. Pensando assim, ela deve ter cuidado de não perdoar de imediato, senão pode ficar presa ao sentimento de culpa. Quando um relacionamento fracassa, os homens se prendem mais à culpa que lançam sobre a parceira, enquanto as mulheres se tornam prisioneiras do sentimento de culpa.

Para perdoar e esquecer, as mulheres precisam primeiro explorar de que forma foram afetadas pelos problemas do casal. Quando uma mulher tenta perdoar depressa demais, pode sentir uma culpa prolongada, ou achar que não tem valor. Se primeiro dedicar seu tempo à vivência das quatro emoções de cura, poderá perdoar seu parceiro sem arcar com o fardo doentio da culpa.

> Quando um relacionamento fracassa, os homens se prendem mais à culpa que lançam sobre a parceira, enquanto as mulheres assumem a culpa.

Depois de descobrir o perdão sem se sobrecarregar com a responsabilidade dos problemas, a mulher já pode contar com os alicerces para assumir a sua contribuição para os problemas do casal. Com a atitude do perdão e da responsabilidade, ela adquire poder para seguir em frente com a segurança necessária para recomeçar. É capaz de reconhecer que o que sofreu naquele relacionamento não acontecerá necessariamente no próximo.

> Uma atitude responsável dá a uma mulher o poder de reconhecer que o que sofreu naquele relacionamento não acontecerá necessariamente no próximo.

Se a mulher equaciona ter um relacionamento com sacrifício, então não vai querer envolver-se novamente. Se o homem lembra do relacionamento passado pensando em culpa, pode continuar a se envolver, mas quando tiver de fazer os sacrifícios normais ou assumir compromissos, tenderá a pular fora.

Quando sentimos alívio no fim de um relacionamento, nosso desafio é continuar a examinar nossos sentimentos. Uma parte significativa de por que sentimos esse alívio é que finalmente podemos parar de sentir todas essas emoções desagradáveis. Tendemos a procurar esquecer o que aconteceu. Certamente há momentos em que essa estratégia funciona, mas não é apropriada no fim de um relacionamento íntimo.

Devotando um tempo para as emoções que existem por baixo da sensação de alívio superficial, aos poucos descobriremos um mundo novo de sentimentos não resolvidos. Apesar de estarmos contentes de poder esquecer e seguir em frente, é mais sensato nos dar permissão para lidar com o ressentimento quanto à experiência toda, e para sentir as quatro emoções de cura. Quando não temos de esquecer o passado para nos sentir melhor, aí sim estamos prontos para entrar em outro relacionamento.

3. ACABANDO COM A INDIFERENÇA

Quando uma separação não envolve por completo nossos sentimentos, corremos o risco de ficar desligados ou indiferentes demais. Na tentativa de sermos sensatos, corremos o risco de reprimir os sentimentos de perda. Já que a mente se adapta mais depressa que o coração, uma separação "sensata" representa um desafio. Quando duas pessoas decidem terminar racionalmente um relacionamento íntimo ou um casamento, em seus corações elas podem continuar ligadas.

Em última análise, sempre que um relacionamento termina, esperamos que seja também uma decisão sensata, racional, mas o nosso desafio é também sentir pesar. Depois de resolver que vamos nos separar, precisamos nos permitir sentir as ondas recorrentes de emoções conflitantes. Senão, podemos perder o contato com a nossa paixão interna de amar e ser amado.

Apesar de estar melhor com a separação, temos de dedicar um tempo ao sofrimento causado pela perda. Temos de reconhecer que uma parte de nós tinha esperança de que esse relacionamento fosse duradouro. Essa parte de nós precisa ser ouvida inúmeras vezes, até o coração sarar.

> Pode ser difícil sentir as quatro emoções de cura quando a separação é a melhor solução.

Quando terminamos racionalmente um relacionamento, temos de permitir que nossos sentimentos fiquem um pouco para trás. É apropriado lamentar a perda e ficar triste, mesmo se foi a melhor decisão. Mesmo sendo a decisão mais acertada, precisamos nos dar a chance de nos adaptar emocionalmente à separação. Se não vivenciamos automaticamente os sentimentos de perda, devemos procurá-los.

Você pode conseguir isso recordando as esperanças e os sonhos do início do relacionamento. Consciente disso, pode começar a sentir-se triste com a separação. A partir daí poderá refletir sobre o que aconteceu que não queria que acontecesse, e explorar os sentimentos de raiva e depois de perdão.

Você deve sentir medo de estar cometendo um erro, e pesar por não ter conseguido fazer funcionar. É normal continuar a sentir vontade de voltar atrás e fazer o relacionamento dar certo. Isso tudo faz parte do processo de desligamento. Ter esses sentimentos não significa que deva obedecê-los e voltar atrás. Se está se sentindo carente e desesperado, então certamente não é o momento de pensar na volta.

> Depois de explorar nossos sentimentos de ligação, podemos então nos desligar, sem neutralizar esses sentimentos.

Manter contato com nossos sentimentos de perda, apesar da mente já ter se desligado, faz com que continuemos com o coração aberto. Uma separação muito racional ou desapegada pode facilmente estar encobrindo uma vida inteira de mágoa escondida, decepção e tristeza. Se você não consegue atingir seus sentimentos de perda, é aconselhável relembrar outra perda em sua vida. Em algum ponto do seu passado aconteceu alguma coisa que bloqueou sua capacidade de sentir integralmente sua necessidade de amor.

> Uma separação muito racional pode facilmente estar encobrindo uma vida inteira de decepção e tristeza.

Volte atrás e lembre-se de uma época em que você era jovem mas tinha de ser forte. Um tempo em que não havia ninguém a quem recorrer. Quando não se sentia seguro partilhando sua dor, por isso tomou a decisão sensata de guardá-la até encontrar segurança. Bem, agora é hora de explorar esses sentimentos. Agora é seguro. Entrando em contato com os quatro níveis e depois amando e perdoando completamente, você estará pronto para seguir em frente.

4. ACABANDO COM O SENTIMENTO DE CULPA

Quando um relacionamento termina, em geral podemos sentir dois tipos de culpa. Sentimos culpa por todos os momentos em que magoamos e decepcionamos nosso parceiro, ou então por causa da separação. Prometemos amar e quebramos essa promessa. A solução é a mesma para os dois tipos de culpa. O desafio que enfrentamos para acabar com o sentimento de culpa é perdoar a nós mesmos.

Sentir culpa é uma reação normal quando cometemos um erro, mas não é saudável se continuamos a sentir essa culpa depois de reconhecer o erro. A culpa passa a ser tóxica quando ouvimos a sua mensagem e depois não conseguimos deixá-la para trás com o autoperdão. Ela intoxica quando nos impede de ficar bem conosco e com nossas vidas.

Assim como algumas pessoas se agarram à sensação de mágoa reagindo a uma injustiça, outras podem se agarrar à sensação de culpa pelo que fizeram ou deixaram de fazer. Os sentimentos de mágoa e de culpa são intimamente ligados porque o antídoto para os dois é o perdão. Para acabar com a mágoa, precisamos perdoar o outro. Para acabar com o sentimento de culpa, precisamos perdoar a nós mesmos.

....
Enquanto não aprendemos a perdoar os outros, fica mais difícil perdoar a nós mesmos.
....

Quando nos sentimos culpados depois que um relacionamento termina, é sinal de que ainda não curamos nosso coração. Muitas vezes somos incapazes de perdoar a nós mesmos até sentir que os outros nos perdoaram.

Não é necessário ser perdoado pelo ex-parceiro. Seria uma limitação exagerada pensar que ele ou ela deve nos perdoar para nos sentirmos bem. Ajuda escrever um pedido de desculpas partilhando seus erros e esperando que um dia seu ex-parceiro ou parceira possa perdoá-lo. Nesse meio tempo, é muito útil encontrar um terapeuta ou um grupo de apoio e começar a partilhar tudo que faz você se sentir culpado. A reação imparcial e de aceitação deles vai ajudá-lo a se perdoar.

Perdoar a nós mesmos não depende de sermos perdoados.

Em geral, quando os clientes se sentem culpados de abandonar um parceiro, é porque eles também foram abandonados no passado. Conhecem bem a dor da rejeição e do abandono, por isso sentem uma culpa especial por estarem infligindo essa dor em outra pessoa. Quando esse sentimento de culpa emerge, é porque a própria dor de ter sido abandonado não foi resolvida.

Não conseguir perdoar a nós mesmos por magoar outra pessoa é um sinal claro de que fomos magoados no passado, mas ainda não liberamos as quatro emoções de cura, nem resolvemos a mágoa com o perdão. Se sentimos a culpa de abandonar o parceiro, um exercício muito útil é lembrar-nos do momento no passado em que fomos magoados ou abandonados.

Perdoando os que nos magoaram seremos capazes de perdoar a nós mesmos por magoar outra pessoa.

Algumas pessoas se agarram ao sentimento de culpa porque acreditam que são más e que devem se sentir culpadas de estar abandonando um parceiro que se sente magoado, traído ou abandonado. É errado pensar assim. Se descobrimos que um relacionamento não serve para nós, então também não serve para nosso parceiro. A maior dádiva que podemos oferecer a outra pessoa é a oportunidade de encontrar o amor. Se não conseguimos o que queremos em um relacionamento, então jamais daremos ao outro aquilo de que ele precisa. Ficaremos muito ressentidos. Mas se nos separamos, ele ficará livre para encontrar o amor de que precisa.

Às vezes mesmo quando somos nós as vítimas, sentimos culpa pela separação. Podemos sentir pena do parceiro por engano, pois na verdade ele é que devia arrepender-se pelo modo com que nos magoou. Essa tendência ao sentimento de culpa é conseqüência da repressão das quatro emoções de cura.

Há basicamente quatro formas que a nossa mente usa para reprimir nossas reações emocionais e fazer surgir o sentimento de culpa com a separação. São a negação, justificação, racionalização e auto-recriminação. Vamos examinar cada uma mais detalhadamente.

• Negação

Dizemos para nós mesmos que nosso parceiro na verdade não nos maltratou. Ignoramos o que aconteceu. Para superar o bloqueio da negação, precisamos sentir raiva. A raiva revela o que aconteceu, que não queríamos que acontecesse, e que de outra forma poderíamos deixar de ver.

• Justificação

Defendemos o que aconteceu criando justificativas para nosso parceiro. Podemos dizer: "Bom, ele não teve intenção." Para superar o bloqueio da justificação, precisamos sentir tristeza. A tristeza revela o que não aconteceu, que queríamos que acontecesse. A tristeza nos faz lembrar do que não estamos recebendo, em vez de focalizar os motivos pelos quais ele não nos apoiou.

• Racionalização

Dizemos para nós mesmos que o que aconteceu na verdade não tem tanta importância por várias razões. Podemos dizer: "Podia ter sido muito pior." Para superar o bloqueio das racionalizações, precisamos sentir o medo de nunca conseguir o que queremos e aquilo de que precisamos. O medo revela o que poderia acontecer, que não queremos que aconteça. Ajuda a reconhecer o que é importante para nós, e não só o que é importante para nosso parceiro.

- **Auto-recriminação**

Nós nos recriminamos por provocar um comportamento indesejado. Podemos dizer: "Se eu tivesse agido de outra forma, ele não teria..." Ou: "Ela fez isso, mas eu fiz aquilo." Para superar o bloqueio da auto-recriminação, precisamos sentir pesar. O pesar ajuda a reconhecer o que não podemos modificar. Sentindo a impotência para modificar nosso parceiro, paramos de imaginar que somos responsáveis pelos maus-tratos dele ou dela.

Quando essas quatro tendências nos impedem de sentir nossas emoções negativas, criam um problema. Dedicando um tempo à exploração de nossos sentimentos negativos, podemos claramente reconhecer a verdade de uma situação. Então podemos tomar a decisão de deixar o parceiro sem essa sensação ruim, ou de culpa.

Dar a alguém a oportunidade de nos magoar nunca é um ato de amor. Se não estamos conseguindo aquilo de que precisamos, então o comportamento mais amoroso é acabar com o relacionamento. Se descobrimos que o nosso parceiro não é a pessoa certa para nós, então é hora de seguir em frente. Em vez de terminar o relacionamento porque nosso parceiro é inadequado ou violento de alguma forma, termine o relacionamento com perdão, mas também reconhecendo que ele não é a pessoa certa para você.

5. ACABANDO COM A INSEGURANÇA

Quando um relacionamento termina, às vezes nós nos agarramos à esperança de uma reconciliação para poder lidar com nossos medos e inseguranças. Agarrados à esperança, ficamos protegidos de ter de enfrentar nossos medos e de sentir a profundidade da nossa perda. Enquanto acreditamos que podemos voltar a ficar juntos, não precisamos considerar o recomeço. Apesar de promover algum alívio, o fato de viver na esperança de estar junto com o outro novamente na verdade nos impede de completar o processo de cura. Viver com essa esperança nos impede de enfrentar nossos medos, e depois de acabar com a nossa insegurança. Ainda que de fato exista alguma esperança de reconciliação, a melhor forma de abrir essa porta é primeiro reconhecer emocionalmente que neste momento, além de fechada, ela está trancada. Precisamos livrar-nos da esperança para sentir integralmente e deixar para trás a nossa dor. Apesar de ser o melhor que podemos fazer por nós mesmos, é também a melhor maneira de destrancar a porta da reconciliação.

....
Se nos agarramos à nossa mágoa, isso pode facilmente impedir nosso parceiro de resolver voltar.
....

Quando um relacionamento acaba, só pode ser reconstruído sobre novos alicerces de compreensão e perdão. Se nos agarramos à nossa mágoa, é porque não perdoamos totalmente nosso parceiro. Se continuamos magoados, isso pode fazer nosso parceiro continuar a se sentir culpado. Qualquer coisa que dizemos ou fazemos provoca o sentimento de culpa nele ou cria novas dificuldades para ele sentir o desejo de voltar.

Para a reconciliação acontecer, os dois devem mudar ou se corrigir de alguma forma. Sentindo a dor completa do fim do relacionamento, com o tempo somos capazes de afastá-la com o perdão, a compreensão e a gratidão. Ao deixar a dor para trás, somos capazes de descobrir uma força interior e confiar que podemos conseguir o amor de que precisamos.

A partir dessa nova consciência independente, não somos mais carentes, desesperados, dependentes, ansiosos ou inseguros. Com este estado saudável da mente e do coração, podemos fazer os ajustes necessários em nós mesmos para atrair nosso parceiro de volta, ou para reconhecer que ela ou ele não serve para nós. Com o sucesso que obtemos quando lamentamos o fim do relacionamento, tornamo-nos capazes de efetuar a reconciliação, ou de encontrar um relacionamento novo e melhor para nós.

6. ACABANDO COM A DESESPERANÇA

Se fomos vítimas de abuso, negligência, logro, privação, abandono ou traição, às vezes continuamos a nos sentir como vítimas quando o relacionamento termina. Certamente é verdade que nos fizeram de vítima, mas ao terminar o relacionamento ficamos livres para conseguir o que queremos. Não somos mais vítimas e sim totalmente responsáveis, mais uma vez, pelo que recebemos.

Em nossa mente reconhecemos que não somos mais vítimas, mas ainda podemos sentir isso. O resultado é que perdemos a esperança de um dia conseguir aquilo de que precisamos e que merecemos. Se não aprendermos a deixar essa desesperança para trás, não teremos motivação para fazer as escolhas certas para encontrar o amor.

....
Apesar de termos agido para nos proteger, podemos continuar a sentir que somos vítimas.
....

Essa tendência de sentir que somos vítimas é compreensível, mas não é saudável, a menos que procuremos ajuda para curar nossa dor. Sentir desesperança é sinal claro de que temos camadas e mais camadas de dor não resolvida. Nosso desafio é curar essa dor e descobrir nossa capacidade de confiar novamente. Sem a compreensão do que temos de fazer para acabar com a dor, essa atitude pode ser tão forte que sentimos pelo resto da vida que ainda estamos sendo vítimas por causa do nosso passado. Eis alguns exemplos das idéias doentias da vítima:

Graças ao que aconteceu, jamais serei feliz.
Graças ao que aconteceu, minha vida está arruinada.
Graças ao que aconteceu, desperdicei minha vida.
Graças ao que aconteceu, jamais serei capaz de amar novamente.
Graças ao que aconteceu, jamais serei capaz de confiar novamente.

Graças ao que aconteceu, estou esgotado demais para recomeçar.
Graças ao que aconteceu, não tenho vontade de ser carinhoso.
Graças ao que aconteceu, fiquei amargo demais para amar novamente.
Graças ao que aconteceu, não tenho mais nada para oferecer.
Estou infeliz hoje devido ao que aconteceu.
Não consigo confiar outra vez devido ao que aconteceu.
Estou sozinho hoje e jamais encontrarei o amor devido ao que aconteceu.
Vou ter sempre esse ressentimento quanto ao que aconteceu.
Meus melhores anos se foram. Não tenho mais chance de encontrar o amor.

Em vez de nos limitarmos com essas idéias, podemos usá-las como trampolim para mergulhar na piscina de nossos sentimentos não resolvidos. Por exemplo, se eu acredito que "jamais amarei novamente", então posso dedicar um tempo aos meus sentimentos de medo. A partir daí posso examinar outras épocas de minha vida em que tive o mesmo tipo de medo.

....
Podemos usar nossas idéias negativas como lanterna para descobrir os sentimentos não resolvidos escondidos no armário do nosso inconsciente.
....

Certamente, durante o processo de cura é compreensível ter muitas idéias como as citadas anteriormente, mas nosso objetivo é identificar a forma errada de pensar. Reconhecendo que fomos envolvidos pelas crenças do sentimento de vítima, podemos começar a processar as emoções negativas associadas a essas crenças. Deflagrando nossa reação interna de cura, nossas sabedorias intuitiva, receptiva e criativa são automaticamente acessadas. Ao acender a luz de nossa sabedoria interior, a escuridão dessas crenças do sentimento de vítima desaparece.

Se continuamos a culpar nosso passado pela dor que sentimos, então a dor que sentimos hoje tem tudo a ver com o passado, e nada a ver com a realidade do presente. A dor não resolvida de nosso passado impede a experiência integral das possibilidades do presente. Enquanto não curamos nosso coração, não podemos atingir nosso poder interno para criar uma nova vida. Ao contrário, em diversos graus, continuaremos a sofrer a dor de nosso passado. Se continuamos a nos sentir como vítimas, não podemos aproveitar nossas vidas totalmente.

7. ACABANDO COM O CIÚME E A INVEJA

Quando um casamento ou relacionamento termina, às vezes nossa reação é de ciúme. Além de ser um espinho cravado na carne, o ciúme não nos deixa partilhar da felicidade dos outros. Embora o ciúme bloqueie nossa capacidade de amar, é importante identificá-lo para poder curá-lo.

O ciúme e a inveja aparecem de diversas formas. A seguir damos uma lista de alguns exemplos:

- Descobrimos que nosso ex-parceiro está feliz ou aproveitando a vida. Podemos ficar subitamente irritados ou aborrecidos. Nossa irritação vem do ciúme.
- Quando nossos filhos ou outras pessoas falam bem de nosso ex-parceiro, podemos começar a sentir um certo constrangimento. Esse desconforto vem da inveja.
- Quando imaginamos nosso ex-parceiro feliz e amando outra pessoa, sentimo-nos excluídos e magoados. Essa mágoa vem do ciúme.
- A felicidade deles nos deixa tremendamente infelizes, enquanto que sua infelicidade nos dá satisfação. Essa satisfação e a infelicidade vêm do ciúme.
- Se vemos um casal namorando, pensamos, não vai durar. Esse cinismo vem da inveja.

O ciúme pode se expressar de diversas formas e transforma nossa vida num inferno. Em vez de sofrer com os sintomas do ciúme, podemos usá-los para a cura. Ciúme é sinal claro de que estamos negando um monte de desejos insatisfeitos e ignorando nossos sentimentos não resolvidos.

> Quando temos inveja, sofremos com a
> felicidade do outro, enquanto que o sofrimento
> dele nos traz satisfação.

O ciúme aparece quando outra pessoa tem o que queremos. Em vez de sentir "Sim, isso é para mim!", ficamos ressentidos com o fato de o outro ter aquilo, e nós não. A inveja surge quando dizemos para nós mesmos que estamos felizes com o que temos, quando na verdade não estamos e queremos mais. É como uma seta que nos ajuda a descobrir o que estamos escondendo de nós mesmos. Se tenho inveja do sucesso de alguém, então estou querendo mais sucesso. Se sinto ciúme de alguém que está recebendo amor ou reconhecimento, então também estou querendo ser amado. Ciúme e inveja revelam o que queremos secretamente.

Se queremos alguma coisa mas acreditamos que não vamos ter, uma das formas de evitar a dor da decepção é minimizar o desejo ou até negá-lo. Raciocinamos que "Se não posso ter isso, então não é importante. Eu não queria isso mesmo". Se alguma parte escondida de nós continua querendo, quando outra pessoa consegue, sentimos inveja.

Se não formos capazes de compartilhar a felicidade e o sucesso dos outros, nossas chances de conquistar a felicidade e a satisfação diminuem. Enquanto sentimos ciúme ou inveja, na verdade estamos empurrando para longe exatamente o que queremos na vida. A inveja é claramente um sinal de que estamos negando o nosso potencial de manifestar o que queremos na vida.

> Quando sentimos inveja, na verdade estamos
> empurrando para longe exatamente
> o que queremos na vida.

O ciúme é um dos estados emocionais mais angustiantes. Como cada uma das outras seis atitudes negativas, quanto mais sentimos ciúme, mais doloroso e angustiante ele se torna. Diferente das emoções de cura, a raiva, a tristeza, o medo e o pesar, simplesmente sentir as atitudes negativas não faz com que elas vão embora.

Um pouco de inveja diz "Você tem o que eu quero", mas a inveja doentia diz "Você tem o que eu quero e estou sofrendo por não ter". A inveja na verdade é um grande guia que revela em que ponto dentro de nós temos de processar nossos sentimentos para acabar com a dor. Se não enfrentamos e curamos esses sentimentos mais profundos, sem saber estaremos obstruindo ou empurrando para longe exatamente o amor, a felicidade e o sucesso que mais queremos.

Em vez de cair nas garras do ciúme, podemos usar essa atitude negativa para sentir nossas emoções de cura mais profundas. Digamos que você tem ciúme de seu ex-parceiro porque ele vai casar outra vez. Em vez de sentir ciúme, ressentimento, ou de criticá-lo, você poderia explorar ou escrever os seguintes tipos de sentimentos.

EXPLORAÇÃO DOS SENTIMENTOS QUE EXISTEM POR TRÁS DO CIÚME

1. *Medo*
Tenho medo de não encontrar a pessoa certa para mim.
Tenho medo de não estar fazendo o que é certo.
Tenho medo de não ser bom o bastante.
Tenho medo de que os outros pensem que era eu o problema no nosso casamento.
Tenho medo de não saber o que fazer para encontrar amor.
Tenho medo de estar cometendo um erro enorme.
Tenho medo de que ninguém me queira.

2. *Tristeza*
Estou triste por não estar casando outra vez.
Estou triste por não ser tão feliz.

Estou triste porque nosso casamento acabou.
Estou triste porque ninguém me quer.
Estou triste por não estar feliz nesse momento.
Estou triste porque continuo descasado.
Estou triste por não ter encontrado alguém para mim.

3. *Raiva*
Sinto raiva porque ainda estou solteiro.
Sinto raiva porque nosso casamento acabou.
Sinto raiva porque eles estão felizes e eu não.
Sinto raiva porque ainda estou procurando o amor.
Sinto raiva de ter de começar tudo de novo.
Sinto raiva porque eles estão recebendo toda a atenção, e eu não.
Sinto raiva porque quando éramos casados ele (ou ela) não era tão aberto.

4. *Pesar*
Sinto muito não poder ficar feliz por eles.
Sinto muito não poder confiar no amor.
Sinto muito nosso casamento ter fracassado.
Sinto muito não ser eu a casar.
Sinto muito não poder encontrar a pessoa certa para mim.
Sinto muito não poder encontrar alguém que me ame desse jeito.

5. *Intenção*
Quero casar de novo.
Quero encontrar o amor.
Quero perdoar meu ex-parceiro.
Não quero ser tão crítico e ciumento.
Quero amar outra vez.
Quero confiar no amor.
Quero me casar.
Quero sentir-me bem e feliz novamente.

6. *Sentimentos positivos de perdão, compreensão, gratidão e confiança*
Perdôo meu ex por me magoar.
Perdôo meu ex por me trair.
Perdôo meu ex por mudar e deixar de me amar.

Perdôo todos os meus amigos por gostarem dele também.
Compreendo que ele merece ser feliz.
Compreendo que não éramos certos um para o outro.
Sou grato pela oportunidade de encontrar o amor novamente.
Sou grato pelo amor que tenho na vida.
Sou grato pelos amigos e pela família que tenho.
Confio que encontrarei o amor novamente.
Confio que estou no caminho para conseguir tudo de que preciso.
Confio que vou conseguir o amor que quero.

Neste exemplo, em vez de acabar prisioneira do sentimento de ciúme, a pessoa pode se aprofundar um pouco mais para sentir as emoções acumuladas em seu íntimo. Depois de explorar os sentimentos negativos, os sentimentos positivos reprimidos também têm a chance de aflorar.

CURANDO NOSSO PASSADO

A fim de não sermos limitados pelas sete atitudes negativas, podemos usá-las para descobrir e curar os sentimentos não resolvidos em nosso coração. Se ficamos presos em qualquer uma dessas sete atitudes, é porque ainda não estamos prontos para um novo envolvimento. Para experimentar as possibilidades ilimitadas de amor e felicidade que estão disponíveis, precisamos ser capazes de curar as feridas de nosso passado. Quando conseguimos depois de um tempo deixar para trás a dor causada pelo que já aconteceu, podemos abrir-nos para vivenciar as possibilidades positivas do que verdadeiramente pode acontecer conosco.

Quando somos capazes de celebrar o fim de um relacionamento e sentir gratidão pelas lições que aprendemos, é sinal de que liberamos e curamos nosso coração por completo. Se fomos maltratados num relacionamento, então certamente não ficamos gratos pelos maus-tratos, mas sentimos gratidão pela força e pela sabedoria que conquistamos deixando isso para trás e curando nosso coração. No próximo capítulo vamos explorar com mais detalhes a dinâmica de esquecer nossa mágoa e nossa dor.

10
DEIXANDO A MÁGOA PARA TRÁS

De todas as perdas possíveis, o divórcio pode ser a mais difícil de lamentar. É mais complicado que a morte de um companheiro ou uma companheira. Quando o cônjuge morre, somos forçados a aceitar o fato de não poder trazê-lo de volta. O fim é conclusivo. Reconhecemos claramente que não podemos mais contar com seu amor e seu apoio. Quando nos rendemos diante dessa realidade, estamos perfeitamente aptos a lamentar a nossa perda.

Depois de um divórcio, nosso parceiro continua vivo. É mais difícil prantear nossa perda, porque podemos continuar sentindo a mágoa. Ficamos ressentidos com a forma que nossa ex está nos tratando, ou sentimos ciúme do amor e do apoio que ela pode estar recebendo de outro. Podemos culpá-la por não nos apoiar o bastante, ou podemos nos ressentir pelo fato de ter de continuar falando com ela.

> Não importa até que ponto achamos que fomos maltratados, podemos continuar magoados.

Sentir mágoa é sinal de que ainda não descartamos por completo a necessidade do apoio emocional da ex-companheira. Por exemplo, um estranho ser grosseiro conosco não importa tanto quanto a ex-mulher ser grosseira. Naturalmente a expectativa é diferente em relação a um estranho. Depois de um divórcio, precisamos de tempo para adaptar nossas expectativas do cônjuge para ex-parceiro.

Estivemos nos dando durante anos, esperando receber em troca amor e apoio. Se não recebemos o que merecemos, uma parte de nós continua esperando algo em troca. Podemos achar que ele ainda nos deve. Em algum lugar bem lá no fundo de nós, ainda esperamos o troco. Enquanto não deixamos de depender dele, continuaremos a sentir que está nos magoando.

> Sentir mágoa depois de uma separação é sinal
> de que não descartamos a necessidade
> de apoio emocional do ex.

Além de ser uma causa de descontentamento, a mágoa indica que estamos procurando amor e apoio no lugar errado. A cada dia que nos agarramos à mágoa, estamos perdendo as oportunidades que existem de receber o amor e o apoio de que precisamos.

Deixar a mágoa para trás nos liberta para recomeçar e encontrar o amor de que precisamos e que merecemos. Se continuamos a depender do apoio emocional do parceiro ou da parceira, em vez de curar nossa mágoa, estaremos só aumentando-a. A dependência emocional é aceitável quando o apoio existe. Quando o amor e o apoio do nosso parceiro não está mais disponível, precisamos deixar essa dependência para trás.

> Enquanto continuamos a depender do
> apoio emocional do parceiro ou da parceira,
> só estaremos aumentando a mágoa.

Não podemos curar um osso quebrado se antes não descobrirmos que está quebrado. Continuando a depender emocionalmente do ex, não estamos reconhecendo a separação. Estamos simplesmente adiando os sentimentos de perda e negando o pesar de não estar mais recebendo o que necessitamos dele. Podemos sentir um alívio temporário, mas vamos acabar ressentindo o fato de o parceiro ou a parceira não querer cooperar e fazer o que queremos.

Quando nossas expectativas não são satisfeitas e nos sentimos magoados, começamos a nos sentir como vítimas. Enquanto achamos que nosso parceiro está no caminho da nossa felicidade, continuamos a nos sentir magoados por ele. Adquirindo a consciência da postura que assumimos para sentir essa mágoa, nos libertamos para modificar essa atitude. Eis alguns exemplos mais comuns de sentimentos de mágoa e pensamentos ocultos de vítima que perpetuam nossa mágoa.

SENTIMENTOS DE MÁGOA E DE VÍTIMA

Sentimento de mágoa	**Sentimento de vítima**
Estou magoado porque você não se esforçou mais para tornar as coisas melhores.	Se você tivesse tentado, eu poderia ser feliz agora.
Estou magoado porque você não pensou em procurar ajuda.	Se você tivesse procurado ajuda, eu poderia ser feliz agora.
Estou magoado porque você não se modificou por mim.	Se você tivesse mudado, eu poderia ser feliz agora.
Estou magoado porque você não se importou comigo.	Se você se importasse comigo, eu poderia ser feliz agora.
Estou magoado porque você mudou muito.	Se você voltasse a ser o que era, eu poderia ser feliz agora.
Estou magoado porque você me rejeitou.	Se ao menos você me amasse, eu poderia ser feliz agora.
Estou magoado porque você amou outra pessoa, não a mim.	Se ao menos você me amasse, eu poderia ser feliz agora.
Estou magoado porque você me ignorou.	Se ao menos você se importasse mais, eu poderia ser feliz agora.
Estou magoado porque você me traiu, não cumpriu o que prometeu.	Se você tivesse cumprido sua promessa, eu poderia ser feliz agora.

Estou magoado porque você me criticou.	Se ao menos você tivesse me apoiado, eu poderia ser feliz agora.
Estou magoado porque você me fez de bobo.	Se você tivesse me respeitado, eu poderia ser feliz agora.
Estou magoado porque você me abandonou.	Se você tivesse ficado, eu poderia ser feliz agora.

Explorando nossos sentimentos de mágoa, conseguimos discernir as atitudes de vítima associadas a eles. Essas atitudes ocultas com o tempo acabam nos impedindo de deixar para trás os sentimentos de mágoa. Em vez de acabar com nossa dor, a atitude de vítima reforça a necessidade de continuar a sentir dor.

VIVENDO NO PRESENTE

Se vamos nos livrar da mágoa, precisamos reconhecer que não podemos continuar a depender de nosso parceiro. Quando um relacionamento termina, temos de aceitar que acabou. Nosso ex-parceiro não é mais responsável pela nossa dor. A mágoa já ocorreu, mas cabe a nós, e não a ele, tornar as coisas melhores. Sim, ele pode ter causado a mágoa, mas agora somos responsáveis pela cura de nossos sentimentos. Somos nós os responsáveis pela cura de nosso coração partido, não ele.

Quando reconhecemos que não dependemos da nossa parceira para sermos felizes ou realizados, ela não pode continuar a nos magoar. E no presente, não sendo mais magoados por ela, temos a liberdade de acabar com a dor que ainda carregamos. Esse conceito é muito simples, mas profundo. Se não há nada com que me preocupar, posso deixar para trás meus problemas ou parar de me preocupar. Se nada mais me magoa, posso deixar para trás a dor ou parar de sentir-me magoado. Se no presente não estou sendo magoado, então sou capaz de acabar com qualquer dor do passado que ainda esteja sentindo.

Reconhecendo que não dependemos do nosso ex-parceiro, ele ou ela não pode continuar a nos magoar.

Se nosso ex-parceiro continua a fazer coisas que nos incomodam, precisamos reconhecer que ele não está partindo nosso coração. Isso já aconteceu. Essa distinção é muito importante. Vamos imaginar que você pode avaliar uma mágoa em graus, como medimos a temperatura. Nessa graduação imaginária, um aborrecimento pequeno é 5 graus, enquanto um coração partido é 100 graus.

Se seu coração estiver curado e seu ex-parceiro o aborrecer, então poderá sentir 5 graus de mágoa. Mas se seu coração ainda está partido, quando seu parceiro aborrece você, não dói só 5 graus. Você é forçado a sentir os 100 graus de dor de seu coração partido, e mais os 5.

Se não formos capazes de interpretar corretamente essa distinção, vamos achar que toda vez que a parceira nos aborrece ela está partindo nosso coração outra vez. Apesar da sensação de mágoa ser de 105 graus, na verdade estamos apenas fazendo a conexão com a mágoa não resolvida do passado. Acreditar incorretamente que nosso parceiro continua a partir nosso coração torna a dor muito maior. Se não dermos um tempo para curar nosso coração partido, as coisas que ele ou ela faz, que nos aborrecem ou irritam, podem parecer insuportáveis.

Enquanto acreditarmos que estamos sendo vitimados no presente, continuaremos a sentir a mágoa. É muito mais difícil deixar a mágoa para trás quando estamos sendo magoados. Para acabar com a mágoa precisamos viver no presente, reconhecendo que a dor que procuramos deixar para trás ocorreu no passado.

Podemos acabar com a mágoa assumindo a atitude de termos sido vítimas, só que agora não somos mais.

Para curar um osso quebrado, depois de verificar que está quebrado temos de protegê-lo para não se quebrar outra vez. Não podemos pôr o osso no lugar se estamos sempre quebrando-o de novo. Da mesma forma que não podemos recompor nosso coração com perdão, compreensão, gratidão e confiança, se acreditamos que ainda estamos sendo vítimas como antes.

....

Se damos ao parceiro o poder de partir nosso coração inúmeras vezes, jamais ficaremos curados.

....

Estes são alguns exemplos de como nos livramos da atitude de vítima vivendo o presente:

- Sim, eu fui decepcionado e traído, mas agora estou livre para modificar meus desejos e expectativas.
- Sim, eu não recebi amor, fui rejeitado e abandonado, mas agora estou livre para encontrar amor em outro lugar.
- Sim, estou sofrendo, mas ninguém mais está me magoando.
- Sim, meu coração foi partido, mas agora sou responsável pela cura do que foi feito.
- Sim, estou arrasado, mas com o tempo encontrarei amor novamente.
- Sim, eu posso ter desperdiçado meu tempo, mas aprendi muita coisa boa. Agora posso curar meu coração partido e me preparar para encontrar o amor verdadeiro e duradouro.

AS DUAS MÃOS DA CURA

Há basicamente duas mãos de cura, e ambas são necessárias para curar nosso coração. Com uma das mãos, temos de nos dar permissão para sentir o que sentimos. Com a outra, temos de ter uma atitude de não-vítima. Para curar nosso coração, precisamos manter uma atitude de não-vítima no presente, e simultaneamente vivenciar os sentimentos de vítima do nosso passado.

> Para curar nossa mágoa, temos de senti-la, mas também reconhecer que pertence ao passado.

Essa atitude de cura pode ser melhor compreendida usando-se a imagem de um pai ou uma mãe amorosa segurando um filho nos braços. A criança está chorando, dizendo: "Estou muito triste, ninguém vai me amar de verdade." O pai ou a mãe não interrompe e diz: "Isso é ridículo. Você é amado e será sempre." O pai ou a mãe compassivo simplesmente segura a criança, compreendendo a dor e a tristeza que ela sente. Então afirma para o filho que ele é amado.

Da mesma forma, quando nos sentimos como vítima, uma parte de nós precisa ser o pai ou a mãe positivo, responsável, mas outra precisa ser a criança, que não passa de um monte de sentimentos que precisam ser expressados antes de conquistar o entendimento. Sendo o pai, continuamos enraizados numa atitude de não-vítima. Essa perspectiva nos liberta para continuar resolvendo o sentimento de vítima que aparece.

> Para acabar com a dor, precisamos aprender a manter uma atitude de não-vítima, e ao mesmo tempo vivenciar nosso sentimento de vítima.

Para ter uma idéia concreta do que acontece nesse processo, faça uma experiência. Fique alguns minutos tentando fazer duas coisas diferentes ao mesmo tempo. Gire a mão esquerda na barriga no sentido horário e bata com a mão direita na cabeça ao mesmo tempo.

Tente fazer isso agora mesmo. É divertido. Só leva alguns minutos para pegar o jeito. Não continue a leitura antes de fazer direito. Se for fácil demais, procure trocar os movimentos das mãos, ou gire no sentido anti-horário.

Com um pouco de prática, não é tão difícil assim, mas definitivamente não é automático. Exige uma intenção deliberada.

Da mesma forma, lidar com nossa dor emocional não é difícil. Também precisa de uma intenção clara e deliberada. Quando conseguimos saber que não estamos mais sendo vitimados (bater na cabeça), mas sentimos emoções de vítima (girando na barriga) ao mesmo tempo, então é porque criamos a atitude necessária para a cura.

CRIANDO UMA ATITUDE DE CURA

A maioria das pessoas não sabe como criar uma atitude de cura. Elas negam os sentimentos de vítima, ou então se perdem nessas emoções e não conseguem abandoná-las. O resultado é que passam por uma infinidade de estados emocionais indesejados. São perseguidas por sentimentos reincidentes de mágoa, ciúme, ressentimento, culpa, indiferença, desesperança, insegurança. Enquanto não curam seus corações, não conseguem sentir o amor, a sabedoria, a receptividade e a criatividade que existem dentro de nós.

Ficar com raiva ou reclamar não basta, a não ser que também estejamos procurando perdão. Sentir mágoa e tristeza só provoca dor de cabeça se não tentarmos conquistar uma compreensão mais profunda e aceitar o que aconteceu. Explorando nossos medos, preocupações e dúvidas, só vamos aumentar nossa insegurança, se ao mesmo tempo não agradecermos por nossas bênçãos. Exibir nossos sentimentos de vergonha, constrangimento e pesar só aumenta a sensação de inadequação, de não valer nada, e de culpa, a não ser que também estejamos aprendendo a perdoar a nós mesmos.

Podemos criar a atitude de cura correta para curar nosso coração dedicando tempo à exploração dos sentimentos do passado, enriquecendo-os com a intenção de encontrar o perdão, de ampliar nossa compreensão, de agradecer e confiar novamente.

11
O PRINCÍPIO 90-10

A dor que sentimos no presente quase sempre é associada à dor não resolvida do passado. Quando alguma coisa nos magoa no presente, toda mágoa similar do passado também é liberada. Os sentimentos não resolvidos e reprimidos da infância ou de relacionamentos anteriores intensificam a sensação de dor que sentimos em relação à perda atual. Na maioria das vezes, 90% da dor que sentimos no presente tem origem no passado, e só 10% se deve ao que achamos que nos aborrece no momento. Quando não conseguimos livrar-nos dos sentimentos de dor, em geral é porque não estamos magoados pelas razões que pensamos.

> Só 10% da mágoa que sentimos se deve ao que achamos que nos aborrece no momento.

Vivemos esse princípio 90-10 o tempo todo. Se tivemos um dia horrível e as pessoas foram grosseiras conosco, ficamos presos no trânsito e estamos com dor de cabeça, quando chegamos em casa levamos junto esses sentimentos não resolvidos do dia. Se nossa parceira for agressiva, pode receber o desabafo do dia inteiro. A rispidez dela pode ser a gota d'água que faz o copo transbordar.

Ficamos irritados com a parceira apesar de grande parte dessa irritação ser causada pelos outros acontecimentos do dia. Se tivéssemos tido um dia maravilhoso e nossa parceira fosse agressiva, seria muito mais fácil lidar com isso. Automaticamente seríamos mais compreensivos porque tivemos um bom dia e não estamos carregando um fardo de sentimentos não resolvidos relativos aos acontecimentos do dia.

Esse mesmo princípio se aplica aos sentimentos reprimidos que vêm da nossa infância. Quando ficamos arrasados com uma perda, este estado deflagra os sentimentos do passado. Quando ficamos presos em sentimentos como ressentimento, culpa, indiferença, insegurança, desespero e ciúme, é sinal de que 90% da nossa mágoa têm a ver com o passado, e apenas 10% têm a ver com o presente.

Quando temos dificuldade para desfazer nossos sentimentos negativos, em geral isso indica que precisamos associar os sentimentos do presente com os do passado. O processo de cura fica muito mais fácil se pudermos reviver os sentimentos não resolvidos de nosso passado.

É sempre mais fácil lidar com o que aconteceu no passado do que com o que está acontecendo no presente. Quando olhamos para o passado temos uma vantagem a mais, que é saber como a história acabou. Temos maior objetividade para ouvir com carinho e com uma atitude de cura. Uma parte de nós está vivendo a dor, enquanto outra é como um amigo querido ou um pai ou uma mãe amorosos.

....

Quando curamos o nosso passado, temos uma vantagem a mais, que é saber como a história acabou.

....

Sentindo a segurança e o apoio para abrir o coração e partilhar o que aflora em relação às circunstâncias do presente, automaticamente a mágoa do passado pode ser identificada. Associando a dor do presente com outras épocas nas quais passamos por sentimentos semelhantes, encontraremos uma solução muito mais profunda.

Essa abordagem, além de ajudar milhares de clientes e participantes de meus workshops de cura, também me ajudou pessoalmente a curar o fim do meu primeiro casamento.

CURANDO O PASSADO PARA CURAR O PRESENTE

Na primeira vez em que nos vimos, minha mulher Bonnie e eu rapidamente nos apaixonamos um pelo outro. Depois de mais ou menos um ano e meio de namoro, achei que queria casar com ela, mas não estava pronto. Alguma parte de mim não tinha certeza. Eu a amava, mas tinha dúvidas quanto a me casar. Não percebi na época que incerteza é parte normal do processo de namoro. Para encurtar a história, resolvemos terminar o namoro.

Três anos depois casei com outra mulher que era uma amiga antiga. Estávamos fazendo o doutorado de psicologia juntos. Começamos a promover workshops de relacionamentos. Estávamos apaixonados e acabamos resolvendo casar. O amor cresceu e partilhamos muitas lições que íamos aprendendo enquanto tentávamos fazer o relacionamento funcionar.

Dois anos depois de casados começamos a nos afastar. Os sentimentos da paixão e da atração tinham acabado, e começamos a imaginar se éramos a pessoa certa um para o outro. Resolvemos nos separar. Curando o meu coração, fui capaz de terminar meu casamento com amor e depois reconhecer que Bonnie era a mulher certa para mim.

O DIA DA SEPARAÇÃO

Ainda me lembro claramente daquele dia. Apesar de ser a decisão certa, fiquei muito decepcionado. Não podia acreditar que tinha chegado a isso. Fiquei muito triste com o fato de nosso relacionamento ter acabado. A decisão de pôr um fim no casamento foi mútua, mas uma parte de mim ainda a queria, a amava e precisava dela. Éramos muito ligados. Ela também ficou arrasada. Nós nos amávamos, mas reconhecemos que não éramos a pessoa certa para o outro.

Saí de casa sozinho e simplesmente chorei horas a fio. Dirigia meu carro ouvindo músicas que curtíamos juntos. Lamentei com torrentes de lágrimas. Não sabia para onde ia, nem o que ia fazer. Era como se minha vida tivesse desmoronado. Sentia que era um fracassado no casamento e também na minha carreira.

Como podia dar conselhos para os outros ou promover workshops sobre relacionamentos se o meu tinha fracassado?

Fiquei tão arrasado que liguei para minha mãe. Normalmente só procurava minha mãe para saber como ela estava ou para compartilhar com ela as coisas boas que aconteciam em minha vida. Fazia provavelmente uns vinte anos que não chorava na frente dela nem dividia minha dor.

Quando conversei com minha mãe pelo telefone perguntei se ela podia ir até a Califórnia. Eu morava em Los Angeles, e ela no Texas. Ela imediatamente disse que sim. Disse que suas malas estavam arrumadas para visitar um dos netos, e que estava a caminho do aeroporto. Ia trocar a passagem e pegar o primeiro vôo.

Enquanto esperava no aeroporto, comecei a escrever meus sentimentos de perda. Sabia que era muito importante pôr esses sentimentos para fora. Além de ajudar a longo prazo, também proporcionava uma incrível sensação de alívio. Enquanto descrevia minha tristeza, ouvi sentimentos muito ternos dentro de mim dizendo: "Por favor, não me deixe, por favor, não vá." Junto com esses sentimentos surgiu uma lembrança da infância que eu havia esquecido.

ASSOCIANDO O PRESENTE COM O PASSADO

Quando tinha uns seis anos de idade, minha família viajou de férias, do Texas para Los Angeles. Entramos os sete na caminhonete e fomos para a Califórnia. Eu era o mais jovem naquela viagem. Tínhamos alugado uma casa de praia por um mês e pretendíamos visitar parentes que moravam perto.

Estávamos todos muito animados para conhecer a Disneylândia. Quando chegamos, nossos parentes foram nos visitar e nos convidaram para ir à casa deles. Um dos meus irmãos mais velhos sussurrou em meu ouvido que eles moravam ao lado da Disneylândia. Bom, eu aceitei na mesma hora. Achei que todo mundo desejaria ir também.

Quando cheguei na casa de nossos parentes, fiquei admirado de ninguém mais ter ido em outro carro. Olhando para trás, percebo que eu estava simplesmente em estado de choque. Não podia acreditar que minha mãe não estivesse lá. Eu estava sozinho com pessoas estranhas. Fiquei lá uma semana, e nunca fomos à Disneylândia.

> As crianças nem sempre reconhecem as oportunidades que existem de encontrar amor e de parar de sentir impotência.

Naqueles sete dias não me dei conta de que poderia ter pedido para a tia Innie ligar para minha mãe para ela ir me buscar. Achei que minha família tinha se esquecido de mim. Pensei que nunca mais ia voltar. Lembro-me do dia que fiquei furioso. Revoltado, com seis anos, caminhei até o fim do quarteirão, determinado a deixar aquela prisão e encontrar minha família. Na esquina percebi que não sabia para onde ir. Com a sensação de derrota, abaixei a cabeça e voltei para a casa.

A VOLTA PARA CASA

No sétimo dia, um dos meus primos mais velhos implicou comigo e comecei a chorar. Minha tia Innie olhou para mim e disse: "Você precisa de sua mamãe." Naquela hora caí num choro histérico. Ninguém tinha percebido como eu sofria por estar separado de minha família.

Tia Innie disse anos mais tarde que nunca viu uma criança ficar tão magoada. Levou-me imediatamente de volta para minha família. Ela resolveu não contar para minha mãe o que tinha acontecido, porque não queria deixá-la preocupada. Minha mãe sentiu minha insegurança e dedicou um dia inteiro a mim.

No dia seguinte, na praia, lembro que olhava em volta e me sentia realmente pequeno. O mundo de repente era um lugar enorme, e eu era muito pequeno. Fiquei pensando quem seria toda aquela gente, para onde ia e o que fazia. Imaginei como ia encontrar meu rumo naquele mundo.

A sensação daquele dia ficou comigo a vida toda. Uma parte de mim sempre sentiu que era pequena e insegura, sem saber como eu ia me encaixar nesse mundo. Achei que quando ficasse mais velho simplesmente iria embora. Mas apesar de já ter mais de trinta anos na época, uma parte de mim ainda se sentia como aquele menino pequeno e abandonado, sem poder voltar para casa.

Escrever meus sentimentos de dor enquanto esperava a chegada da minha mãe liberou na minha consciência essa lembrança do passado. Até aquele ponto de minha vida, eu sempre me lembrava de um passeio na praia com minha mãe, mas havia bloqueado por completo a lembrança de ter sido deixado sete dias com nossos parentes. Não tinha idéia de ter tido uma sensação tão grande de abandono.

DEFLAGRANDO LEMBRANÇAS E EMOÇÕES REPRIMIDAS

A perda devastadora de meu casamento fracassado tinha despertado esses sentimentos reprimidos do passado. Enquanto esperava minha mãe, comecei a escrever vigorosamente os sentimentos que estavam esquecidos. Associei o que sentia no presente com o meu passado. Então revivi a experiência escrevendo esses sentimentos. Enriqueci a experiência dando ao menino de seis anos dentro de mim o vocabulário e a capacidade de articular sua dor com cada uma das quatro emoções de cura.

Dei voz aos sentimentos que jamais tinha expressado ou ouvido com atenção. Bem ali no aeroporto, as lágrimas rolaram pelo meu rosto quando aquele menininho triste que tinha perdido a mãe começou a chorar. Ele se sentia muito sozinho, muito abandonado, muito magoado, muito traído, muito inseguro quanto ao que devia fazer, com muito medo de nunca mais ver sua família de novo.

Olhando para trás é fácil dar um desconto nesses sentimentos, reconhecendo que o menininho não estava abandonado de verdade. Mas o menininho não sabia disso. Era como se estivesse completamente sozinho, sem ninguém para cuidar dele. Estava zangado de ter sido abandonado, triste de estar sozinho, com medo de ser esquecido e de não ser amado e pesaroso de não poder voltar para casa. Sentia-se incapaz, impotente e perdido. Depois de escrever sobre minhas lembranças dolorosas eu me senti muito melhor. Mais ou menos nessa hora o avião em que minha mãe viajava chegou. Saudei-a com um grande abraço e agradeci por ter ido me ver. Depois de explicar rapidamente que tinha deixado minha mulher aquele dia, eu disse: "Eu nem sei onde vamos ficar."

Sem saber do que eu acabava de escrever, ela disse: "Isso não é problema. Podemos ficar com a tia Innie." Eu não acreditei. Além de ter revivido aquela lembrança do passado para atualizá-la e curá-la, eu teria a oportunidade de voltar à casa da tia Innie para vivenciar tudo lá mesmo, só que dessa vez com a minha mãe.

REVIVENDO O PASSADO

Minha mãe passou uma semana inteira comigo na casa de tia Innie. Fomos à Disneylândia duas vezes. Eu continuava arrasado, mas consegui compartilhar meus sentimentos de perda diretamente com minha mãe. Foi uma longa semana. Tive muita sorte de poder partilhá-la com alguém que me amava. Ainda não conseguia dormir à noite e às vezes tinha calafrios e tremedeiras. Estava muito triste, mas dei muito valor ao fato de estar tão próximo da minha mãe. Às vezes chegava a sentir de verdade a vulnerabilidade de um menino de seis anos.

No fim dos sete dias, na última noite antes da partida de minha mãe, um cliente meu, famoso, convidou-me para sua festa de despedida. Ele estava morrendo de câncer e tinha convidado todos os amigos. Queria se despedir de todos e celebrar o amor especial que compartilhava com eles. (Ele morreu um mês depois.)

Na festa fui apresentado a várias pessoas famosas que tinham comparecido. Costumava sentir-me um pouco inseguro no meio de gente famosa. Naquela noite específica foi diferente.

Tinha acabado de passar por uma semana torturante, por isso parecia fácil. Lembro de estar de pé ao lado de minha mãe, sendo apresentado para alguma celebridade. Quando apresentei minha mãe, olhei para ela e percebi pela primeira vez na vida que eu era mais alto que ela.

> Depois de uma semana de cura, percebi pela primeira vez na vida que era mais alto que minha mãe.

Sempre achei que ela era mais alta que eu. Pela primeira vez na vida, senti que era um adulto. O menino de seis anos dentro de mim finalmente teve a chance de crescer. Apesar de ter trinta e quatro anos, uma parte de mim sempre sentiu que era aquele menino de seis anos caminhando na praia com a mãe, segurando a mão dela, imaginando como ia se encaixar naquele mundo enorme.

RECUPERANDO A INTEGRIDADE

Ironicamente, quando me permiti sentir as emoções e reviver as idéias do menino de seis anos magoado que existia em mim, adquiri a capacidade para amadurecer. Se as crianças não são capazes de expressar seus sentimentos e de serem ouvidas com amor e compaixão quando passam por experiências traumáticas, seus sentimentos ficam reprimidos. É como se uma parte delas ficasse congelada. Essa parte esquecida não tem a chance de amadurecer até algum acontecimento no futuro gerar uma sensação naquele nível de dor. Então a dor do passado é deflagrada, e temos a oportunidade de curá-la e recuperar nossa integridade.

Depois dessa cura, percebi que tinha me sentido atraído pela minha primeira mulher, não por um erro ou uma avaliação incorreta, e sim porque alguma parte de mim continuava reprimida e precisava ser curada. Depois de curar meu passado, fiquei livre para encontrar um amor duradouro em minha vida. Depois de mais ou menos um ano de cura, finalmente fui capaz de reconhecer que Bonnie era a mulher certa para mim, e estamos casados e felizes desde então. No próximo capítulo vamos explorar com mais detalhes o processo de cura do nosso passado.

12
PROCESSANDO NOSSAS MÁGOAS

Além de aprender a processar as quatro emoções de cura, um dos modos mais fáceis e mais poderosos de curar o coração e de extravasar nossa dor é associar a mágoa que sentimos no presente com a mágoa que sentimos no passado. Associando nossos sentimentos dolorosos atuais com sentimentos não resolvidos do passado podemos processar essas mágoas antigas e livrar-nos da dor que sentimos no presente.

Este conceito é a base de todas as formas de terapia e de cura em todo o mundo. Falando do nosso passado, conseguimos lembrar da dor, em vez de senti-la como se ainda estivessem nos magoando. Quanto melhor recordarmos nossa dor, menos força ela terá para pegar-nos no presente. Há uma grande diferença entre sentir "Fui magoado" e sentir "Estou sendo magoado".

Isso não quer dizer que não devemos sentir nossa dor. Só significa que "empacar" nessa dor não ajuda muito. Em vez disso, devemos usar nossos sentimentos de mágoa como trampolim para mergulhar na piscina de nossas emoções não resolvidas do passado. Devemos sentir a dor, mas também reconhecer que é apenas um sinal de que nossas emoções quanto a um incidente específico do passado ainda não foram resolvidas. O ideal é usar nossos sentimentos de mágoa para chegar à dor que ainda precisamos curar.

OS TRÊS PASSOS DA CURA

Para concretizar nossa cura precisamos dar três passos.

Para dar o primeiro temos de associar nossos sentimentos do presente com os do passado. Se estou sofrendo e fui rejeitado hoje, então lembro de quando me senti rejeitado no passado.

O segundo passo é reviver o incidente. Depois de recordar o que aconteceu, imagino que voltei para aquele tempo e estou passando por aquela experiência.

O terceiro passo é enriquecer o que aconteceu. Enquanto revivo o incidente, aproveito o benefício dos recursos que hoje possuo e que não tinha na época. Imagino que posso partilhar meus sentimentos com pai ou mãe carinhosos, amigo, amiga ou um anjo, e processo minha mágoa praticando as três partes do exercício para sentir-se melhor.

Em vez de ficar magoado por ter sido rejeitado, associo essa mágoa à que senti no passado, recordando o que aconteceu para provocar essa sensação de rejeição. Então revivo o incidente imaginando que estou no passado, sofrendo a rejeição. Dessa vez posso enriquecer a experiência. Quando estiver revivendo, posso parar a qualquer momento e contribuir com a exploração de todas as facetas mais profundas da experiência que posso ter ignorado. A qualquer instante posso resolver processar um sentimento específico de modo mais profundo e tentar descobrir o perdão, maior compreensão, gratidão e confiança.

Reviver um acontecimento é como assistir a um filme de vídeo. Em qualquer momento podemos apertar o botão de pausa. Relembrando um fato específico posso congelar a imagem de minha experiência em qualquer momento doloroso e então curar a dor por meio da exploração das quatro emoções de cura. Podemos exercitar nossa capacidade de enriquecer a experiência explorando mais a fundo cada uma dessas emoções de cura, além de dar a nós mesmos o apoio que não recebemos na época.

PARTILHANDO NOSSA MÁGOA

Partilhar nossos sentimentos com um amigo, conselheiro ou grupo de apoio ajuda a passar por esses três passos da cura. Enquanto falamos do nosso passado, nossos sentimentos atuais se associam aos do passado. Para que os outros possam entender a nossa dor, automaticamente começamos a reviver a experiência. Se os outros vivenciaram e curaram uma dor semelhante, nossa capacidade de curar nossa dor fica muito enriquecida. Nesse caso, o processo de cura automático recebe um incentivo muito grande quando partilhamos nossa dor com os outros.

Do mesmo modo que o apoio de outras pessoas pode facilitar a sua cura, ele também pode bloqueá-la. Se os outros nos dão conselhos demais, em vez de simplesmente ouvir, continuamos desligados de nossos verdadeiros sentimentos e acabamos bloqueados. Para sentir a nossa dor, precisamos sentir segurança. Não podemos nos preocupar se alguém vai minimizar ou julgar nossos sentimentos, ou usá-los contra nós de alguma forma. Precisamos ter certeza de que tudo que partilhamos será confidencial. Quando essas condições são cumpridas, o processo de cura é enormemente facilitado.

A segurança para revelar nossos sentimentos é um dos elementos mais importantes da cura. Quando adultos, reprimimos alguns sentimentos porque na infância não era totalmente seguro expressar nossas emoções. As reações automáticas que temos diante das emoções da maturidade foram aprendidas numa idade muito tenra. Não era seguro expressar certas emoções quando criança, por isso aprendemos a lidar com as situações estressantes reprimindo o que sentíamos.

Quando éramos pequenos, muitas vezes nossos sentimentos surgiam nas horas mais inconvenientes. Nossos pais, as pessoas que cuidavam de nós e os irmãos em geral não tinham tempo ou capacidade para ouvir o que tínhamos para dizer com uma atitude de cura. Sem a segurança para expressar e explorar nossos sentimentos quando crianças, não aprendemos de fato a lidar com as emoções negativas e encontrar os sentimentos positivos do perdão, da compreensão, aceitação, gratidão e confiança.

Quando nos tornamos adultos podemos resolver criar um ambiente de apoio para curar nossa dor. Podemos escolher amigos que não vão nos julgar e grupos de apoio, conselheiros, que podem nos ajudar a descobrir e explorar o que sentimos. Nunca é tarde para aprender como transformar emoção negativa em emoção positiva. Sabendo o que é preciso para curar um coração partido, além de sobreviver à perda você poderá crescer e amadurecer muito.

AS MUITAS CAMADAS DA CURA

Logo que sentimos que superamos nossa perda, não é incomum passar por certos retrocessos. Depois de melhorarmos, podemos sentir qualquer um dos sintomas básicos da repressão: mágoa, ressentimento, culpa, indiferença, insegurança, desesperança, ciúme ou inveja. Apesar de estarmos fazendo progresso, até a cura completa de nosso coração, esses e outros sintomas de sentimentos não resolvidos podem reaparecer intermitentemente.

A cura do coração ocorre em muitas camadas. É semelhante ao processo de descascar cebola. Depois de tirar uma camada de nossa dor, ficamos diante da próxima camada para descascar. Em termos práticos isso significa que depois de sentir ternura e de poder perdoar por um tempo, podemos começar a sentir ciúme ou ressentimento outra vez.

....
A cura do coração é um processo gradual
que vai revelando uma camada de cada vez.
....

Depois de sentir confiança e certeza de que encontraremos amor, podemos ficar aflitos ou inseguros, ou até começar a sentir falta do parceiro. Depois de estar muito bem mesmo, podemos ter sentimento de culpa, achar que somos incapazes, ou que não merecemos amor. Subitamente, sem nenhum motivo aparente, podemos começar a sentir um desligamento de nossos sentimentos amorosos e no lugar deles surge um entorpecimento e sensação de vazio. Na verdade, isso tudo não representa um retrocesso, são exemplos do progresso que estamos fazendo na direção da segunda camada da cura.

Leva tempo curar por completo uma perda. A cada dois passos que damos para frente, podemos dar um para trás. Pode parecer retrocesso, mas na verdade não é. Estamos apenas entrando num nível mais profundo de cura.

> Cada vez que pensamos que a cura terminou,
> na verdade curamos apenas uma camada.

É importante reconhecer esse padrão de cura de uma camada de cada vez, senão podemos interpretar mal nosso progresso. Podemos ficar desanimados e desistir do processo de explorar deliberadamente nossos sentimentos. Em vez de lidar com a nossa perda por meio da cura do que sentimos, podemos procurar o alívio temporário da repressão desses sentimentos, conseqüentemente sofrendo os sintomas da repressão pelo resto da vida.

ENCONTRANDO OS SENTIMENTOS QUE FALTAM

Se apresentamos qualquer sintoma de repressão é porque estamos reprimindo uma ou mais das quatro emoções de cura: raiva, tristeza, medo ou pesar. Para curar nossa dor precisamos combater o hábito de reprimir certas emoções a vida toda e encontrar os sentimentos que faltam. Quando reprimimos certos sentimentos desde a infância, pode ser muito difícil recobrá-los sozinhos.

Hoje cedo cometi um erro — fechei este arquivo sem salvar meu trabalho. O resultado foi que perdi duas páginas escritas que não foram gravadas. Felizmente tenho um sistema de *backup* que recupera qualquer arquivo perdido ou apagado. Sem esse sistema de *backup* eu teria perdido de vez o material que não salvei. Da mesma forma, quando estamos crescendo, apagamos certas reações emocionais ou arquivos. Enquanto não conseguimos recuperar esses arquivos perdidos, nossa capacidade para curar a dor ficará limitada.

> Todos nós temos sistemas de *backup* para recuperar
> lembranças perdidas que precisam ser curadas.

Por exemplo, se desde a infância obedeço a uma tendência de reprimir sentimentos de raiva, então a minha capacidade de sentir e extravasar minha raiva quando adulto será limitada. Isso pode fazer com que eu fique bloqueado no medo, no pesar ou na tristeza pelo resto da vida. De vez em quando posso sentir ciúme, inveja, culpa ou qualquer sintoma de repressão. Já que reprimi sentimentos de raiva no passado, será difícil sentir a raiva apropriada em relação à minha perda atual. Essa mesma análise se aplica à repressão de qualquer emoção.

Buscar ajuda é como usar o sistema de *backup* para encontrar qualquer experiência perdida ou apagada. Só precisamos de alguém para apertar o gatilho de nossa memória. Neurocirurgiões descobriram que estimulando certas partes do cérebro eles conseguem deflagrar ao acaso lembranças nítidas do passado que o paciente havia esquecido por completo. Felizmente nossos sentimentos não resolvidos e ocultos podem ser despertados sem cirurgia no cérebro.

....
Podemos recuperar nossas lembranças partilhando nossa dor com outras pessoas.
....

Reprimimos nossos sentimentos porque no passado não era seguro ou útil expressá-los. Enquanto insistimos em acreditar que não podemos partilhar nossos pensamentos, sentimentos ou desejos, com certeza certos sentimentos também serão reprimidos dentro de nós. É claro que não é seguro partilhar tudo que pensamos ou sentimos com qualquer pessoa. É sensata a decisão de guardar nosso mundo interior de pensamentos, sentimentos, esperanças e sonhos se não temos alguém que nos apóie.

....
Estabelecendo uma relação de cura com um conselheiro ou grupo de apoio, você acabará sentindo a segurança necessária para partilhar tudo que sente.
....

Se queremos adquirir a capacidade de abrir por completo nosso coração para vivenciar amor, sabedoria, receptividade e criatividade, temos a responsabilidade de criar um ambiente seguro para explorar e partilhar nossos sentimentos atuais e passados.

COMO PROCESSAR NOSSO PASSADO

Associando a dor que sente no presente com a dor do passado, você pode extravasar com eficiência qualquer sentimento antigo reprimido que limite sua capacidade de sentir e extravasar a dor do presente. Por exemplo, se você sente um medo não resolvido em relação a uma experiência do passado, isso vai bloquear a liberação do seu medo atual. No presente você não será capaz de sentir e extravasar totalmente seus medos, por isso pode ficar preso em sua capacidade de vivenciar seus sentimentos negativos para sentir seus sentimentos positivos.

....
O medo não resolvido de uma experiência no passado bloqueia a liberação do medo no presente.
....

Para usar o poder da lembrança, pratique esses exercícios que vão auxiliá-lo a associar seu sentimento atual com seu passado. Ponha uma música suave e responda às perguntas. Ouça com atenção as respostas. Explore qualquer recordação, mesmo não sendo a resposta correta para a pergunta. Se a pergunta é "Lembre-se de quando era amado", você pode lembrar de quando não era amado. Isso é normal e em geral acontece. Quando surgir uma lembrança dolorosa, vá ao encontro dela.

COMO RECORDAR

Dedique um tempo a essa lembrança com calma e depois enriqueça com o exercício para se sentir melhor. Não fique tentando recordar claramente ou visualizar. Uma lembrança parcial ou vaga já basta. Quando você tiver uma idéia da situação, então imagine o que deve ter sentido. Imagine que sentiu a mesma coisa que está sentindo no presente. Quando ficar bom nisso, em vez de não conseguir ou ter medo de recordar o passado, ele se transformará num amigo que lhe dará apoio.

....
Mesmo uma lembrança parcial ou vaga basta para você processar seu passado.
....

Nunca pense que não pode reprocessar um acontecimento. É válido usar uma lembrança específica várias vezes. Cada vez que processamos um acontecimento, não estamos apenas abrindo uma velha ferida, estamos aumentando nossa capacidade de liberar a dor com perdão, compreensão, gratidão e confiança.

Voltar e relembrar o que era difícil perdoar e então descobrir o perdão dá força à sua capacidade de perdoar. Da próxima vez que voltar ao passado, mesmo já tendo encontrado o perdão, retorne a um ponto antes da descoberta do perdão e refaça o processo. Cada vez que repetir o processo estará ampliando sua capacidade de perdoar e de resolver sua dor com sentimentos positivos.

....
Curar sentimentos do passado reforça nossa capacidade de perdoar, agradecer e confiar no presente.
....

Quando for difícil perdoar alguma coisa no presente, em vez de lutar com isso, volte para um acontecimento do passado que tenha sido difícil perdoar e trate dele. Associando sua dor atual com o acontecimento do passado e depois revivendo tudo com perdão, você estará extravasando a dor de não perdoar no presente. Quando retornar ao presente, será capaz de encontrar o perdão com facilidade.

Também é aconselhável estar aberto para novas lembranças. Quando curamos uma lembrança do passado, surge outra dor que precisa de cura. Se não consegue lembrar-se da sua infância, então comece lembrando-se de alguma coisa que aconteceu há poucos anos, ou em qualquer época. Processando o que consegue se lembrar, você começará a recordar outras coisas também.

Para ajudá-lo nesse processo, pegue um álbum de retratos e examine as fotografias para despertar as lembranças. Não importa se essas lembranças são exatas ou não. Se não puder lembrar diretamente, imagine o que lembraria se pudesse. Pode não ser muito preciso, mas vai funcionar do mesmo jeito. O que você imaginar vai formar a ponte com seus sentimentos do passado.

À PROCURA DE LEMBRANÇAS POSITIVAS

A maioria das perguntas do processo buscam experiências positivas. Fazendo a pergunta para evocar experiências positivas, você tem o apoio do seu passado. Enquanto isso, qualquer experiência dolorosa que tenha de ser curada será relembrada automaticamente.

Quando Lisa teve de lembrar-se de uma época em que se sentia amada pelo pai, ela recordou de uma vez em que o pai não cumpriu uma promessa e feriu seus sentimentos. Quando Kevin teve de lembrar-se de um momento em que sentiu o amor da mãe, primeiro lembrou de um dia em que a levou para almoçar fora. Achava especial estar com ela. Depois de explorar a pergunta outra vez, ele lembrou de ter ficado horas esperando que ela fosse apanhá-lo na escola. Dessa vez uma onda de tristeza e de mágoa começou a surgir. Então ele conseguiu associar a sensação atual de abandono com a tristeza que sentiu quando a mãe esqueceu de ir pegá-lo no colégio.

O resultado de lidar com os sentimentos não resolvidos do passado é uma lembrança e uma ligação maior com nossos sentimentos positivos que foram reprimidos junto com os sentimentos negativos.

....
Quanto mais conseguimos descobrir as lembranças negativas, mais as lembranças positivas ganham força e clareza.
....

Depois que Kevin curou sua tristeza por ter sido esquecido sentindo também medo, pesar e raiva, ele foi capaz de vivenciar o amor especial que sentia pela mãe. Lembrando-se de quando amava e precisava dos pais, Kevin se abriu para sentir-se mais amado e apoiado no presente. Apesar de sentir-se rejeitado pela ex-companheira, conseguiu sentir melhor o apoio dos amigos e da família.

Depois de processar a mágoa e perdoar o pai, Lisa conseguiu lembrar-se da inocência e da confiança que sentia. Perdoando o pai, aumentou a capacidade de perdoar-se. Apesar de sentir-se culpada por ter terminado um relacionamento no presente, ela descobriu alívio e cura sentindo a inocência de quando era criança. Processando a mágoa do passado, foi capaz de extravasar os sentimentos atuais de vergonha, culpa e incompetência.

Quando nos lembramos de nossas experiências positivas e processamos nossas mágoas, podemos fazer a ligação com todos os sentimentos positivos que foram reprimidos. Lembramos que estamos bem vivos e presentes, cheios de amor e de alegria. Não queremos voltar a ser criança, e sim ser como uma criança — adultos responsáveis ligados à nossa capacidade de amar, à nossa alegria e criatividade.

Quando conseguimos recuperar todos os sentimentos positivos da inocência e ser um adulto experiente e sábio, resgatamos nossa integridade. Não precisamos desenvolver os aspectos positivos do nosso caráter, temos simplesmente de descobrir e recuperar esses atributos positivos de quem éramos. Curando a dor do passado passamos a contar com muito mais amor para curar a dor do presente.

APROVEITE TUDO QUE SURGIR

Depois de fazer uma pergunta, trabalhe com o que vier à cabeça. Se surgir alguma coisa que você não quer enfrentar, deixe de lado. Simplesmente passe para a próxima pergunta. Não precisa enfrentar tudo que aparece de uma vez. Com o tempo, depois de curar seu coração, terá facilidade de encarar e curar qualquer coisa que vier.

O objetivo dessas perguntas não é desenterrar lembranças dolorosas. Se você está de bom humor e feliz, então não se preocupe em remexer no passado. Esses processos servem para ajudá-lo a livrar-se da dor do presente associando-a às experiências do passado. Recordando os momentos positivos nos quais superamos desafios no passado, tornamo-nos capazes de resolver a dor e enfrentar os desafios do presente.

....

O objetivo dessas perguntas não é desenterrar lembranças dolorosas, e sim conseguir o apoio dos sucessos conquistados no passado.

....

Num certo sentido, estamos pegando dois coelhos com uma cajadada só. Estamos curando as questões do passado que podem estar afetando ou intensificando o que sentimos no presente. E com essa associação com os sentimentos positivos do passado encontramos apoio para resolver nossos problemas do presente.

Essa lista de perguntas também pode ser usada numa sessão de terapia ou em um workshop. Em um workshop ou com um grupo de apoio você pode arranjar um parceiro e cada um faz uma pergunta da lista para o outro, comentando as lembranças que surgem. Quando descobrir uma mágoa não resolvida, uma lembrança com carga emocional, você pode parar e processá-la, executando o exercício para se sentir melhor.

Com um conselheiro ou em um workshop, quando você revive um problema do passado, pode enriquecer essa experiência explorando e expressando os quatro sentimentos de cura. Seu parceiro ou terapeuta pode fazer as perguntas de acordo com o formato do exercício para sentir-se melhor, da carta de resposta e da carta de conclusão. Atendo-se a esses formatos, discussões desnecessárias, tangentes, podem ser evitadas. A discussão é apropriada depois do processo.

....
Com um conselheiro ou em um workshop, você pode reviver e depois curar uma mágoa do passado.
....

De olhos fechados, finja que está no passado, respondendo às perguntas da lista. Quando terminar, pode ser útil encenar a resposta que queria ouvir. Depois de elaborar a resposta que gostaria de ouvir no passado, seu parceiro dá uma versão dessa resposta enquanto você continua de olhos fechados.

Ouvindo as palavras que queria ouvir, imagine o que teria sentido. Finja que está realmente acontecendo. Solte-se e sinta sua reação ao amor que merecia receber. Com esse amor você descobrirá automaticamente os sentimentos positivos que também estavam reprimidos.

Nós não podemos modificar o passado, mas podemos ter a experiência real de como nos sentiríamos se alguém estivesse lá para nos ouvir e dar apoio. Para curar nosso coração não temos de mudar o passado, precisamos apenas do amor e do apoio que faltou para descobrir os sentimentos positivos do amor, da alegria, do apreço, da confiança, da excitação e do entusiasmo, e tudo o mais que estiver reprimido junto com os sentimentos negativos.

DESENVOLVENDO HABILIDADES IMPORTANTES

Além de ajudar a descobrir nossos sentimentos positivos, o processamento das nossas mágoas nos capacita a exercitar e a desenvolver habilidades importantes. A seguir, uma lista de algumas habilidades importantes que precisam ser desenvolvidas na infância.

- Perdoar
- Perdoar a nós mesmos
- Respeitar os outros
- Respeitar a nós mesmos
- Oferecer ajuda
- Pedir ajuda
- Partilhar nossos sentimentos de modo apropriado
- Articular nossos pensamentos, sentimentos e desejos com clareza
- Ouvir os outros com simpatia e compaixão
- Ter paciência
- Ter autocrítica e capacidade de se corrigir
- Adiar uma satisfação ou um prazer
- Cooperar com os outros
- Dividir os créditos
- Partilhar o sucesso com os outros
- Receber reconhecimento e elogios
- Reconhecer e elogiar
- Assumir riscos calculados
- Ter consciência; reconhecer o que é bom e o que é ruim
- Ser honesto
- Reconhecer o próprio valor e valorizar os outros
- Resolver problemas com criatividade
- Aceitar o que não pode ser modificado
- Ter pensamentos próprios e com o coração
- Assumir a responsabilidade dos nossos atos e sentimentos
- Entregar-se sem interesses e estabelecer limites saudáveis

Depois de ler esta lista, você vai refletir que a maioria das pessoas adultas não aprendeu todas essas habilidades. Mas nunca é tarde demais. Com tempo para curar seu coração, você vai conquistar o benefício adicional de desenvolver essas habilidades importantes para a vida. Curando seu passado e ao mesmo tempo sua perda atual, você descobrirá seu potencial para desenvolver cada uma dessas habilidades. Repetindo os exercícios muitas vezes, acabará desenvolvendo todas elas.

EXERCÍCIO PARA LEMBRAR-SE

Faça-se essas perguntas e aproveite a resposta que vier. Depois de recordar um acontecimento, lembre-se do começo, do meio e do fim de cada experiência. Então volte mais ainda no tempo e recorde um acontecimento anterior. Repita a pergunta duas ou três vezes. Quando não surgir mais nada, passe para a próxima. Lembrar-se de coisas positivas dessa forma é confortante quando estamos sofrendo.

Se lembranças dolorosas ou negativas começarem a aparecer, aceite-as também. Associando a dor que sente no presente com uma lembrança do passado, você poderá curá-la com mais eficiência. Quando identificar essa mágoa ou lembrança dolorosa, será hora de processá-la usando o exercício para sentir-se melhor.

Toda vez que repetir uma pergunta, volte um pouco mais no passado. Em algum momento procure recordar a lembrança mais antiga. Se a questão for "Lembre-se da escola", então tente lembrar do primeiro dia de aula. Mas não se sinta preso a nenhuma parte da lista. Pode começar pelo início ou fazer salteado. Pode responder a uma pergunta quantas vezes quiser.

PERGUNTAS PARA O PROCESSO DE RECOMEÇAR

Lembre-se de um momento de sucesso.
Lembre-se de quando se sentiu seguro.
Lembre-se de quando sentiu medo, mas encontrou segurança.
Lembre-se de quando confiou em alguém.
Lembre-se de quando não o decepcionaram.
Lembre-se de quando podia contar com alguém.
Lembre-se de quando foi esquecido e depois lembrado.
Lembre-se de quando precisou de alguma coisa e recebeu.
Lembre-se de quando não recebeu o que achava que precisava, mas conseguiu de outra fonte.
Lembre-se de quando possuía alguma coisa que outra pessoa queria.
Lembre-se de quando alguém tinha o que você queria e sentiu-se motivado.

Lembre-se de quando conseguiu o que queria.
Lembre-se de quando não conseguiu o que queria mas tentou de novo.
Lembre-se de quando outra pessoa conseguiu o que você queria e você ficou feliz por ela.
Lembre-se de quando você pediu alguma coisa e conseguiu.
Lembre-se de quando pediu outra vez, de outra maneira, para conseguir o que queria.
Lembre-se de quando negociou um bom acordo para todos.
Lembre-se de quando foi carregado no colo.
Lembre-se de quando superou a timidez física.
Lembre-se de quando recebeu incentivo.
Lembre-se de quando confiaram em você.
Lembre-se de quando foi querido.
Lembre-se de quando alguém gostou de você.
Lembre-se de quando fez uma amizade.
Lembre-se de quando fez as pazes com alguém.
Lembre-se de quando foi perdoado por ter cometido algum erro.
Lembre-se de quando resistiu a uma tentação.
Lembre-se de quando ficou doente e melhorou.
Lembre-se de quando alguém ficou feliz em vê-lo.
Lembre-se de quando ficou satisfeito com você mesmo.
Lembre-se de quando não sabia o que fazer mas acabou descobrindo.
Lembre-se de quando tudo deu certo.
Lembre-se de quando conheceu um lugar novo.
Lembre-se de quando foi fazer compras e gostou muito do que comprou.
Lembre-se de quando pediu ajuda para resolver um problema.
Lembre-se de quando chorou e sentiu-se melhor.
Lembre-se de quando ficou embaraçado, mas tudo acabou bem.
Lembre-se de quando guardou um segredo.
Lembre-se de quando cometeu um erro e aprendeu a lição.
Lembre-se de quando deixou de se depreciar.
Lembre-se de quando foi desencorajado mas agiu assim mesmo.
Lembre-se de quando as outras pessoas se atrasaram mas você não se importou.

Lembre-se de quando chegou na hora em algum lugar.
Lembre-se de quando se defendeu falando claramente.
Lembre-se de quando seu valor foi reconhecido.
Lembre-se de quando precisaram de você e você ajudou alguém.
Lembre-se de quando foi enganado e aprendeu uma lição.
Lembre-se de quando alguém quebrou uma promessa e você acabou conseguindo aquilo de que precisava.
Lembre-se de quando se divertiu com um grupo de pessoas.
Lembre-se de quando estava aprendendo a dirigir.
Lembre-se de quando passou no exame de motorista.
Lembre-se de quando acabou de ler um livro.
Lembre-se de uma ida à biblioteca.
Lembre-se de quando assistiu televisão até tarde.
Lembre-se de quando acordou muito cedo.
Lembre-se de quando determinou uma data limite.
Lembre-se de uma reunião.
Lembre-se de quando recebeu um presente.
Lembre-se de quando deram uma festa para você.
Lembre-se de quando caiu e depois se levantou.
Lembre-se de quando você não perdia.
Lembre-se de quando aprendeu algo novo sobre sexo.
Lembre-se de quando ficou excitado.
Lembre-se de quando beijou alguém.
Lembre-se de quando começou algo novo.
Lembre-se de uma perda que acabou aceitando.
Lembre-se de quando alguém morreu e você sentiu-se grato pelo tempo que o conheceu e esteve com ele ou ela.
Lembre-se de quando foi nadar com outras pessoas.
Lembre-se de quando você pulou fora.
Lembre-se de um ferimento e de terem cuidado de você.
Lembre-se de quando esteve no hospital.
Lembre-se de quando foi levado de carro para algum lugar.
Lembre-se de quando alguém lhe deu de comer.
Lembre-se de uma celebração divertida.
Lembre-se de quando mudou seu visual.
Lembre-se de quando viajou para um lugar novo.
Lembre-se de quando completou um projeto.

Lembre-se de quando foi recompensado.
Lembre-se de quando se sentiu roubado mas conseguiu o que precisava.
Lembre-se de quando acabou com uma briga.
Lembre-se de quando demonstraram estima por você.
Lembre-se de quando fez um sacrifício por alguém.
Lembre-se de quando fez novos amigos.
Lembre-se de quando seguiu seu coração.
Lembre-se de quando largou um vício.
Lembre-se de quando evitou uma tentação.
Lembre-se de quando se perdoou por ter cometido um erro.
Lembre-se de quando comeu o que queria.
Lembre-se de quando acabou descobrindo seu caminho.
Lembre-se de quando teve de ser persistente.
Lembre-se de quando se esforçou além dos limites e orgulhou-se disso.
Lembre-se de quando dirigiu o carro horas a fio e finalmente descansou.
Lembre-se de quando ficou acordado a noite toda.
Lembre-se de quando acordou se sentindo ótimo.
Lembre-se de quando recebeu ajuda numa emergência.
Lembre-se de quando estava doente e alguém foi visitá-lo.
Lembre-se de quando deu flores para alguém.
Lembre-se de quando se atrasou mas não teve problema.
Lembre-se de quando descobriu que as coisas não eram tão ruins como pensava.
Lembre-se de quando pegou o caminho errado e tudo acabou bem.
Lembre-se de quando alguém ofereceu ajuda.
Lembre-se de quando pensava que estava certo mas estava errado.
Lembre-se de quando aprendeu uma lição importante.
Lembre-se de quando esperava uma recompensa.
Lembre-se de quando descobriu que não tinha sido enganado.
Lembre-se de quando esperava retribuição.
Lembre-se de quando esperava ansiosamente alguma coisa.
Lembre-se de quando revelou um desejo importante.

Lembre-se de quando retribuiu algo para alguém.
Lembre-se de quando deu um presente sem esperar nada em troca.
Lembre-se de quando conseguiu algo de graça.
Lembre-se de quando obteve o que queria sozinho.
Lembre-se de quando comprou alguma coisa com seu dinheiro.
Lembre-se de quando pediram para você compartilhar.
Lembre-se de quando pediu para alguém esperar.
Lembre-se de quando avisou para alguém tomar cuidado.
Lembre-se de quando se defendeu.
Lembre-se de quando venceu uma discussão.
Lembre-se de quando ensinou alguma coisa.
Lembre-se de quando aprendeu alguma coisa pela primeira vez.
Lembre-se de quando escapou do perigo.
Lembre-se de quando recebeu uma lição.
Lembre-se de quando representou na frente dos outros.
Lembre-se de quando fez os outros darem risada.
Lembre-se de quando falou diante de um grupo.
Lembre-se de quando respondeu a uma pergunta diante de um grupo.
Lembre-se de quando deu a resposta certa.
Lembre-se de quando foi paquerado.
Lembre-se de quando venceu algum jogo.
Lembre-se de quando pertencia ao time vencedor.
Lembre-se de quando marcou um ponto.
Lembre-se de quando ganhou um prêmio.
Lembre-se de quando ficou feliz por outra pessoa.
Lembre-se de quando partilhou alguma coisa.
Lembre-se de quando acordou bem cedo para fazer alguma coisa.
Lembre-se de quando teve orgulho de você mesmo.
Lembre-se de quando alguém teve orgulho de você.
Lembre-se de quando quis ser notado.
Lembre-se de quando alguma coisa se encaixou perfeitamente.
Lembre-se de quando ficou aflito e procurou ajuda.
Lembre-se de quando correu para um lugar seguro.
Lembre-se de quando não queria ser notado.

Lembre-se de quando consertou um erro.
Lembre-se de quando foi perdoado por chegar atrasado.
Lembre-se de quando lembraram de você.
Lembre-se de quando se apresentou para alguém.
Lembre-se de quando brincou sozinho.
Lembre-se de quando brincou com um amigo.
Lembre-se de quando cuidou de um animal doente.
Lembre-se de quando ficou contente de poder ajudar.
Lembre-se de quando descobriu que alguém foi mau com você.
Lembre-se de quando perdoou alguém por se atrasar.
Lembre-se de quando esperou muito tempo mas acabou conseguindo o que queria.
Lembre-se de quando resolveu um problema no carro ou falta de gasolina.
Lembre-se de quando alguém lhe pediu desculpas.
Lembre-se de quando contou um segredo.
Lembre-se de quando lhe pediram para guardar um segredo.
Lembre-se de algo que sempre manteve em segredo.
Lembre-se de quando escapou de uma situação complicada.
Lembre-se de quando teve de mentir para proteger alguém.
Lembre-se de quando finalmente sentiu-se livre.
Lembre-se de quando se deu bem depois de um tempo.
Lembre-se de quando suas preces foram finalmente atendidas.
Lembre-se de quando acreditava que o mundo era um lugar mágico.
Lembre-se de quando confiou seus segredos a alguém.
Lembre-se de quando conheceu um estranho e gostou dele.
Lembre-se de quando ficou mais forte.
Lembre-se de quando melhorou em alguma coisa.
Lembre-se de quando assumiu um risco e os outros apreciaram isso.
Lembre-se de quando confiaram em você.
Lembre-se de quando tomou a decisão certa.
Lembre-se de quando ficou surpreso.
Lembre-se de quando alguém o fez sentir-se melhor.
Lembre-se de quando alguém acreditou em você.
Lembre-se de quando não foi punido.

Lembre-se de quando alguém não interrompeu o que você fazia ou dizia.
Lembre-se de quando falou tudo que sentia.
Lembre-se de quando se sentiu realmente compreendido.
Lembre-se de quando sorriu diante de uma fotografia.
Lembre-se de quando ficou realmente animado com alguma coisa.
Lembre-se de uma injustiça que foi acertada.
Lembre-se de quando você era protegido.
Lembre-se de quando fez alguém mudar de idéia.
Lembre-se de quando você mudou de idéia.
Lembre-se de quando mudou de opinião sobre alguém.
Lembre-se de quando superou alguma coisa.
Lembre-se de quando acabou com um relacionamento que não era solidário.
Lembre-se de quando disse não e continuou sendo amado.
Lembre-se de ter uma opinião diferente e de gostarem de você.
Lembre-se de quando planejou uma coisa muito boa para alguém.
Lembre-se de quando planejou uma festa.
Lembre-se de quando se viu numa fotografia.
Lembre-se de quando posou para uma fotografia.
Lembre-se de quando teve de fazer alguma coisa para seu próprio bem.
Lembre-se de quando ficou revoltado com uma injustiça.
Lembre-se de quando contratou alguém para fazer algum trabalho para você.
Lembre-se de quando delegou responsabilidades.
Lembre-se de quando fez o que tinha de fazer.
Lembre-se de quando discordou de alguém de quem gostava.
Lembre-se de quando se sentiu muito seguro.
Lembre-se de quando sentiu o amor de seu pai.
Lembre-se de quando sentiu o amor de sua mãe.
Lembre-se de quando passou um tempo especial a sós com sua mãe.
Lembre-se de quando passou um tempo especial a sós com seu pai.

Lembre-se de quando foi consolado por sua mãe.
Lembre-se de quando foi consolado por seu pai.
Lembre-se de quando seu pai ajudou você.
Lembre-se de quando sua mãe ajudou você.
Lembre-se de quando foi carregado no colo por seu pai.
Lembre-se de quando foi carregado no colo por sua mãe.
Lembre-se de quando seu pai lhe serviu alguma coisa.
Lembre-se de quando sua mãe lhe serviu alguma coisa.
Lembre-se de quando lhe contaram uma história.
Lembre-se de quando quis agradar sua mãe.
Lembre-se de quando quis agradar seu pai.
Lembre-se de quando sentiu a aprovação de sua mãe.
Lembre-se de quando sentiu a aprovação de seu pai.
Lembre-se de quando se sentiu livre para vagar sem destino.
Lembre-se de quando tinha um esconderijo secreto.
Lembre-se de quando recebeu muita atenção.
Lembre-se de quando venceu uma batalha.
Lembre-se de quando viajou em grupo.
Lembre-se de quando limpou alguma coisa.
Lembre-se de quando terminou um projeto.
Lembre-se de quando seu pai o perdoou.
Lembre-se de quando sua mãe o perdoou.
Lembre-se de alguma coisa que seu pai lhe tenha ensinado.
Lembre-se de alguma coisa que sua mãe lhe tenha ensinado.
Lembre-se do seu prato favorito no café da manhã.
Lembre-se de seu pai cuidando de você.
Lembre-se de sua mãe cuidando de você.
Lembre-se de um irmão ou uma irmã cuidando de você.
Lembre-se de quando se perdeu e depois foi encontrado.
Lembre-se de quando ficou verdadeiramente feliz de ver alguém.
Lembre-se de quando foi convidado para alguma coisa.
Lembre-se de quando se sentiu especial.
Lembre-se de quando achou que era diferente, de um jeito bom.
Lembre-se de quando disse não.
Lembre-se de quando ficou com raiva e sentiu-se poderoso.
Lembre-se de quando ficou triste mas não infeliz.

Lembre-se de quando teve medo e segurança ao mesmo tempo.
Lembre-se de quando se arrependeu de alguma coisa mas não se sentiu mal com isso.
Lembre-se de quando se sentiu impotente mas teve fé.
Lembre-se de quando sobreviveu a um acidente.
Lembre-se de quando ouviu uma boa notícia.
Lembre-se de quando disse adeus com amor para alguém.
Lembre-se de quando recomeçou e encontrou um novo amor.

Sempre que você sentir dor no presente, terá um apoio adicional se explorar suas experiências positivas do passado. Se a dor que sente no presente for associada ao passado, qualquer sentimento negativo não resolvido poderá aflorar quando você fizer essas perguntas positivas. Dedicando um tempo a associar sua dor atual com a dor do passado, você poderá sentir um alívio imediato e curar seu coração. Use esta lista quantas vezes quiser.

13
LEMBRE-SE SEMPRE DO AMOR

O elemento mais importante quando estamos recomeçando é sempre nos lembrar do amor. Quando nos dedicamos deliberadamente a lembrar-nos dos momentos especiais que partilhamos com um companheiro ou companheira, podemos curar nosso coração com mais eficiência. Com o tempo seremos capazes de lembrar-nos do amor sem sentir a dor. Se não recordamos o amor, uma grande parte do nosso coração permanece fechada pelo resto da vida.

No início esse processo de lembrar-se do amor pode nos fazer chorar, mas são lágrimas de cura, e com o tempo nos sentimos melhor.

Em geral é mais fácil lembrar-nos do amor quando nosso companheiro ou companheira morreu, ou quando temos esperança de voltar. Depois de uma separação ou divórcio traumáticos, podemos estar tão aborrecidos ou com raiva do nosso ex, que nem queremos lembrar-nos do amor. Existe uma maneira de vencer esse obstáculo.

....
Depois de uma separação traumática podemos estar tão aborrecidos que nem queremos lembrar-nos do amor.
....

Se você está aborrecido com seu ex-parceiro, imagine que ele ou ela morreu. Reconheça que a pessoa que você achava que era seu companheiro ou companheira está morta. Se ficar feliz de livrar-se dele ou dela, volte no tempo e lembre-se da pessoa que você pensava que ele ou ela era, e imagine que essa pessoa morreu. Dessa forma poderá sentir outra vez a parte dentro de você que é capaz de amar.

Por outro lado, se vive com a esperança de reatar, isso pode bloquear seus sentimentos de perda. Se tem esperança, é importante desistir desse sentimento por um tempo. Se a reconciliação for realmente possível, estará melhor preparado com seu coração curado.

....
Você não pode lamentar uma perda se tem esperança de reatar com seu ex-parceiro.
....

Com essa preparação para ligá-lo ao seu amor, você estará pronto para experimentar essas visualizações de cura. Espere até ter tempo de relaxar para fazer os exercícios. Escolha uma visualização para cada semana nas primeiras doze semanas da cura. Durante uma semana repita o processo uma vez por dia. Depois passe para a visualização da semana seguinte.

Leia lentamente a visualização. Depois de cada pergunta use pelo menos dez segundos para refletir sobre suas reações internas antes de passar para a próxima pergunta. Leva apenas alguns segundos a leitura de um exercício, mas para executá-lo você vai precisar de pelo menos dez minutos. Depois de fazer os doze, pode voltar e repetir seus favoritos.

Pode ser que você queira pôr música de fundo e ler em voz alta, ou também pode ler as perguntas gravando com música e depois deitar e se soltar ouvindo a gravação. É uma maneira gostosa e confortável de adormecer à noite. Se quiser você pode pedir uma gravação que fiz dessas visualizações com música suave de fundo. Ligue para 1-888-627-7836.

VISUALIZAÇÕES PARA LEMBRAR-SE DO AMOR

Antes de cada visualização, relaxe bem o corpo. Preste atenção nas diferentes partes do corpo e se solte. Imagine que enche de ar cada parte quando inspira profundamente e relaxe quando soltar o ar. Quando o corpo todo estiver bem relaxado, comece a explorar suas reações às perguntas. Ao completar a visualização, volte ao presente repetindo esse processo de relaxamento. Para fixar-se no presente, repita a frase seguinte umas dez vezes, completando-a: "Neste momento da minha vida estou passando pelo processo de ...."

Por exemplo, você pode dizer:

"Neste momento estou passando pelo processo de cura do meu coração."

"Neste momento estou passando pelo processo de sentir-me melhor comigo mesmo."

"Neste momento estou passando pelo processo de encontrar o amor novamente."

"Neste momento estou passando pelo processo de perdoar meu ex-parceiro ou ex-parceira."

"Neste momento estou passando pelo processo de me preparar para enfrentar o dia."

SEMANA 1

Como vocês se conheceram

Lembre-se da primeira vez que se viram. Como se conheceram? Para onde foram? Quando teve sentimentos românticos pela primeira vez? O que você teve vontade de dizer mas não disse? O que você disse? O que ele ou ela disse? O que você fez? O que ele ou ela fez? O que havia de mais especial nele ou nela? Imagine que você pode voltar no tempo e olhar nos olhos dele ou dela. Sinta o amor por ele ou ela em seu coração. Como ele ou ela faz você se sentir? O que mais ele ou ela faz você sentir? Enquanto explora seus sentimentos, concentre-se no amor. Continuando a olhar nos olhos dele ou dela, sinta também a dor de perdê-lo ou perdê-la. Sinta toda a saudade daquela pessoa.

Quando essa dor surgir concentre-se também no amor que sente por ele ou ela. Concentre-se no amor. O amor é gostoso, o amor é expansivo. O amor é abertura e aceitação. Esse amor que você está sentindo está curando a dor da perda. Em breve sua dor vai embora e só restará o amor.

SEMANA 2

Seu primeiro encontro

Lembre-se do seu primeiro encontro romântico. O que vocês fizeram juntos? Lembra-se da primeira vez que tocou nele ou nela? Lembra-se de quando ele ou ela tocou em você? Lembra-se do primeiro beijo? Lembre-se de quando percebeu que amava aquela pessoa e que quis passar o resto da vida com ele ou ela. Volte no tempo e lembre-se do que sentiu quando se abraçaram.

Lamente a perda da presença dele ou dela ao lembrar-se de quando estavam deitados lado a lado. Sinta a inocência da ligação de vocês. Sinta suas esperanças e desejos. Sinta a parte de você que queria ser a melhor possível. Sinta a parte em você que queria fazer o outro feliz. Lembre da esperança ou de quando acreditou que tudo ia dar certo e que vocês iam viver felizes para sempre.

Imagine os dois abraçados e bem juntinhos. Sinta a união especial e o calor dessa proximidade. Quando a dor da perda chegar, continue concentrado no seu amor e nessa proximidade. Concentre-se no amor. O amor dá segurança e conforto. O amor é calor e calma. O amor liberta você para ser quem você é e tudo que deseja ser. Em breve a sua dor irá embora e só restará o amor.

SEMANA 3

Um momento de paixão

Lembre-se de um momento íntimo de paixão, um momento repleto do amor especial que vocês partilhavam. Lembre-se da preparação. Lembre-se do que sentiu, antevendo o que estava para acontecer. O que aconteceu na preparação dessa ocasião especial? Lembre-se da sua excitação conforme a relação progredia, o que aconteceu, e onde vocês estavam. Lembre-se da temperatura. Lembre-se dos cheiros no ar.

Respire fundo e imagine que você está lá. Sinta a paixão que sentiu em seu coração e em seu corpo. Lembre-se de seu desejo intenso. Sinta o desejo do seu parceiro ou parceira por você, e que ele ou ela abraça você. Sinta o desejo dos dois se fundindo em um só. Sinta a paixão da entrega quando vocês chegam ao ápice do prazer. Nesse delicioso momento de união vocês estão nos braços um do outro, sentindo paz e satisfação.

E agora, no momento presente, sinta o vazio em seu coração, o desejo desesperado de sentir mais uma vez aquela ligação especial com o corpo dele ou dela, e com sua alma. Sinta a dor da separação enquanto recorda o êxtase do amor especial que vocês partilhavam. Sinta aquele amor e deixe que ele cure sua alma. O amor é tranqüilo, é paz, é satisfação. Encontre a paz nas lembranças de seu amor. Em breve a dor irá embora e você ficará com a paz tranqüila de seu amor.

SEMANA 4
Sentindo o apoio

Lembre-se de um momento em que você sentiu que seu parceiro ou parceira estava realmente a seu lado. Você precisava dele ou dela, e ele ou ela deu todo o apoio. Lembre-se do que aconteceu. Do que você precisava? O que você disse? O que ele ou ela disse? O que ele ou ela fez? O que mais ele ou ela fez por você?

Enquanto respira bem fundo, imagine que está voltando no tempo. Imagine que está sentindo aquelas mesmas carências. Sinta sua necessidade de amor, intimidade, aceitação, confiança e bem-querer. Sinta como era bom fazer parte de um relacionamento amoroso. Sinta sua gratidão pelo apoio que recebeu. Sinta a alegria de partilhar sua vida com alguém. Sinta o alívio de não ter de arcar sozinho com o fardo de sua vida.

Deixe seu coração encher-se de gratidão. Enquanto sente o peso e as pressões da solidão, continue a se concentrar na gratidão. Agradeça novamente ao seu parceiro ou parceira pelo que ele ou ela fez. No seu coração, reconheça o que está agradecendo. Sinta a dor da perda, mas sinta também a gratidão por tudo que ele ou ela proporcionou para você. Em breve a sua dor irá embora. Sua vida ficará mais uma vez repleta de amor e apoio.

SEMANA 5
As coisas simples

Lembre-se das coisas simples que seu companheiro ou companheira costumava fazer. Coisas como planejar, organizar, fazer compras, cozinhar, dirigir o carro, carregar uma caixa, pagar uma conta, ou pôr uma carta no correio. Que coisas pequenas ele ou ela fez por você? O que mais? Lembre-se de alguns comportamentos únicos ou estranhos dele ou dela. Coisas que ninguém mais fazia. Talvez o jeito que ele ou ela espirrava, ou a forma de pronunciar uma palavra. Lembre-se de como ele ou ela ficava. E lembre-se de como ele ou ela olhava para você.

Respire fundo e imagine que está de volta com ele ou ela em um desses momentos felizes. Sinta seu carinho e como apreciava o carinho que recebia. É muito bom quando alguém se importa conosco. Quando não estamos sozinhos. Saber que somos especiais para alguém.

Sinta seu amor especial enquanto sente a dor de estar sozinho hoje. Deixe sua alma ser consolada pelas lembranças de seu amor especial. Sentindo a sua dor, focalize o amor. Sinta o amor de seu companheiro ou companheira envolvendo você. Imagine-se cercado pela suavidade do amor dele ou dela. O amor não tem limites e é eterno. Deixe que ele ou ela saiba que não foi esquecido/a e que você vai sempre amá-lo/a. Em breve sua dor irá embora e você continuará a sentir seu amor especial.

SEMANA 6
Partilhando a sorte

Lembre-se da alegria que sentiu com a felicidade de seu parceiro ou parceira. Lembre-se de uma época em que ficou contente quando ele ou ela estava feliz. O que aconteceu para deixá-lo/a feliz? Como você ajudou? Lembre-se da alegria de partilhar a sorte dele ou dela. Lembre-se da primeira vez que você o/a fez feliz. Lembre-se da sensação boa que foi imprimir uma marca na vida dele ou dela, como sua vida adquiriu um significado importante por importar-se tanto com alguém.

Lembre-se de um momento em que você obteve sucesso e ele ou ela teve orgulho de você. Em que ele ou ela ficou verdadeiramente feliz por você. Queria que você obtivesse sucesso. A sua felicidade deixou-o/a feliz. Como foi a sensação de partilhar com tanta liberdade seu sucesso com alguém que ama? Lembre-se das outras vezes em que vocês partilharam bons momentos. O que aconteceu? O que deixava vocês dois felizes?

Enquanto recorda do apoio amoroso do seu parceiro ou parceira, deixe que isso amenize a dor do vazio. Sentindo gratidão pelo apoio que recebeu, deixe que isso acaricie sua alma e ajude a suportar a dor da sua solidão. Deixe o amor dele ou dela consolar e ajudar você a se abrir novamente para o amor, e para receber apoio. Agradeça a ele ou ela por afirmar que você merece ser amado ou amada e, com esse apoio, resolva conseguir o apoio de que precisa nesse momento tão importante de sua vida. Em breve sua dor irá embora e você abrirá seu coração novamente.

SEMANA 7
O poder do amor

Lembre-se de quando você estava triste ou desapontado. O que aconteceu? O que não aconteceu, que você queria que tivesse acontecido? Lembre-se de como o amor e o apoio dele ou dela tornou sua dor suportável. Lembre-se do alívio de poder baixar a guarda e partilhar seu lado mais vulnerável. Lembre-se da calma e do conforto que o amor dele ou dela proporcionou.

Respire fundo e imagine que está voltando no tempo. Imagine que ele ou ela está dando-lhe um abraço. Sinta a aceitação gentil de seu parceiro ou parceira, e a compreensão de quem você é. Sinta a liberdade de partilhar sua tristeza. Sinta o alívio de não ter de carregar seu fardo sozinho/a.

Consolado/a pelo apoio amoroso do companheiro ou da companheira, sinta a tristeza de sua perda hoje. Sinta em seu coração o desejo de estar com ele ou ela e de deixar seu amor consolar sua tristeza como antes. Sinta o poder da aceitação e da compreensão de seu parceiro ou parceira e deixe esse amor torná-lo/a inteiro/a outra vez. Não fuja do amor. Leve o tempo que precisar e consiga o apoio que merece. Em breve sua dor irá embora e você sentirá todo o poder do amor mais uma vez em sua vida.

SEMANA 8
Sendo vulnerável

Lembre-se de uma época em que você estava inseguro ou tinha medo, e seu parceiro ou parceira acreditou em você. Do que você tinha medo? O que poderia ter acontecido que você não queria que acontecesse? Como se sentiu em relação a isso? Lembre-se do apoio que recebeu naquele momento em que estava realmente vulnerável, e ele ou ela permaneceu lá a seu lado. Lembre-se de quando ele ou ela estava lá para dizer: "Eu sei que você consegue. Acredito em você." Ou: "Vai ficar tudo bem."

Respire fundo e imagine que voltou no tempo. Sinta a força que o amor de seu parceiro ou parceira proporcionou nos momentos de maior vulnerabilidade. Sinta a parte de você que precisava de alguém para dar segurança e coragem. Sinta a gratidão profunda daquele momento, pelo apoio amoroso que recebeu.

Lembrando-se do apoio de seu parceiro ou parceira, sinta a sua vulnerabilidade sem esse apoio. Sinta o medo de não ser mais amado/a ou de nunca mais poder amar ninguém. Sinta o medo de o sol nunca mais brilhar em sua vida. Enquanto sente seus medos, lembre-se da força e do apoio que recebeu naquela época.

Aprecie agora essa força, resolvendo usar todo o tempo necessário para curar essa perda. Não esconda o seu amor, deixe que ele se manifeste. Deixe que os outros fiquem a seu lado nos momentos de crise. Prometa lembrar-se dessa força e sentir aquele apoio enquanto começa esse novo capítulo de sua vida. Homenageie seu parceiro ou parceira aceitando suas dádivas e continuando a usá-las. Deixe que ele ou ela saiba que seu amor e apoio não foram esquecidos e que nunca o serão. Em breve sua dor irá embora e você sentirá mais uma vez sua força e sua grandeza.

SEMANA 9

A magia do perdão

Lembre-se de quando você cometeu um erro e seu parceiro ou parceira perdoou você. O que aconteceu? Qual foi seu erro? Como foi que você magoou ou decepcionou seu parceiro ou parceira? Como você se sentiu recebendo o amor, a compreensão e a aceitação desinteressados dele ou dela?

Agora respire fundo e imagine que voltou no tempo.

Sinta o arrependimento sincero por ter magoado seu parceiro ou parceira. O que não disse na época, que gostaria de dizer agora? Sinta seu remorso amoroso dizendo: "Eu te amo, sinto muito o que aconteceu." Sinta o poder curativo do amor desinteressado que ele ou ela nutriu por você.

Enquanto sente esse apoio carinhoso, sinta também a dor do pesar de não poder fazer nada para trazer seu parceiro ou parceira de volta. Sentindo a dor de sua perda, aceite a influência tranqüila do amor e do perdão dele ou dela. Sinta que ele ou ela está perdoando você. Sinta que ele ou ela está dizendo: "Eu sei que você me amava. Você fez o melhor possível, e isso é tudo que alguém podia querer." Sinta a dádiva do amor dele ou dela.

Imagine que sua alma está banhada pela luz do amor e do perdão dele ou dela. Sinta a inocência de sua alma, explodindo como uma flor que se abre para os raios do amor de seu parceiro ou parceira. Enquanto vivencia essa renovação, sinta gratidão pelo poder curativo do amor. Saiba que em breve sua dor irá embora e que amará livremente outra vez.

SEMANA 10

Sendo compreendido

Lembre-se de um tempo em que sentiu que era realmente compreendido/a. O que aconteceu? O que seu parceiro ou parceira disse ou fez? Lembre-se de outro momento em que outras pessoas ficaram contra você, mas seu parceiro ou parceira ficou a seu lado. Lembre-se de como foi sentir esse apoio. Lembre-se de como foi saber que seu parceiro ou parceira compreendia a batalha que você estava travando.

Respire fundo e imagine que voltou para esse tempo. Lembre-se da sensação que teve ao perceber que seu companheiro ou companheira realmente compreendia o que você estava passando. Ele ou ela valorizou seu esforço para fazer o que era certo. Ele ou ela acompanhou a história toda e conhecia a sua dor. Dê um suspiro de alívio ao lembrar da sensação que teve com o apoio e a compreensão que recebeu.

Parte da dor de perder alguém é a sensação de que ninguém compreende a situação que estamos enfrentando. Achamos que ninguém pode entender. Ao sentir essa dor, lembre-se do apoio que recebeu quando seu parceiro ou parceira estava lá. Sinta o consolo e a calma que surgem quando alguém nos conhece, quando alguém nos vê e nos reconhece, apreciando nossos esforços, nossas crises, problemas e conquistas.

Lembre-se do néctar doce da compreensão de seu parceiro ou parceira, que só existe quando duas almas se unem no amor e partilham muitas experiências e sonhos juntas. Sinta a dor aguda de sua solidão e deixe sua alma ser apaziguada pela lembrança do conforto que sentiu ao partilhar sua vida e suas muitas experiências com seu parceiro ou parceira. Procure outras pessoas que estejam sofrendo e ofereça sua compreensão. Reconheça que elas também podem compreender a profundidade da dor que você sente. Em breve sua dor irá embora e você não estará mais sozinho.

SEMANA 11

Quando precisam de nós

Lembre-se de quando sentiu que realmente precisavam de você. Que você fazia parte do todo. Você fazia parte da vida de seu parceiro ou parceira e ele ou ela fazia parte da sua. Lembre-se de quando ele ou ela pediu seu apoio e você foi capaz de ajudá-lo/a de uma forma ou de outra.

Respire bem fundo e volte no tempo. Lembre-se do que o amor dele ou dela fez você sentir. Sinta a alegria de saber que ele ou ela deu valor ao que você representava em sua vida. Sinta o significado que ele ou ela trouxe para a sua vida. Sinta a união de vocês dois. Perdê-lo/a é como perder um braço ou uma perna. Uma parte de você. Uma parte integral de sua vida. Uma parte especial e querida, que jamais será esquecida.

Enquanto sente essa perda, sinta também sua tristeza e seu pesar, mas também a gratidão pelas dádivas de seu parceiro ou parceira. Sinta gratidão por todas as lembranças especiais. Lembre-se de quando ele ou ela precisou e dependeu de seu amor. No seu coração, deixe que ele ou ela saiba que jamais será esquecido/a.

Sinta a alegria agridoce que nasce do fato de saber que ele ou ela será sempre parte de você. Você sempre pode se lembrar dele ou dela, e sentir seu amor especial. Saiba que à medida que o tempo passa será cada vez menos doloroso lembrar. O amor que existe em seu coração curará suas feridas. Com esse amor, você poderá se renovar e sua vida será cheia de amor.

SEMANA 12

As dádivas de amor

Lembre-se das dádivas de amor que seu parceiro ou parceira trouxe para sua vida. Recorde como essas dádivas afetaram você. Lembre-se de como tornaram sua vida melhor. Lembre-se de como era sua vida antes de ele ou ela aparecer. Como foi que ele ou ela iluminou sua vida? Como foi que ele ou ela transmitiu força quando você precisou? Lembre-se de quando vocês dois foram felizes juntos. Lembre-se de quando se divertiram juntos. Lembre-se de quando o seu parceiro ou parceira ofereceu exatamente aquilo de que você precisava. Lembre-se de quando agradeceu a Deus pela dádiva do amor do seu parceiro ou parceira.

Respire fundo e volte no tempo, imaginando mais uma vez a alegria de estar na presença dele ou dela. Curta o amor dele ou dela. Sinta a doçura do seu amor. Sinta a felicidade de voltar por alguns minutos à vida que tinha antes da separação.

Enquanto sente a dor de sua perda, console-se ao lembrar-se da alegria que seu parceiro ou parceira lhe proporcionou. Deixe a lembrança amorosa de seu parceiro ou parceira varrer sua dor para longe. Seu parceiro ou parceira foi a resposta para suas preces, não foi apenas sorte. Deus ama você e Deus não abandonou você.

Apesar de não poder imaginar isso agora, você sairá dessa mais forte e será capaz de dar e receber mais amor do que nunca. Você não foi esquecido. Ainda é amado e amará novamente. Em breve a dor irá embora e você sentirá mais uma vez a plenitude da graça e do amor de Deus.

14
101 MANEIRAS DE CURAR NOSSO CORAÇÃO

Existem muitas formas e processos de lembrar-nos com amor do nosso parceiro ou parceira e assim conseguir curar nossos corações. Qualquer coisa que ajude a vivenciar nossas emoções de perda pode contribuir para esse processo. Um caminho não é melhor que o outro, desde que nos leve de volta para o amor, a compreensão, o perdão, a gratidão e a confiança.

Essas são as 101 maneiras de lembrar e homenagear seu amado ou amada. Em vez de sentir-se impotente, incapaz de fazer qualquer coisa para sentir-se melhor, use estas sugestões para fazer alguma coisa todos os dias para alimentar o processo natural de cura. Use qualquer uma destas sugestões para ajudá-lo a lembrar-se de seu parceiro com amor e para manter o contato com os seus sentimentos.

Essa lista também pode ser utilizada para deixar para trás um relacionamento que terminou em divórcio ou separação. Se nosso coração está partido e nosso parceiro ou parceira ainda vive, então para curar nosso coração temos de reconhecer que a pessoa que ele ou ela era, ou que pensávamos que era, já não existe mais. É como se tivesse morrido. Usando essa perspectiva você poderá lamentar adequadamente a sua perda.

1. Ouça repetidamente canções ou músicas que tocam sua alma.
2. Vá ao cinema ou assista a vídeos que façam você chorar.
3. Leia um livro no seu estilo preferido ou entre para um clube de livro para discutir um.
4. Embarque numa aventura, mesmo que por apenas um dia. Dedique-se a criar uma nova experiência para você, para pôr-se à prova de um jeito novo.

5. Vá dançar ou fazer algo divertido. Lamentar não significa ficar deprimido o tempo todo. Precisamos de tempo para fazer coisas que também elevem nosso espírito, estando com outras pessoas que se divertem. Não faz mal se isso provocar mais tristeza.
6. Saia por aí em seu carro e vá aos lugares em que passou momentos especiais com seu parceiro ou parceira, ou volte ao lugar em que se conheceram.
7. Leia velhas cartas que enviou ou recebeu de seu parceiro ou parceira.
8. Imagine a presença de seu parceiro ou parceira e extravase todos os seus sentimentos, acreditando ou imaginando que ele ou ela pode ouvir e responder. Isso também pode ser feito pedindo para um amigo ou amiga sentar na sua frente e fazer o papel do seu ex-parceiro. Esse amigo ou amiga só precisa segurar suas mãos e ouvir.
9. Assista aos vídeos que vocês filmaram juntos.
10. Acenda uma vela de dias por ele ou por ela, ou velas aromáticas para lembrar da doçura de seu amor.
11. Dê uma olhada sozinho no seu álbum de retratos e depois com amigos. Escolha um amigo ou uma amiga diferente de cada vez, pois isso vai enriquecer a experiência. Conte histórias dos velhos tempos.
12. Faça um livro da vida dele ou dela para a família e os amigos.
13. Tenha alguns objetos pessoais dele ou dela perto de você.
14. Mantenha um retrato dele ou dela perto de sua cama. Diga boa-noite e bom-dia para a fotografia.
15. Conte a história da perda ou da separação para todos os seus amigos, um por um. Cada vez que contar, estará curando uma nova camada de dor e se abrindo para mais amor.
16. Entre para um grupo de apoio para contar sua história. Ouça as histórias de amor dos outros. Conhecer a dor deles vai ajudá-lo a sentir a sua. Toda semana compartilhe suas experiências de melhora gradativa.
17. Participe de um workshop de cura para cercar-se de gente que está passando por experiências semelhantes à sua. O

processo da cura é sempre mais fácil com o apoio de um grupo.
18. Faça parte de alguma atividade em grupo ou excursão. Partilhar com os outros uma nova experiência ajuda a alimentar seu novo eu.
19. Faça uma lista de todas as qualidades de seu parceiro ou parceira e compartilhe com seus amigos, um de cada vez.
20. Participe de *sites* de bate-papo na Internet. O anonimato pode ser muito libertador. Você pode testar suas novas asas. Procure ser completamente honesto e vivencie uma nova liberdade.
21. Aprenda algo de novo em homenagem ao seu parceiro ou parceira. Faça um curso de alguma coisa nova ou de algo que interessava seu parceiro ou parceira.
22. Compre um presente para você e imagine que foi dado pelo seu companheiro ou companheira. Pense no que ele ou ela gostaria de dar para consolar sua dor e compre.
23. Lembre-se de alguma coisa que você fazia simplesmente porque seu parceiro ou parceira gostava e faça, para lembrar-se dele ou dela.
24. Ponha flores no túmulo dele ou dela, ou diante de uma fotografia, todos os dias, durante uma semana, uma vez por semana durante três meses, e uma vez por mês durante um ano. Depois uma vez por ano, no dia do aniversário dele ou dela, pelo resto da vida.
25. Faça uma lista de como ele ou ela contribuiu na sua vida e na vida dos outros. Pergunte isso para outras pessoas também.
26. Expresse seus sentimentos de gratidão por ele ou ela numa carta.
27. Escreva uma carta como se fosse dele ou dela encorajando você e ponha no correio endereçada a você mesmo.
28. Dedique uma parte especial do jardim para ele ou ela.
29. Compre algum enfeite bem bonito e ponha na sala para lembrar-se dele ou dela.
30. Escreva uma carta perdoando seu parceiro ou parceira por todos os erros que conseguir lembrar e peça a um amigo ou

terapeuta para fazer o papel dele ou dela enquanto você lê sua carta. E quando estiver lendo, imagine que seu parceiro ou parceira está ouvindo.

31. Escreva uma carta pedindo desculpas, reconhecendo todos os erros que você acha que cometeu. Peça a um amigo ou terapeuta para fazer o papel do seu parceiro ou parceira.
32. Escreva uma carta como se fosse seu parceiro ou parceira perdoando você e ponha no correio para recebê-la mais tarde. Encene a situação com um terapeuta ou amigo. Feche os olhos e imagine que é seu parceiro ou parceira falando, quando o terapeuta ler a carta.
33. Escreva uma carta como se fosse dele ou dela pedindo perdão para você e ponha no correio. Quando receber encene também, pedindo ao terapeuta para ler o pedido de desculpas. Com os olhos fechados, expresse o seu perdão e quaisquer outros sentimentos.
34. Pense numa instituição de caridade com a qual seu parceiro ou parceira se preocupava ou em que acreditava e faça uma doação no nome dele ou dela, especialmente se houver algum reconhecimento público decorrente dessa doação, como algum tipo de placa.
35. Crie um momento especial de uma hora por dia para fazer exercícios de cura, para ouvir fitas de cura do coração e para fazer exercícios de visualização. Escolha uma música especial para tocar cada vez que lamentar sua perda.
36. Diga para seus amigos que lamentar a perda faz com que se sinta melhor. Apesar de doloroso, é bom sentir o amor pelo parceiro ou pela parceira. Senão seus amigos ficarão impacientes com você por levar tanto tempo para lamentar a perda. Se eles não passaram por isso, não vão entender.
37. Dedique um tempo a ouvir as histórias de outras pessoas que perderam seu amor. Pondo-se no lugar delas você saberá que não está sozinho. Sua solidão diminui.
38. Vá para algum lugar novo e conheça pessoas. Novas experiências sempre fazem aflorar algo novo de dentro de nós.
39. Arranje um animal de estimação novo para cuidar. Cuidar de um animal de estimação pode confortar e curar seu coração. Também fará com que se sinta jovem.

40. Peça apoio aos seus amigos. Eles farão isso com prazer. Peça para eles convidarem você para jantar. Se parecer que estão tentando evitá-lo, é porque não sabem o que dizer, ou como devem se portar com você. Eles vão adorar saber o que podem fazer por você.
41. Não acelere o processo da cura. Planeje ficar nesse processo de lamentação de três a nove meses. Você escolhe. Se não planejar, pode tentar evitar esse tempo especial de cura. Passará voando por essa janela especial de oportunidade de cura para o seu coração.
42. Concentre-se no presente usando esse ritual toda manhã quando acordar: olhe no espelho e diga em voz alta "Neste momento de minha vida estou passando pelo processo de...". Complete a frase com a primeira coisa que vier à mente. Repita isso dez vezes.
43. Imagine algo especial que você estaria fazendo este fim de semana se seu parceiro ou parceira ainda estivesse com você, e faça.
44. Imagine como se sentiria se acreditasse piamente que o que aconteceu foi perfeito.
45. Conte as suas bênçãos. Muitas vezes, quando estamos lamentando uma perda, nos esquecemos de apreciar o que temos.
46. Tenha paciência com você mesmo. Em vez de sentir-se frustrado quando tiver uma recaída, presenteie-se com algo de que gosta muito.
47. Se ficar deprimido, alugue dez comédias de vídeo e assista a todas num mesmo dia.
48. Peça um abraço aos seus amigos. Quando perdemos uma fonte de afeto em nossa vida, podemos receber o carinho de que necessitamos pedindo abraços. Simplesmente diga "Quer me dar um abraço?"
49. Faça massagem toda semana. O toque físico é tão importante quanto o amor. Para curar nosso coração precisamos também de cuidar do nosso corpo.
50. Permita-se sentir que a vida não é justa. Reflita sobre os sonhos e objetivos que vocês esperavam realizar juntos.

Sinta seu desapontamento e escreva uma carta expressando esses sentimentos.
51. Não procure ficar animado e de bom humor por seus amigos. Dê-se permissão para chegar ao fundo do poço. É só quando aceitamos as ondas de dor que conseguimos curar nosso coração. Respeitando o processo de cura, a dor irá embora de modo completo e permanente.
52. Se você estivesse em Jerusalém poderia visitar o Muro das Lamentações para ter a experiência de ver outras pessoas sofrendo. O equivalente moderno é ir a um workshop de cura do passado ou de lamentação da perda de um ente querido.
53. Se não pode dizer adeus como queria, então procure um amigo ou terapeuta, fechem os olhos, dêem as mãos um de frente para o outro, e imagine que está tendo uma oportunidade de se despedir. Encene a situação exatamente como deseja. Invertam os papéis e imagine também o que seu parceiro ou parceira diria.
54. Se tiver a sensação de culpa pela perda por achar que poderia ter feito alguma coisa, compartilhe essa idéia com um amigo ou terapeuta. Para poder se perdoar, compense essa falta. Comprometa-se a fazer algo de bom por alguém que precisa. Entregue-se como gostaria de ter feito. Conceda uma dádiva de amor e de apoio para alguém necessitado. Servir a alguém nos ajuda a livrar-nos da culpa ou da vergonha.
55. Ligue-se de novo com a terra. Saia para uma caminhada matinal. Se o tempo permitir, ande descalço na grama. Respire fundo o ar fresco da manhã.
56. Se sentir necessidade de se afastar para processar a cura, peça férias no trabalho assim que puder. Eles vão compreender sua situação.
57. Recorte o obituário dele ou dela no jornal e leia de vez em quando.
58. Peça para um amigo filmar ou gravar o funeral e a recepção para poder rever quando precisar muito desse consolo. Às vezes ainda estamos em choque quando acontece o funeral.

A nossa dor pode explodir dias depois da cerimônia, e é aí que mais precisamos de apoio. Peça ao amigo com a câmera ou com o gravador para pedir para as pessoas dizerem o que gostavam no seu parceiro ou parceira. Faça cada um contar uma pequena história de como conheceram seu parceiro ou parceira e que tipo de pessoa achavam que ele ou ela era. E assista ao vídeo ou ouça a gravação de vez em quando.

59. Repita para você mesmo "Eu vou superar isso". Lembre que outras pessoas já passaram por isso. Logo a dor irá embora.
60. Lembre-se de quando se conheceram; escreva uma carta de gratidão para a pessoa que os apresentou e mande pelo correio.
61. Escreva uma carta para o atendimento ao consumidor do universo. Extravase toda a sua raiva, seus ressentimentos e mágoas. Depois explore os outros níveis de sentimentos como tristeza, medo e pesar. Escreva uma resposta de Deus ou de um anjo e ponha no correio para você mesmo.
62. Peça a um amigo ou amiga para visitar você. Diga para ele ou ela que não precisa dizer nada. Fiquem juntos sem conversar, sem fazer nada. Nada de TV, nada de cozinha, nada de leitura. Simplesmente saiam para dar um passeio ou fiquem sentados por uma hora vendo o pôr-do-sol ou o nascimento da lua. A paz que você vai sentir confortará sua alma.
63. Permita-se agir feito criança. Se sua perda faz aflorar questões não resolvidas do passado, vá ao zoológico ou a um parque de diversões com um amigo ou membro da família. Fique perto de crianças brincando.
64. Vá a casamentos. Cercar-se de amor é a melhor cura. Provocará saudade e sofrimento, mas será curativo.
65. Se aprecia esportes competitivos, não se detenha. Continue a competir. Os esportes têm essa qualidade especial para os homens, de fazer com que entrem em contato com seus sentimentos de vida e de desejo.
66. Vá à igreja e converse com Deus. No seu coração, partilhe seus sentimentos mais profundos de frustração. Sinta a

graça de Deus à sua volta, protegendo-o nessa noite escura da alma.
67. Ponha-se em primeiro lugar. É a sua vez de ser paparicado. Livre-se de qualquer obrigação que está fazendo da sua vida uma loucura. Você está lamentando uma perda e tem mais o que fazer neste momento.
68. Se seus amigos não perguntam como está se sentindo, diga para eles do que você precisa. Diga: "Estou arrasado e só preciso sentir pena de mim mesmo por uns dez minutos. Você só tem de ouvir para eu ficar melhor. Só preciso pôr para fora." Depois que seus amigos concordarem, conte os momentos que teve com seu parceiro ou parceira e deixe sua tristeza aflorar enquanto fala.
69. Não contenha as lágrimas. É normal chorar. Algumas pessoas podem precisar ficar sozinhas para chorar. Isso é normal também. Chorar faz bem à alma. Para um bom choro, ouça a música da peça da Broadway *Les Misérables*. Melhor ainda, vá assistir à peça e depois ouça o CD muitas vezes.
70. Cuide de minimizar os conflitos e de evitar as brigas quanto à divisão dos bens. Se um membro da família brigar, procure lembrar que o que o aborrece de verdade é a perda. Ao cuidar do acordo depois do divórcio assegure-se de ter ficado um longo tempo separado para tratar da maior parte da cura antes do acordo final ser decidido.
71. Quando estiver sofrendo, não guarde segredo. É hora de procurar alguém e desnudar sua alma.
72. Depois de uma morte ou de um divórcio, não diga para seus filhos que eles têm de ser fortes. Não divida toda a sua dor com as crianças. Em vez disso, esteja lá para apoiá-los sempre que possível. Trate de sua dor enquanto eles estiverem na escola, ou quando você estiver longe deles. Não procure consolar-se com eles. Se fizer isso eles não vão procurar você para consolá-los.
73. Não torne as coisas piores do que são. Assim como é errado encorajar os filhos a não sofrer, também é importante não fazer da perda algo maior do que eles estão sentindo. Pode

levar um tempo até eles poderem lidar com seus sentimentos. Eles podem ficar aborrecidos com outras coisas. A melhor abordagem é ouvir. Faça a pergunta "O que mais incomoda você?" inúmeras vezes.

74. Quando vir outros casais namorando e começar a sentir pena de você mesmo, faça o processo da raiva. Olhando para o espelho, expresse sua raiva por cerca de dois minutos, depois manifeste o que quer por mais alguns minutos e finalmente afirme em voz alta o que merece, também durante alguns minutos. Vai sentir-se melhor imediatamente.

75. Quando elogiarem seu ex-parceiro e você sentir ciúme, inveja ou raiva, escreva uma lista de seus medos secretos. Medos como "Nunca mais serei amado", ou "Eu não sou bom". Depois termine o exercício expressando gratidão por alguma coisa.

76. Faça algum serviço comunitário, especialmente com pessoas que possam apreciar o que você tem para oferecer.

77. Pergunte para você mesmo como se sentiria se tivesse certeza de que em dois anos sua vida estará repleta de amor e que será feliz novamente. Então visualize isso com os olhos fechados. Imagine que está no futuro e descreva em voz alta para um amigo ou terapeuta como se sente. Use essas frases para incentivar seus sentimentos positivos: "Sinto-me grato por..." "Estou contente porque..." "Tenho certeza de que..."

78. Vá de carro até o topo de uma montanha, um rio ou uma praia e crie um pequeno ritual de adeus. Deve ser uma viagem ou caminhada que ocupe a metade do dia. Espalhe flores em todas as direções como oferenda e expressão de seu amor.

79. Converse com algum líder religioso, um padre, pastor, rabino ou outro guia espiritual para obter orientação e apoio espiritual.

80. Pense em alguma coisa que seu ex-parceiro gostaria de fazer ou que deixou incompleto, e faça.

81. Ligue para os amigos ou as amigas dele ou dela e conte todos os detalhes de sua morte. Se está lamentando um divórcio, compartilhe com seus amigos de que modo tentou fazer o casamento funcionar, mas percebeu que não eram feitos um para o outro. Procure dizer coisas boas sobre o esforço que seu ex fez, mesmo que uma parte de você não acredite nisso.
82. Procure perdoar sempre. A maneira mais fácil de perdoar foi demonstrada por Cristo quando estava na cruz. Ele disse: "Pai, perdoa-lhes, pois eles não sabem o que fazem." Conseguimos perdoar facilmente quando reconhecemos que nosso parceiro ou parceira realmente não sabia o que estava fazendo.
83. Reconheça que a dor que sente hoje vai prepará-lo para ser solidário com outros no futuro. Ao curar sua dor você vai desenvolver uma compaixão e um amor incríveis pelos outros quando estiverem sofrendo. Você vai aprender lições muito valiosas que poderá transmitir aos outros.
84. Reflita sobre aquilo de que necessita quando está sofrendo para saber o quanto os outros precisam de você quando estão sofrendo. Simplesmente estar ao lado de alguém que sofre, sem dizer nada, pode ser muito confortante. Nos nossos momentos mais difíceis só precisamos sentir uma presença carinhosa por perto.
85. Resolva ser a melhor pessoa que puder. Muitas vezes quando sentimos e liberamos um pouco de nossa dor, ficamos inspirados. Nesse momento de inspiração, faça uma lista das qualidades que deseja incorporar à sua vida.
86. Mantenha um diário nos primeiros trinta dias de sua jornada de cura. Registre alguns pensamentos, sentimentos e experiências de cada dia.
87. Escreva uma poesia ou leia um livro de poesias.
88. Recorra a Deus para obter consolo. Às vezes é nos piores momentos da nossa vida que conseguimos manifestar melhor a humildade diante de Deus. Dedique-se a reavaliar ou a pôr em dia suas crenças espirituais.

89. Não limite o tempo de lamentação de cada dia. Cada pessoa é diferente, e cada dia será diferente. Seja flexível e leve o tempo que quiser.
90. Deixe-se levar pelas ondas de sentimento. Não espere ficar por cima o tempo todo, nem por baixo. Você não está traindo seu ex-parceiro quando tem momentos de alegria e de alívio. Nossa tristeza não é a declaração de nosso amor, é o processo de acabar com nossa dor. Cada vez que liberamos os sentimentos podemos ficar incrivelmente alegres e entusiasmados.
91. Descubra seu jeito exclusivo de lamentar. Algumas pessoas são muito dramáticas e outras são mais contidas. Se você é dramático, assegure-se de que existam momentos em que agradece e sente-se bem também. Se você é mais contido, assegure-se de não reprimir a dor dentro de você.
92. Não espere que os outros adivinhem aquilo de que você precisa. Muitas vezes ficamos constrangidos de pedir apoio. Explique para os amigos e parentes e peça sempre.
93. Faça uma visita à maternidade de um hospital. Depois de uma perda é muito bom essa ligação com a energia alegre e amorosa que cerca o nascimento. De certa forma você também está renascendo para uma nova vida.
94. Lembre que a alvorada de um novo dia vem depois do momento mais negro da noite. As coisas podem mergulhar na maior escuridão, mas a luz do amor e do alívio surgirá.
95. Mantenha-se ativo durante uma parte do dia, usando seu corpo de forma a forçá-lo a respirar fundo. Respiração e movimento são muito importantes para estimular o sistema linfático, que purifica o organismo numa crise de cura.
96. Plante uma árvore ou uma planta especial em homenagem ao seu parceiro ou parceira e cuide dela para que cresça.
97. Compre uma jóia especial para usar e lembrar-se sempre da beleza do seu amor.
98. Use uma fita preta no pulso para indicar que está passando pelo processo de lamentação, de luto.
99. Todos os dias escreva em seu diário três lembranças de seu relacionamento.

100. Faça uma lista de todas as coisas que vocês jamais farão juntos e que você gostaria de fazer. Ao lamentar esta perda, com o tempo será capaz de apreciar integralmente o tempo que vocês compartilharam e depois estará preparado para seguir em frente.
101. Quando estiver sofrendo, trate de processar as quatro emoções de cura, associando sua dor com o passado, revivendo e enriquecendo a experiência. Pratique o exercício para se sentir melhor visando curar sua dor.

Mantendo contato deliberadamente com o seu amor e sentimentos durante essa fase crítica de cura do seu coração, este tempo será de grandeza para você, embora talvez seja difícil acreditar que tudo isso vá passar. Você vai levantar novamente para viver a vida em toda a sua glória. Pense nesse tempo como se fosse um inverno muito rigoroso. Use esses diferentes processos e técnicas para garantir proteção, saúde e calor. Pode ser um longo inverno, mas lembre que logo o frio irá embora e que o frescor e o calor da primavera estão logo ali na esquina.

PARTE DOIS

RECOMEÇANDO EM VÊNUS

Recomeçar em Vênus muitas vezes é diferente de recomeçar em Marte. Homens e mulheres enfrentam desafios bem diversos. O que é bom para o homem pode não ser para a mulher. O que é um obstáculo para ela pode não ser para ele. É mais fácil decidir o curso de ação mais apropriado se levarmos em consideração nossas diferenças.

Quando estamos sofrendo, nem sempre é mais sensato seguir nossos instintos. O que parece a coisa certa a fazer nem sempre é a melhor escolha. Depois de uma perda nos vemos subitamente diante de uma nova vida e de muitas opções. É difícil saber o que devemos fazer. Esta decisão pode afetar o resto de nossas vidas. Sem a total compreensão da jornada de cura, homens e mulheres podem inadvertidamente afastar oportunidades de descobrir o amor verdadeiro e duradouro.

Nessa segunda parte vamos explorar os vinte e três desafios mais comuns que as mulheres enfrentam quando estão recomeçando. Depois, na terceira parte, veremos os vinte e três desafios típicos que os homens enfrentam. As análises da dinâmica do recomeço que você encontrará aqui vão ajudá-la a encontrar o amor novamente. Essas duas partes tratam de questões específicas de Marte e de Vênus, mas existem sempre sobreposições. Homens e mulheres vão se beneficiar com a leitura das duas seções.

A partir da consciência dos possíveis erros que podemos cometer ao encarar essa importante encruzilhada no caminho, você terá maior capacidade de evitar a dor desnecessária. Essa importante preparação vai deixá-la pronta para assumir o risco de amar novamente. Ao aproveitar a ocasião para curar seu coração e depois para encontrar o amor mais uma vez, você estará expressando seu maior potencial de sucesso e felicidade na vida.

1
CARREGANDO UMA LISTA ENORME

Normalmente a mulher se protege carregando uma lista de exigências. Antes de entregar-se a um homem, ela precisa testá-lo. Ele deve satisfazer sua lista de condições e exigências para que ela se disponha a envolver-se. Infelizmente, se os sentimentos ainda não foram resolvidos, esta lista será longa demais. Em vez de se abrir para a possibilidade de um relacionamento amoroso, ela vai rejeitá-la. Continuará em segurança, mas sozinha.

Quando estamos sofrendo por causa de uma perda, naturalmente a tendência de buscar proteção é maior. Com razão erguemos nossas defesas ao máximo. Como vimos, quando um ferimento está cicatrizando, precisa de proteção especial. Depois de curado, retomamos naturalmente as defesas normais. Se não curamos uma ferida, podemos ficar na defensiva pelo resto da vida.

....
Enquanto curamos um ferimento,
naturalmente nos protegemos ao máximo.
....

Quando uma mulher se defende demais, a lista vai ficando cada vez mais extensa. Para proteger-se da mágoa, ela passa a ser excessivamente crítica, discriminadora ou exigente diante de um possível relacionamento. Em termos mais simples, fica seletiva demais. Nenhum homem é suficientemente bom. Por mais que tente ser aberta e receptiva, ela vai rejeitar o que pode ter e vai desejar o que não pode ter. Para ela, todos os homens bons já estão comprometidos. Eis alguns exemplos do modo que ela testa ou julga um homem:

COMO AS MULHERES PODEM TESTAR OU JULGAR OS HOMENS

1. Ele já foi casado; gostaria de saber o que deu errado. Ele não fala muito sobre ela. Por que o casamento acabou? Ele está escondendo alguma coisa...
2. Será que ele vai me procurar como disse? Se não, acho que não posso confiar nele...
3. Aposto que ele só quer sexo, não está interessado num relacionamento de verdade.
4. Vamos ver se ele chega na hora. Não vou envolver-me novamente com um homem que me põe no fim da lista...
5. Acho que ele nunca vai querer se comprometer. Ele já teve muitas mulheres.
6. Ele tem mais de trinta e cinco anos e nunca casou. Provavelmente é mais um homem com medo da intimidade. Não vou desperdiçar meu tempo com ele.
7. Ele é muito introvertido. Jamais se abrirá para mim. Se eu me envolver, quero um homem que confie em mim.
8. Ele não é muito responsável; talvez seja um desses que nunca amadurecem. Não quero ser mãe dele.
9. Se ele não for engraçado ou divertido, estou fora. Tive relacionamentos sérios demais.
10. Não gosto das roupas que ele usa. Se ele não se importa com a própria aparência, não será capaz de importar-se comigo.
11. Ele não cuida da saúde dele como faço com a minha. Preciso de alguém que pense como eu.
12. Ele gosta demais de acompanhar os esportes. Preciso de alguém que queira fazer o que eu quero. Não desejo ser mais uma viúva dos esportes.
13. Ele não é muito asseado nem organizado. Provavelmente terei de ficar arrumando suas coisas e organizando sua vida. Já passei por isso. Não quero ter essa responsabilidade novamente.

14. Ele é um homem muito atraente e charmoso. Como é que vou poder confiar que será fiel? Muitas mulheres devem desejá-lo.
15. Ele está envolvido demais com seu trabalho. Não quero competir com isso de jeito nenhum. O trabalho dele será sempre mais importante que eu.
16. Ele está envolvido demais com os filhos. Eu nunca me sentiria especial, nem adorada.
17. Ele está velho demais para mudar. Deve ter critérios muito enraizados. Não quero prender-me a isso.
18. Obviamente ele tem atração por mulheres mais jovens. Jamais se contentaria com uma mulher mais velha.
19. Gostaria de saber quanto ele ganha. Se não pode se sustentar, como é que vai cuidar de mim? Quero um homem que tenha uma situação confortável. Talvez ele queira que eu o sustente.
20. Não temos muita coisa em comum. Se não compartilhamos os mesmos interesses, não servimos um para o outro.
21. O que meus pais e amigos vão achar dele? Sei que vão pensar que estou me contentando com pouco.

A necessidade de julgar ou testar um companheiro não é errada. É importante saber se um parceiro atende às nossas necessidades e desejos específicos. Cada pessoa tem as suas prioridades. A lista de avaliações e testes de uma mulher se transforma num problema quando impede que ela diga sim para convites e para as chances de encontrar o amor. Conhecendo muitos parceiros em potencial ela vai descobrir que algumas de suas preocupações cairão por terra, e que a busca da perfeição diminuirá. Com o tempo será capaz de identificar claramente o homem certo para ela. Em vez de procurar a perfeição, vai encontrar o homem perfeito para ela.

2
AS NOVAS PRESSÕES DO NAMORO

A tendência de rejeitar as fontes potenciais de amor aumenta com as novas pressões do namoro. Hoje em dia as mulheres evitam o amor porque sentem uma enorme pressão da sociedade, e dos homens, para terem um envolvimento sexual logo no início do relacionamento. Se uma mulher quer um tempo antes de entrar na intimidade, é rotulada de antiquada ou puritana. Vemos por todo lado mulheres apressadas e sexo apressado. Nos filmes, na televisão, nos anúncios e em todas as revistas.

> Se a mulher quer um tempo antes de entrar na intimidade, é rotulada de antiquada ou puritana.

A mulher deve sentir que é livre para curtir o sexo sempre que quiser, mas não deve se sentir pressionada. Quanto mais ela cede a essa pressão, mais aumenta a necessidade de se defender. Ela raciocina da seguinte forma: se vou para a cama com ele logo no início, então tenho de ter certeza que desejo o homem com quem vou sair. Em vez da liberdade de sair com alguém para conhecê-lo melhor, ela se sente pressionada a avaliá-lo de antemão. É tudo ou nada.

É uma batalha perdida, antes mesmo de começar. É preciso tempo para conhecer alguém, mesmo se o coração estiver completamente curado. Ela precisa de tempo para saber se quer intimidade com um homem. Quando a mulher conhece um homem e não sabe se quer ir para a cama com ele, ela diz não para se proteger da obrigação de fazer sexo. Ela o rejeita e não se dá a devida oportunidade de encontrar um novo amor. Quem sabe? Depois de uma noite muito agradável suas dúvidas podem se dissipar. A forma de encarar o sexo é diferente para homens e mulheres. Um homem sabe no primeiro instante se quer fazer sexo com uma mulher. Com elas acontece o contrário. Elas precisam de tempo. Para vivenciar a liberdade de encontrar o amor, a mulher tem de reconhecer primeiro que não é obrigada a ter intimidade logo de cara. A escolha é dela. Se puder dizer não para o sexo logo no início sem constrangimento, estará livre para sair com homens sem ser tão exigente. Então pode resolver fazer sexo quando estiver preparada.

3
NAMORE POR AÍ, MAS NÃO DURMA POR AÍ

A mulher evita o amor por associar o namoro com o sexo. Para livrar-se das expectativas de perfeição e de carregar uma enorme lista, a melhor solução é jogá-la fora temporariamente. Ela deve sair muito mas não dormir com muitos. Desde que não assuma um relacionamento sério com um homem, não precisará se proteger para não ser magoada. Só nos magoamos quando sentimos atração por alguém e perdemos seu amor. Se não nos comprometemos por um tempo, podemos vivenciar o amor de diversas maneiras, sem mágoa.

Uma abordagem saudável para a mulher evitar a mágoa quando abre o coração é sair com três homens ao mesmo tempo. Ela deve ter um que já não interessa muito, um mais atual, e outro que ainda não conhece bem. Desde que não vá para a cama nem tenha intimidade demais com nenhum deles, ninguém ficará magoado. Além do mais, saindo com muitos homens, ela terá uma base mais forte para recusar o sexo. Pode dizer não com facilidade para o sexo com um parceiro por estar saindo com mais alguém. O homem não fica magoado se ela explicar claramente que está saindo com outro também.

....
Saia com um que já não a interessa muito,
um que é mais atual, e um outro
que ainda não conhece bem.
....

Algumas mulheres a princípio resistem a essa idéia, dizendo: "Três homens! Quem dera eu conseguisse pelo menos um!"

Na verdade são essas mulheres que precisam mais disso. Se uma mulher não recebe convites para sair, é porque alguma parte dela está afastando as oportunidades. Ela não é convidada para sair porque é exigente demais. De alguma forma está emitindo a mensagem que diz que não se interessa.

> **Para começar a sair, a mulher precisa jogar fora sua lista e reduzir seus critérios.**

Para modificar esse padrão ela tem de prometer para ela mesma só sair com homens com os quais não desejaria casar e com quem definitivamente não deseja fazer sexo. O ideal seria homens que demonstram estar interessados nela, mas por quem ela não sente atração sexual. Essa promessa representa a liberdade de começar a sair e namorar sem sofrer a pressão de entrar em intimidades. Ao vivenciar as oportunidades de dar e receber amizade, ela começará a abrir seu coração sem ter de se proteger. Com a liberdade de dizer não ao sexo, ela será capaz de dizer sim para o sexo na hora certa.

Precisamos de tempo para descobrir as qualidades de alguém. Não é justo nem prudente julgar um livro pela capa. Saindo e namorando bastante, sem a possibilidade de ser magoada, a mulher consegue libertar-se das exigências, vivencia o que um homem realmente tem para oferecer e o quanto ela pode dar para ele. Desde que não fiquem íntimos demais, ela pode divertir-se muito enquanto investe no crescimento de sua capacidade de confiar no amor novamente.

Outras mulheres resistem a essa idéia por não acharem natural. Elas dizem: "Não consigo sair com mais de um homem ao mesmo tempo. Sou monogâmica por natureza." Isso pode ser verdade, mas *sair* por aí não significa *dormir* por aí. Na nossa sociedade estamos tão condicionados a associar namoro com sexo que é difícil conceber a possibilidade de sair com alguém sem ter intimidade sexual. Se uma mulher acha que não consegue sair com vários homens, é porque ainda não experimentou isso sob essa nova perspectiva.

Não é incomum achar que "Só consigo ter uma *melhor amiga*", mas isto não exclui a possibilidade de ter outras amigas. Da mesma forma, sair com vários homens não entra em conflito com o fato de ser monogâmica. Seja monogâmica agora com sua alma gêmea que ainda vai surgir. Enquanto espera seu melhor amigo aparecer, tenha muitos outros amigos. Saia bastante até encontrar alguém muito especial e então pare de sair com os outros. Quando acreditar que encontrou alguém que pode ser sua alma gêmea, então será hora de ter um relacionamento exclusivo.

4
GLORIFICANDO NOSSO PASSADO

Apesar de ser muito comum uma mulher carregar uma lista enorme se foi magoada ou maltratada por um homem no passado, isso também pode acontecer se ela foi amada e incentivada. Quando o ser amado morre, é muito natural glorificar suas qualidades e idealizá-lo além da conta. Mesmo se um relacionamento termina em divórcio, a mulher também pode glorificar certas qualidades do ex-parceiro.

Os homens também apresentam essa tendência de glorificar o passado. Enquanto nós, homens e mulheres, continuarmos ligados ao ex-parceiro, nenhum parceiro futuro estará à altura. Antes de desfazer essa ligação não somos capazes de apreciar tudo que um novo parceiro pode oferecer.

....
Enquanto continuamos a viver no passado,
não podemos apreciar de fato as oportunidades
que existem no presente.
....

Para superar essa tendência que temos de comparar, temos de parar de lutar contra ela e respeitá-la. Não é possível abandonar o passado de uma vez só. Leva tempo. Quando começamos a namorar, precisamos ter isto em mente. Não devemos esperar que alguém ocupe o lugar de nosso parceiro, ou que se iguale a ele nas comparações. Em vez disso, temos de reconhecer que com o tempo isso vai mudar.

Mesmo continuando a fazer comparações, se baixarmos a guarda e começarmos a sair só para vivenciar amizade e companheirismo, e não para encontrar a alma gêmea, as comparações não serão tantas. Teremos mais liberdade para apreciar o que temos. Certamente nenhum novo parceiro pode ser "melhor", ele será apenas "diferente". É uma noção limitada pensar que nosso coração pode ser tão pequeno a ponto de amar uma única pessoa, ou que apenas uma pessoa possa nos amar. Quando nosso coração está curado, há espaço suficiente para amar novamente.

> ....
> É uma noção limitada pensar que
> apenas uma pessoa pode nos amar.
> ....

O erro que tanto os homens quanto as mulheres cometem é rejeitar as oportunidades de relacionamento simplesmente porque um parceiro parece não estar à altura. É limitado demais pensar, ora, essa pessoa não me faz sentir do mesmo modo. É claro que essa outra pessoa não pode nos afetar da mesma maneira, mas com o tempo isso acaba mudando. A atitude mais prudente é sair bastante até conquistar o desligamento completo. Com novas experiências de amor e de amizade no presente, é mais fácil desligar-se do passado.

5
PRISIONEIRA DA DOR

Outra forma comum de a mulher se defender para não ser magoada novamente é permanecer prisioneira da tristeza e da dor. Isto representa solidão, mas é mais seguro do que enfrentar a possibilidade de um novo envolvimento. Quando a mulher se agarra à dor para evitar ter de encarar seus medos, a sensação doce e amarga do sofrimento acaba se transformando em desespero e desesperança. Mesmo tentando seguir em frente, ela continua misteriosamente presa à depressão.

Quando uma mulher não se permite sentir raiva ou ficar revoltada com a perda, isso pode obstruir o processo de cura. Para superar a dor, ela precisa sentir suas outras emoções. Para homens e mulheres, quando a raiva não é sentida e liberada por completo, ficamos presos na tristeza e no medo de seguir em frente.

..

Quando a mulher sente e depois descarta sua raiva, os sentimentos resultantes de merecimento, perdão e gratidão ajudam a amenizar seus medos.

..

Quando ficamos solteiros de novo depois da morte do cônjuge, pode ser muito difícil extravasar a raiva. É duro culpar alguém se sua morte foi acidental ou resultado de alguma doença fatal. Por outro lado, depois de um divórcio ou uma separação, pode ser mais fácil sentir raiva, mas não dissipá-la com perdão e gratidão. No Capítulo 20 exploramos com mais detalhes como fazer para superar esses desafios.

6
A TRAIÇÃO DE AMAR DE NOVO

Uma outra forma de evitar o amor é nos negarmos permissão para amar novamente. Especialmente quando o cônjuge morre, pode parecer uma traição iniciar um novo relacionamento. Conforme o coração vai se recuperando, fica claro que um parceiro no céu jamais desejaria que sua parceira na terra se privasse do amor. Todos os anjos no firmamento se rejubilam quando abrimos nosso coração para o amor. Se não nos permitimos amar, podemos ficar presos na dor. Esse apego à dor é belamente ilustrado no filme *Sra. Brown*.

Para amar de novo, precisamos nos dar permissão para viver nossos sentimentos positivos, assim como os negativos. Temos de nos permitir amar outra vez. Eis as três idéias mais comuns que precisam ser questionadas e depois descartadas:

- **"Não devo amar novamente. Meu parceiro ficaria magoado e sentir-se-ia traído."** Amar outra vez nunca é trair seu parceiro. Se ele morreu, só deseja que sejamos felizes. Deseja que vivamos o presente e sigamos em frente com nossas vidas. Podemos encontrar o amor de novo e também nutrir um amor especial pelo parceiro falecido. Lá do outro lado não existe ciúme. Se você morresse, ia querer que seu parceiro passasse o resto da vida sozinho e sem amor?

- **"Se estou feliz é porque não amava meu parceiro de verdade."** Ser feliz novamente não significa que não amávamos o companheiro ou a companheira que morreu. A felicidade chega quando estamos conseguindo o que queremos e aquilo de que precisamos. Todo mundo precisa de amor. Receber as dádivas do amor no presente não significa de modo algum que não continuamos amando nosso antigo parceiro. É normal ser feliz de novo. Não estamos felizes porque nosso parceiro se foi. Estamos felizes por outros motivos. Estamos felizes porque estamos recebendo aquilo de que precisamos e o que merecemos da vida.

- **"Se não estou lamentando a perda, então é porque na verdade não sinto falta dele."** Não lamentamos uma perda só porque amávamos essa pessoa. Lamentamos a perda porque ainda estamos ligados e estamos fazendo o desligamento por meio do processo de lamentação ou de luto. Não significa que desistimos do amor que sentimos pela pessoa que morreu. Depois de conquistar o desligamento, nosso parceiro continua vivendo em nosso coração. Quando nosso coração está curado, somos capazes de sentir amor pelo parceiro, mas a dor não existe mais. Refletir sobre a perda pode causar alguma tristeza, mas ela surge imbuída da alegria de amá-lo, não da dor de sentir sua falta.

Às vezes parece que o amor machuca. Não é verdade. Quando amamos alguém, a sensação é ótima. Ficamos mais felizes do que nunca quando estamos amando. Perder o amor é que dói. Quando perdemos alguém que amamos, isso dói porque resistimos à perda, não porque amamos esse alguém. Ainda não aceitamos a realidade de que ele se foi. Deixar de sentir essa dor não quer dizer que paramos de amar nosso parceiro. Significa exatamente o contrário. Quando curamos nossa dor, conseguimos sentir a doçura do amor que sentíamos antes de sua morte.

7
SEXO E AUTO-ESTIMA

Outro erro comum que as mulheres cometem quando estão recomeçando é ir para a cama com qualquer um para aumentar sua auto-estima. Uma mulher pode buscar afeição e atenção de um homem para sentir-se merecedora de amor, especialmente se teve carência de romantismo em seu relacionamento anterior. É difícil gostar de nós mesmos quando a pessoa com quem vivemos nos ignora ou não nos dá valor. É mais difícil ainda se você descobre que ele está apaixonado ou sente atração por outra. Para sentir-se especial novamente, a mulher cede facilmente à tentação de usar seus dotes sexuais como forma de conquistar a atenção e o afeto de outro homem.

Infelizmente essa abordagem é sempre um feitiço que se volta contra o feiticeiro. Procurando o amor do lado de fora, ela está afirmando que seu valor depende da atenção e do afeto de um homem. É saudável depender do homem para o estímulo romântico, mas não é saudável depender dele para achar que merece tal afeição. O ideal é que ela primeiro sinta que tem valor, para depois conquistar a afeição de um homem. Se a mulher achar que merece ser amada só depois de conquistar a atenção do homem, ficará dependente demais dele. E finalmente essa carência pouco saudável vai afastá-lo e ela ficará magoada mais uma vez.

> O ideal é que o senso de valor de uma mulher não dependa da atenção e do afeto de um homem.

É muito melhor quando a mulher se concentra em curar seu coração sem depender da atenção e do afeto de um homem. Para homens e mulheres, a base para ter um relacionamento saudável é o amor por nós mesmos e a convicção de que merecemos ser amados. Depois atrairemos e seremos atraídos por alguém que pode amar-nos da maneira que merecemos. Quando nosso sentido de valor parte de dentro, estamos prontos para contar com o amor e o apoio do outro. Quando temos uma noção bem clara de quem somos, podemos nos unir a outra pessoa sem perder o senso saudável do quanto valemos.

Dedicar um tempo a nossos sentimentos não resolvidos em vez de namorar tem o efeito de recuperar nossa auto-estima. Quando conseguimos sentir raiva e não apenas tristeza pelo modo como fomos negligenciados no passado, automaticamente afirmamos nosso valor. Quando conseguimos sentir a raiva e nos livramos dela com perdão, então estamos preparados para começar a namorar outra vez. Dar um tempo para curar nosso coração é uma forma muito mais poderosa de aumentar nossa auto-estima.

8
SEXO, OBRIGAÇÃO E AUTO-ESTIMA

A mulher também afasta o amor quando se sente obrigada a fazer sexo. Muitas vezes recusa o que o homem oferece por achar que será obrigada a retribuir seus favores com sexo. Quando sugiro que uma mulher saia, deixe um homem pagar um jantar, sem sexo, às vezes ela diz: "Por que um homem vai querer sair comigo se não for pelo sexo? O que ele vai ganhar com isso?" É triste, mas essa é uma reação bem comum. É sinal de falta de auto-estima. Ela claramente não reconhece que tem valor para um homem.

Quando uma mulher sente isso, muitas vezes significa que acha que tem a obrigação de satisfazer as necessidades sexuais de um homem simplesmente porque ele a levou para jantar fora. A mulher recusa o convite para jantar por não querer que ele pense que ela tem alguma obrigação. Esse tipo de raciocínio revela uma epidemia de baixa auto-estima. A mulher precisa aprender a receber os favores de um homem sem sentir-se obrigada a retribuir com sexo.

Há muitas mulheres com elevada auto-estima no que se refere ao trabalho e à profissão. Mas no campo dos relacionamentos elas acham que para um homem a única coisa que vale são seus dotes sexuais. A mulher não reconhece que inicialmente o homem valoriza a oportunidade de simplesmente estar com ela, agradá-la e aproveitar a oportunidade de fazê-la feliz. É claro que superficialmente ele pode estar à procura de sexo, mas no fundo ele busca o amor, igual à mulher.

> As mulheres acham que para um homem a única coisa que vale são seus dotes sexuais.

É difícil para uma mulher saber que tem valor. Em toda a história as mulheres sempre foram consideradas donas-de-casa, mães, esposas. Hoje as coisas mudaram. Assim como a mulher já não está mais só à procura de um provedor, o homem também não busca apenas outra mãe para seus filhos. Estamos vivendo uma época de mudança de valores. Os homens e as mulheres procuram amor, romance e paixão.

O valor de uma mulher para um homem é basicamente quem ela é e o amor que tem para compartilhar. Ele gosta de todas as formas de apoio que ela pode oferecer, mas a verdadeira carência é a do seu amor. Não é apenas sexo. Conforme o relacionamento progride, o sexo se transforma numa maneira de a mulher comunicar o amor que sente por ele, mas com certeza não é a única.

O sexo é para os homens o que o casamento é para as mulheres. É a maior recompensa do amor. Achar que os homens só querem sexo é como dizer que as mulheres só querem casar. Apesar de haver um pouco de verdade nessas afirmações, elas são muito limitadas. Os homens também querem casar, mas essa idéia só aparece mais tarde. Da mesma forma as mulheres querem sexo, só que esse desejo também surge mais tarde.

Quando um homem gosta de uma mulher, embora possa querer ir para a cama com ela, ele também quer a sua companhia. Quando uma mulher gosta de um homem, ela até pode querer casar com ele, mas também tem prazer simplesmente estando com ele. Ela não está fingindo felicidade para conseguir casar. Ao mesmo tempo não é errado ter esperança de casar com ele. E o homem também não erra se espera ter uma relação sexual com ela.

Se saem para jantar, ele não se sente obrigado a casar com ela. Da mesma forma, a mulher não devia achar que tem a obrigação de fazer sexo simplesmente por ele ter pago o jantar. Ela não deve nada além de um sorriso e um obrigada. O grande erro é a mulher pensar que é obrigada a retribuir uma gentileza amorosa de um homem com sexo.

> O homem não se sente obrigado a casar depois de sair com uma mulher; por que a mulher deve sentir que é obrigada a ir para a cama com ele?

Se o sexo não está disponível e um homem gosta de uma mulher, ele continuará querendo sair com ela para partilhar momentos agradáveis juntos. Ele quer dar e receber afeto, não só porque ela vai dar-lhe algo depois. Ele pode estar até esperando isso, mas essa não é a única motivação. Ao dizerem não para a gratificação sexual imediata, homens e mulheres têm a chance de vivenciar a verdadeira razão de serem atraídos um pelo outro: a necessidade de amar.

Infelizmente para o homem, se ele não tem o sexo, é capaz de achar que é o único no mundo. Além da pressão cultural de conseguir fazer sexo sem demora, os homens também sofrem a pressão hormonal. As mulheres começam a sentir uma necessidade maior de sexo depois dos trinta e sete anos. É claro que gostam de sexo antes disso, mas por volta dos trinta e sete anos elas podem ficar como um rapaz bem jovem que quer sexo o tempo todo. Ironicamente, depois dos trinta e sete anos o ímpeto sexual do homem diminui. Enquanto os níveis de testosterona da mulher aumentam, os dele começam a cair um pouco.

> Enquanto os níveis de testosterona do homem começam a diminuir, aos trinta e sete anos o ímpeto sexual da mulher começa a aumentar.

Para um homem sempre parece que todo mundo faz sexo o tempo todo, por isso, se ele não tem, quer saber por quê. É duro para o ego o fato de uma mulher não corresponder às suas esperanças sexuais. Ao mesmo tempo, ela não é responsável. Ele precisa descobrir seu próprio valor sem depender dos favores sexuais de uma mulher.

Mas a maneira como a mulher rejeita o homem pode tornar tudo mais fácil para ele. A indicação clara da parte dela de que está saindo com outros homens pode facilitar a aceitação dele. Ele compreenderá que ela não quer magoar outra pessoa. Se ela já está saindo com outro, ele pode salvar as aparências. Quando o caso é esse, em vez de achar que é um fracasso, e se gostar mesmo dela, ele vai considerar um desafio agradável poder tornar-se o único.

9
À ESPERA DE UM TERREMOTO

Algumas mulheres afastam o amor de suas vidas esperando paixão logo no início de um relacionamento. Se não sentem a terra tremer, então não se interessam pelo relacionamento. Só investem numa relação quando sentem o fogo da paixão. Quando uma mulher não se permite sentir a perda, diminui sua capacidade de sentir. Ela tem necessidade de sentir, mas acredita erroneamente que o homem certo resolverá isso. Não percebe que o sentimento que falta está reprimido dentro dela. Já que não consegue sentir a própria paixão, espera que um homem acenda essa paixão romântica.

> Quando uma mulher não se permite sentir
> sua perda, sua capacidade de sentir diminui.

Para a mulher que não trabalha seus sentimentos reprimidos, sair com um homem simpático que se interessa por ela não é muito atraente. Ela precisa ter o "relacionamento de risco" para sentir-se viva. Deve haver alguma tensão dramática para ela manter contato com seus sentimentos. Quando existe perigo, ela desperta. Esse perigo poderia ser físico, mas é emocional. Ela vive a possibilidade de perder o amor dele.

> Algumas mulheres precisam ter o "relacionamento
> de risco" para sentir que estão vivas.

Além de um sintoma de sentimentos reprimidos, essa sede excessiva de romance e paixão também é alimentada pelo cinema e pela televisão. Se os astros preferidos de uma mulher vivem uma paixão imediata, por que ela também não pode ter isso? Se funciona nos filmes, por que não funcionaria na vida real? As mulheres que dependem do homem para despertar sua paixão pela vida vão continuar decepcionadas. Talvez as mulheres nos filmes se animem de imediato, mas, no mundo real, é preciso tempo e comunicação amorosa. Na vida real as mulheres que encontram o amor duradouro não se excitam no primeiro instante. A paixão que acabam sentindo leva tempo para se desenvolver.

> Na vida real a mulher leva tempo para desenvolver e vivenciar a paixão.

Não acontece a mesma coisa com os homens. O homem pode sentir a paixão sexual logo no início. Os homens "são ligados" de maneira diferente. Primeiro sentem a atração sexual que aos poucos se transforma em afeição e depois em interesse. As mulheres sentem interesse primeiro, depois atração sexual. A "ligação" das mulheres acontece primeiro em sua mente.

Quando a mulher sente atração sexual logo no início é um sinal claro de que está imaginando que já conhece aquele homem. Quando de fato o conhece, depois de um tempo, e verifica que ele não é quem ela pensava que fosse, fica decepcionada. Se a mulher sente atração sexual no primeiro momento, é um sinal de alarme.

> Ao recomeçar, se a mulher conhece um homem que desperta sua paixão, ela deve correr para longe.

Quando a mulher procura a paixão, vive num mundo de decepções. Os únicos homens que provocam essa paixão nela representam algum perigo. Como o alpinista que precisa do perigo, o piloto de corrida que precisa da velocidade, o alcoólatra que precisa da bebida, essa mulher precisa de um homem perigoso. Sente atração automática por homens que podem magoá-la de uma forma ou de outra.

10
FILMES VERSUS VIDA REAL

Algumas mulheres afastam o amor de suas vidas quando se apegam a expectativas irreais. Essa tendência é muito estimulada por Hollywood. A grande diferença entre os filmes e a vida real é que não temos em casa roteiristas profissionais trabalhando meses a fio para ajudar-nos a dizer a coisa certa. Nossos parceiros não são atores profissionais, capazes de articular frases perfeitas, com sensibilidade e expressão perfeitas. Não usufruímos do luxo de várias "tomadas" e da iluminação perfeita. Na vida real esses escritores e atores jamais reagiriam como fazem nos filmes.

> Nossos parceiros não são atores profissionais, capazes de articular frases perfeitas, com estilo perfeito, no momento perfeito.

Além de os roteiros e personagens serem irreais, as circunstâncias são exageradas e coreografadas para criar o máximo de tensão, o que inevitavelmente resulta em clímax e desempenho passionais. Nos filmes há um "crescendo" nos acontecimentos que não existe na vida real.

Depois de provar o doce êxtase da paixão nos cinemas, nós dizemos: "Eu quero isso." Voltamos para casa e mais uma vez nos vemos cercados pelas inúmeras tarefas comuns do dia-a-dia. De repente a mágica desaparece. Olhamos para nosso parceiro e vemos o de sempre. Desejamos a magia que sentimos assistindo ao filme.

> Em casa não há batalhas, nenhum grande herói, nada de pragas ou curas milagrosas para evocar sentimentos apaixonados de amor.

Os filmes não são reais, mas o que sentimos no cinema é. É possível sentir aquela paixão. Se não, apenas daríamos risada. Temos aquela paixão em nossos corações. Ela só fica esperando acontecer. Os filmes podem ajudar a descobrir o que nos falta, mas não ensinam como encontrar a paixão no dia-a-dia. Se queremos encontrar essa paixão, temos de aprender a curar nosso coração e recuperar a capacidade de sentir e de amar integralmente. Além disso, precisamos de tempo para aprender novas artes de relacionamento para criar o romance.

11
ATRAINDO O PARCEIRO ERRADO

Muitas vezes a mulher tem um envolvimento com um homem e as amigas dizem "Cuidado". No entanto ela ignora os sinais óbvios de que ele não estará lá quando ela precisar. Em vez de partir para outra, ela deseja conquistar seu amor. Dessa forma está se expondo à possibilidade de ser magoada. Como depende de sua dose de paixão, não tem atração pelo homem que de fato se interessa por ela e a respeita.

Essa tendência de sentir atração por alguém que não é capaz de dar o que queremos é resultado direto do envolvimento precoce. Se damos um tempo para a cura de nosso coração, automaticamente sentimos atração por parceiros que se aproximam mais do que queremos e daquilo de que precisamos. Quando continuamos presos à mágoa, tendemos a atrair ou a sermos atraídos por pessoas que vão nos magoar outra vez. Esse princípio de atração é verdadeiro tanto para homens quanto para mulheres.

> Quando continuamos presos à mágoa,
> atraímos ou somos atraídos por pessoas
> que vão nos magoar outra vez.

Fugindo de nossos sentimentos não resolvidos seremos atraídos por situações e pessoas que provocarão mais uma vez as emoções que não resolvemos. Se ainda sentimos mágoa, então podemos procurar alguém que vai nos magoar de novo. Apesar de ser a pessoa errada, é a pessoa certa para fazer a associação com nossos sentimentos não resolvidos. Se usarmos esse tempo para vivenciar esses sentimentos, vamos nos libertar desse padrão de sofrer a mesma mágoa inúmeras vezes. Quando curamos nossa mágoa, paramos de sentir atração pelos parceiros errados.

12
ROMANTISMO EXAGERADO

Algumas mulheres afastam o amor com um romantismo exagerado. Elas lêem livros românticos, assistem a filmes e novelas românticas e depois esperam vivenciar esse tipo de romance na vida real. Esperam que o homem seja perfeito.

....
A menos que as expectativas de uma mulher voltem para a terra, nenhum homem real será capaz de satisfazer suas esperanças e fantasias românticas.
....

Essas mulheres não fazem por menos. Querem que o homem seja bom ouvinte, mas que também saiba se abrir e partilhe seus sentimentos. Que seja rico e dedicado ao trabalho, mas tenha bastante tempo para ela e para o romance. Que seja um membro honesto da comunidade, mas que seja também um rebelde. Que seja ousado e goste de assumir riscos, mas tenha os pés no chão e seja seguro. Que tenha muitos interesses e atividades. Que saiba o que quer e não se deixe levar pela opinião dos outros, mas que apóie sempre o que ela realmente quer. Que seja totalmente independente e autônomo, mas que não consiga viver sem o amor dela. Que seja sério nas horas certas, mas brincalhão, espontâneo e divertido em outras. Que seja um homem objetivo e direto, mas que também saiba ser compassivo e sensível. Ele tem de ser tudo de bom numa só pessoa. Quando você ler essa lista, espero que fique claro que esse homem não existe.

O verdadeiro romance existe e é possível. Não resulta do fato de estar com um parceiro que tenha todas essas qualidades maravilhosas. O verdadeiro romance ocorre quando somos capazes de alimentar as necessidades românticas do nosso parceiro. Não requer perfeição nenhuma. Requer, sim, que aprendamos e pratiquemos certas artes românticas. Acima de tudo, é necessário estarmos sempre em contato com nossos sentimentos.

> O romance verdadeiro e duradouro
> não requer perfeição.

Quando a mulher não tem contato com seus sentimentos, ou os sentimentos de um relacionamento passado não foram resolvidos, não importa o que o parceiro faça. Nada será suficiente. Sentimentos antigos não resolvidos provocam insatisfação em homens e mulheres. Em vez de querer o que é possível, exigimos dos nossos parceiros coisas irreais e acabamos decepcionados.

Não há nada de errado em querer mais de um relacionamento. Mas precisamos também ficar satisfeitos com o que recebemos. Se não nos sentimos gratos pelo que recebemos, é porque ainda estamos reprimindo sentimentos não resolvidos. Quando nosso coração está aberto, somos capazes de amar, de apreciar o que temos e de sempre desejar mais. Desejar mais só se transforma num problema quando o que esperamos e queremos é impossível e irreal.

13
MULHER PROCURA HOMEM SENSÍVEL

As mulheres também podem afastar o amor de suas vidas exigindo que o homem seja mais feminino. O canto do acasalamento dos últimos trinta anos de muitas mulheres tem sido "Mulher procura homem sensível". Mas quando conseguem um, nunca é suficiente. Tenho ouvido repetidamente mulheres afirmando que querem um homem que lide com seus sentimentos, mas depois, quando encontram um, ficam insatisfeitas. Também conheci e trabalhei com muitos homens furiosos que dizem ser tudo o que uma mulher supostamente quer, mas que são rejeitados e trocados por algum "cara durão".

Quando uma mulher consegue ter um relacionamento com um homem "sensível", em geral reclama que ele é sensível demais. Isso não significa que não o ama, é apenas um problema menor. Normalmente ela acha que tem de tratá-lo como um filho ou caminhar sobre ovos quando está perto dele. E acaba desanimada com as carências dele.

Não há nada de errado com o homem sensível. Ele só precisa aprender a administrar sua sensibilidade de forma a permitir que a mulher consiga aquilo de que necessita. Por sua vez a mulher tem de aprender como atingir os próprios sentimentos sem depender dele.

....

Quando uma mulher deseja a suavidade num homem, na verdade é a própria suavidade que está procurando.

....

Se uma mulher não está em dia com seus sentimentos, vai desejar um homem que esteja. Ela erroneamente acredita que se ele puder se abrir, ela também poderá, e farão a conexão. Infelizmente essa dependência é doentia. Na verdade ela não vai se abrir. Quanto mais ele se desnudar, mais ela vai sentir que é responsável por ele. Ela acha que não há espaço para ser ela mesma no relacionamento.

Quando um casal chega para o aconselhamento e a mulher reclama que o marido não se abre, o verdadeiro problema é que ela não se sente segura para se abrir. A solução para este problema dos dois não é ajudar o homem a ser mais expansivo, e sim ajudá-lo a respeitar os sentimentos dela para que ela possa se abrir.

Certamente o homem também pode beneficiar-se desnudando seus sentimentos. Na cura de um relacionamento o primeiro passo é criar a segurança para a mulher poder sentir e partilhar suas emoções. Sem isso, não importa o que o homem faça, nunca será suficiente para ela. Tudo bem se o homem é sensível, mas ele também tem de ser forte. Tem de ser capaz de pôr seus sentimentos de lado quando a companheira precisar que ele ouça e fique a seu lado.

....
Quando a mulher não se sente segura para expressar seus sentimentos, não importa o que o homem faça, nunca será suficiente para ela.
....

Muitas mulheres reclamam que acham que seus maridos são de Vênus. A mulher diz que o marido quer falar o tempo todo, e que ela não tem tempo, nem se interessa. Ele quer trabalhar o relacionamento dos dois, e ela só quer escapar. Ele sempre quer partilhar sentimentos, e ela quer apenas resolver a questão. Esse tipo de inversão de papéis cria uma série própria de problemas, mas no fim das contas a solução é encontrar o equilíbrio.

Esse homem continua sendo de Marte. Só que simplesmente nunca viu um homem bem-sucedido que dê para a mulher aquilo de que ela precisa. Aprendendo primeiro a ouvir e a não discutir o tempo todo, ele começa a descobrir seu poder masculino, que fará sua parceira sentir-se mais feminina. Embora isso seja difícil no começo, enquanto aprimora sua habilidade de "conter os sentimentos", ele descobre novo poder e força.

> Sabendo ouvir e contendo seus sentimentos, o homem pode incrementar seu poder masculino para fazer a parceira sentir-se mais feminina.

Para um relacionamento prosperar, a mulher precisa de apoio para sentir-se feminina. A sociedade já está condicionando as mulheres a serem iguais aos homens. Quando uma mulher chega em casa do trabalho, ou depois de um longo dia cuidando da família sozinha, ela precisa de algum apoio para voltar a sentir sua feminilidade. Não existe nada mais importante, em tudo que se faz para a mulher sentir-se feminina, do que estar a seu lado, como alguém que se importa, e alguém que sabe ouvir e compreender o que ela está passando.

Encontrar um homem sensível não é necessariamente o remédio para esse problema. O que uma mulher precisa hoje num relacionamento é de um homem que respeite seus sentimentos. Em vez de ser sensível, ele deve ser sensível *aos* sentimentos dela. O canto de acasalamento dos próximos trinta anos deveria ser "Mulher procura homem respeitoso".

14
CONCENTRADA NO LADO NEGATIVO

Outra forma comum de as mulheres afastarem o amor de suas vidas é quando se concentram no lado negativo das coisas. Depois de um divórcio ou uma separação traumática, a mulher pode colecionar uma variedade de motivos e histórias para justificar o fato de não se envolver novamente. Desde que ninguém mais tenha um relacionamento amoroso feliz, ela não está mesmo perdendo nada. Consolada por esses "fatos", não precisa enfrentar seu medo de ser magoada de novo.

Se cinqüenta por cento das pessoas que casam todo ano se divorciam, ela raciocina, então não pode ser tão bom assim. Os homens também podem ser vítimas desse comportamento. Apesar de a estatística ser verdadeira, não leva em conta os milhões de casais que continuam casados e felizes e os milhares que casam todos os dias e que serão felizes para sempre. O argumento contra o casamento não se sustenta quando é bem examinado. Se cinqüenta por cento das pessoas fossem ricas, você não desistiria de tentar ganhar dinheiro.

....
As chances de sucesso no casamento na verdade são muito boas — imagine se cinqüenta por cento das pessoas que vão para Las Vegas ganhassem nos caça-níqueis.
....

Se não estivermos dispostos a curar nossos sentimentos negativos em relação a antigos parceiros e relacionamentos, poderemos ter uma atitude negativa quanto ao sexo oposto. Nesse caso, a mulher pode aproveitar as histórias que corroboram sua crença de que não se pode confiar em homem nenhum e que é melhor viver sem eles. O homem tende a raciocinar que as mulheres nunca estão satisfeitas. Nenhuma dessas atitudes é correta, nem leva ninguém a encontrar o amor de sua vida.

Quanto mais histórias de vítimas essas mulheres e esses homens ouvirem e contarem, melhor vão se sentir. Se uma mulher não está diretamente tratando de sua mágoa, ela começa a se alimentar dessa negatividade. Ironicamente, ao concentrar-se no lado negativo, ela de fato encontra alívio, mas é temporário. A negatividade na verdade está encobrindo a dor de sua solidão. Para descobrir o alívio real e duradouro, ela precisa curar as feridas que ainda carrega no coração.

Participar de um grupo de apoio sempre ajuda, mas essa pessoa pode simplesmente usar o grupo para continuar presa em sua negatividade. Em geral o benefício é maior se trabalhar individualmente com um terapeuta ou se praticar exercícios de auto-ajuda. Além disso, é útil se expor a histórias positivas sobre relacionamentos, e evitar programas de entrevistas que se concentram no que há de pior nos relacionamentos. Esse tipo de programa pode reforçar o mau hábito de concentrar-se no lado negativo de tudo.

15
QUEM PRECISA DE UM HOMEM?

Quando a mulher espera tempo demais para envolver-se novamente com alguém, ela pode ficar auto-suficiente e afastar o amor sem saber. Não se dando permissão para precisar ou depender dos outros, ela fecha a porta para ofertas de amor e de apoio. Muitas vezes tem medo de parecer carente demais, por isso compensa, não precisando de ninguém. Mentalmente ela associa o fato de precisar dos outros com fraqueza. Para poder se abrir para o amor, a mulher precisa saber receber o apoio de outras pessoas.

Os homens também são vulneráveis a esse padrão de comportamento, mas não tanto quanto as mulheres. O homem sente muito mais que a mulher a necessidade do amor do sexo oposto. Quando a mulher consegue satisfazer suas necessidades concretas sem depender de um homem, ela conclui que não vale a pena encontrar um companheiro. Então afirma que na verdade não precisa de um homem.

....
O homem sente muito mais que a mulher
a necessidade do amor do sexo oposto.
....

O homem sente a necessidade de sexo e retorna instintivamente ao processo de paquera e namoro. Quando sente atração sexual por uma mulher, começa a abrir seu coração e sente a necessidade do amor. As mulheres, por outro lado, em geral não sentem a pressão da atração sexual, a menos que abram seu coração primeiro. A necessidade de sexo não abre seus corações automaticamente. Para as mulheres é importante comunicar seus sentimentos para manter contato com sua receptividade. Os sentimentos de receptividade incluem confiança, aceitação e apreço. Quando uma mulher nega sua necessidade de amor, perde contato com esses sentimentos de receptividade e aos poucos vai ficando mais rígida e impermeável ao apoio dos outros. Ela pode nem perceber, mas está enviando uma mensagem bem clara: "Eu sou forte. Não preciso de ajuda." Além de ficar sozinha, ela realmente perde contato com sua capacidade de aproveitar a vida integralmente.

Para um homem sentir atração por uma mulher, ele tem de achar que tem alguma importância para ela. Quando a mulher se desliga de seus sentimentos receptivos negando suas carências, não sobra nada para atrair o desejo de um homem de estar ao lado dela. Os sentimentos receptivos que atraem um homem são confiança, aceitação e apreço. Se a mulher nega suas carências, a informação que transmite é que não é receptiva.

....
Os sentimentos receptivos que atraem um homem são confiança, aceitação e apreço.
....

Além de afastar o apoio do homem ela também afasta o apoio de qualquer pessoa. Quando alguém oferece apoio emocional, ela imediatamente rejeita, agindo como se não fosse importante ou necessário. Ironicamente, na maioria das vezes, ela fica feliz dando apoio a outras pessoas. O problema dela é receber. Se ela não concentrar seus esforços em sentir e curar sua mágoa depois de uma perda, vai negar suas carências para evitar a dor dessa perda e será cada vez mais difícil receber amor. Toda vez que ela der um passo na direção da atitude receptiva, começará a sentir sua mágoa não resolvida.

Se a necessidade de amor causa dor, ela simplesmente deixa de precisar de amor para eliminar o sofrimento. Em vez de contar com o apoio dos outros ou com a esperança de obter esse apoio, ela cuidará sozinha de todas as suas carências. Se mudar e sentir a necessidade de amor outra vez, será forçada a sentir também a mágoa não resolvida. Nesse estágio, receber amor será doloroso, porque trará de volta a mágoa não resolvida.

> **Se a necessidade de amor causa dor, a mulher simplesmente deixa de precisar de amor para eliminar o sofrimento.**

Para escapar desse padrão negativo, a mulher tem de reconhecer que o amor não significa dor. Precisa associar sua dor com o passado e começar a tratá-la. Deve procurar um terapeuta para curar sua perda. Terá de lembrar em que ponto de sua infância precisou muito de amor e de apoio e não recebeu. Quando uma mulher adulta tem dificuldade de confiar, a origem desse problema está sempre nos episódios da infância.

Se ela for auto-suficiente demais para procurar um terapeuta, pode começar a usar os processos de auto-ajuda, até conquistar abertura para receber ajuda da terapia. Pelo fato de consultar um terapeuta ela estará afirmando que precisa de ajuda. Quando começar a confiar e a apreciar os benefícios da terapia, também começará a abrir seu coração de novo.

Certamente não há nada de errado em ser verdadeiramente auto-suficiente, mas existem alguns perigos. Tradicionalmente as mulheres dependem do homem quanto à proteção e ao apoio financeiro e físico. À medida que elas se tornam mais auto-suficientes financeira e fisicamente, muitas vezes chegam a uma encruzilhada. Não precisam mais do homem para esse tipo de apoio, por isso ficam imaginando para que precisariam de um homem.

> **Algumas mulheres chegam a uma encruzilhada. Não precisam mais do apoio financeiro de um homem e acham que não precisam dele para nada.**

Se não descobrem por que precisam de um homem, essas mulheres fecham a porta para o apoio que ele oferece. Se fosse realmente verdade que não precisam mais de um homem, isso não seria nenhuma tragédia. Na realidade, quanto mais a mulher se torna auto-suficiente financeira e fisicamente, mais ela sente a necessidade do apoio emocional de um homem. Quanto mais bem-sucedida ela for, maior será a carência de companheirismo para poder receber apoio e conforto emocional.

Reconhecer isso costuma ser um grande desafio. Depois de lutar para não precisar do sustento financeiro de um homem, ela descobre que precisa do apoio emocional dele. Como isso não combina com a imagem que tem dela mesma, esconde essa parte dentro de um armário. Explorar seus sentimentos com um grupo também pode ajudá-la a encontrar essa parte que precisa de apoio. Ver outras mulheres se expondo e recebendo apoio pode estimulá-la a fazer a mesma coisa.

16
MULHERES QUE FAZEM DEMAIS

Muitas mulheres afastam o amor assumindo muito trabalho. Ficam tão sobrecarregadas com as necessidades dos outros que não têm tempo para sentir ou satisfazer as próprias necessidades. Ficam constrangidas de pedir o que querem e também não conseguem dizer não aos pedidos dos outros. Sentem-se demasiadamente responsáveis pelos outros e ao mesmo tempo não deixam ninguém satisfazer as suas necessidades.

Fazer demais é frustrante, mas tem suas compensações emocionais. Primeiro, se a mulher está sempre muito ocupada, ela pode dizer não para os outros quando necessário, sem sensação de culpa. Segundo, se ela já está fazendo tudo que pode, então tem mais direito de pedir ajuda. E terceiro, enquanto está ocupada demais para satisfazer as próprias necessidades, ela não precisa sentir a dor da solidão e da mágoa.

A mulher consegue evitar a própria dor cuidando da dor dos outros. Certamente é bom ajudar os outros, mas ela também precisa encontrar tempo para receber o apoio de que precisa. Trabalhando demais perde contato com ela mesma e com suas carências. Partilhar seus sentimentos vai ajudá-la a se ver e a sentir aquilo de que precisa.

> Trabalhando demais a mulher perde contato
> com ela mesma e com suas carências.

A mulher que faz coisas demais muitas vezes resiste ao conselho de partilhar seus sentimentos. Diz que está ocupada demais para falar do que sente. Sempre falta tempo para ela. Esse problema persistirá até ela reconhecer que é um problema. Que precisa de um tempo só para ela, para cuidar das próprias carências, e depois criar tempo para explorar sua dor. O ideal seria que ela consultasse um terapeuta para falar dos sentimentos que surgem.

Ela se ocupa a maior parte do tempo, mas por dentro é muito solitária. Ela dá, mas não recebe aquilo de que necessita em troca. E o que é mais importante, ela não está dando nada para ela mesma. Quando uma mulher se dedica aos outros mas não tem apoio na vida, acaba ficando deprimida.

Dedicação exagerada acaba causando depressão.

A maior causa de depressão para as mulheres é a sensação de isolamento. Quanto mais a mulher empurra o amor para longe, mais isolada se sente. Com o tempo sua capacidade de sentir amor, alegria, apreço e confiança diminui. Para evitar a depressão, primeiro a mulher precisa ser ouvida. Quando alguém ouve sua dor, sua sensação de isolamento acaba e os sentimentos amorosos e positivos têm chance de voltar.

Quando a mulher faz demais, ela conhece a dor dos outros, mas ninguém conhece a dela. Ela não tem ninguém. Apesar da capacidade de saber do que os outros precisam, não consegue pedir aquilo de que ela necessita. As pessoas simplesmente concluem que ela é forte e que não precisa de ajuda, ou então que já tem essa ajuda. Assumindo responsabilidades demais, ela fica sobrecarregada cuidando dos detalhes da vida. Há trabalho demais para fazer e ela sente que não consegue fazer tudo sozinha.

A mulher que faz coisas demais conhece a dor dos outros, mas ninguém conhece a sua.

Em geral, quando o homem fica deprimido, isso fica muito claro. Ele não tem energia para fazer nada. Não tem motivação para nada e fica apático. No fundo, a causa de sua depressão é sentir que ninguém precisa dele. A mulher, por sua vez, fica deprimida quando não consegue aquilo de que precisa. À medida que a depressão se instala, ela adquire uma consciência muito forte das necessidades dos outros. Em vez de ficar desmotivada, a sua motivação aumenta e sente até uma obrigação de ajudar os outros.

Ela acha que tem de fazer as coisas porque ninguém mais faz. Se criar tempo para um relacionamento, será com um homem carente que também sofre de um certo grau de depressão e por isso é incapaz de apoiá-la.

Se ele ainda não está deprimido, ficará, vivendo com ela. O homem não progride se não sentir que a mulher sabe apreciar o que ele tem para oferecer. A mulher que faz demais pode minar a força e o poder de um homem. Da mesma forma, um homem deprimido que não tem nada para oferecer pode levar uma mulher a fazer demais.

....
Quando a mulher trabalha demais, pode destruir o poder de um homem.
....

Mulheres estressadas pela vida tendem a fazer cada vez mais. Homens estressados pela vida tendem a ter cada vez menos energia para fazer as coisas. Um homem estressado pode ter energia no trabalho, mas quando volta para casa não sobra nada. Ele se afunda no sofá, sem energia nem motivação.

A mulher estressada pela lida da vida costuma chegar em casa e achar que milhões de coisas precisam ser feitas. Ela não consegue relaxar mentalmente, nem esquecer de suas preocupações. Quanto mais se concentra nos afazeres e não nos sentimentos, mais sente a compulsão de fazer mais, limpar mais, ajudar mais e de se preocupar mais. Com o tempo, sua energia acaba e ela fica completamente exaurida.

APRENDENDO A FAZER MENOS

Esta certamente é uma área em que homens e mulheres são bem diferentes. Existem poucos homens que precisam aprender a fazer menos. Para fazer menos a mulher precisa de treino. A mulher pode aprender a fazer menos, mas isso não acontece de uma vez. São necessários quatro estágios.

No primeiro estágio ela tem de falar de seus sentimentos, conversar sobre sua dor. Precisa reclamar. Ao se abrir e partilhar tudo que está fazendo, estará associando a sensação de exaustão com a necessidade de fazer menos. Essa partilha vai capacitá-la a sentir o alívio de não ter de carregar seu fardo completamente sozinha. Comunicar seus sentimentos com o tempo acaba ajudando a relaxar e a fazer menos.

No segundo estágio ela precisa fazer mais por ela mesma deliberadamente, como uma massagem, consultar um terapeuta, fazer compras pessoais ou tirar umas férias. Além de se dar uma chance de relaxar e de aproveitar a vida, também é necessário aprender que o mundo continua girando sem ela. O céu não desaba quando aquelas coisas que "precisam" ser feitas não são feitas.

Às vezes a mulher rejeita esse conselho dizendo: "É, mas se eu tirar um tempo só para mim, terei mais trabalho ainda à minha espera quando voltar." Isso certamente é verdade. Mesmo assim, ela deve tirar umas férias. Com o tempo vai acabar vendo que é ela que cria as urgências e depois descobrirá como fazer para mudar as coisas.

No terceiro estágio ela tem de começar a aprender a arte de pedir ajuda. Depois da preparação para esse estágio, ela já tem mais capacidade de saber do que precisa e pode começar a pedir apoio. Sem essa preparação ela nem saberá o que pedir.

Na verdade, dedicar um tempo só para ela (segundo estágio), vai forçá-la a pedir ajuda. Sem esse tempo não sentiria necessidade de socorro. Para ela é mais difícil pedir ou depender dos outros do que fazer tudo ela mesma. A arte de pedir apoio é descrita em detalhes no Capítulo 12 de *Homens são de Marte, mulheres são de Vênus*.

No quarto estágio, ela pode começar a dizer não com carinho para as carências e os pedidos dos outros. Um dos maiores obstáculos que as mulheres enfrentam no que se refere a fazer menos é não saberem dizer não com amor, gentilmente. É claro que elas dizem não, mas não sabem como fazer isso tranqüilamente e sem problemas. Aprendendo a pedir apoio, ela acabará podendo dizer não para os outros sem constrangimento. Praticando deliberadamente a arte de dizer não, tudo fica mais fácil. Só precisa dizer "Sinto muito, não posso". Se continuar constrangida dizendo não e se continuar fazendo demais, ela precisará analisar seus sentimentos mais a fundo para criar uma mudança.

A resistência da mulher em dizer não muitas vezes nasce de sentimentos não resolvidos por alguém que disse não para suas necessidades. Já que conhece a dor da rejeição de suas carências, não suporta rejeitar a dor dos outros. Se foi abandonada, não vai querer abandonar ninguém. Para modificar esse comportamento, ela terá de curar a mágoa não resolvida do passado.

Como os sentimentos do passado não foram resolvidos, ela terá dificuldade para dizer não e para pedir mais. Vai evitar pedir porque não quer sentir a mágoa de negarem aquilo de que ela precisa. Terá dificuldade para dizer não por não querer magoar outra pessoa.

....

Como a dor do passado não foi resolvida, ela será sensível demais à dor dos outros.

....

Em vez de sentir sua dor associada à necessidade de ajuda que lhe foi negada, ela prefere fazer tudo sozinha. Enquanto sua dor permanecer sem cura, o medo de ser magoada ou de causar mágoa fará com que não consiga pedir apoio nem possa dizer não com tranqüilidade. Ela vai assumir uma responsabilidade irreal pelas necessidades dos outros a ponto de não ter tempo nenhum para relaxar.

Para curar seu passado, a mulher precisa lembrar dos momentos em que suas necessidades foram ignoradas, negadas ou ficaram insatisfeitas. Dedicando um tempo para explorar seus sentimentos, ela será capaz de sentir a devida raiva e de culpar alguém, para depois praticar o perdão. Mas deve tomar cuidado para não conceder o perdão e ser compreensiva antes disso.

Uma atitude compreensiva e compassiva às vezes pode ser uma forma fácil de evitar a dolorosa verdade de nossa mágoa e sofrimento. Não é incomum reprimir nossos sentimentos dizendo "Tudo bem. Não faz mal, eu compreendo". Por outro lado, essas são poderosas afirmações de cura.

....
Uma atitude compreensiva e compassiva às vezes pode ser uma forma fácil de evitar a dolorosa verdade de nossa mágoa e sofrimento.
....

Quando a mulher é altruísta demais, isso significa que foi magoada por alguém no passado, alguém que era egoísta demais, carente, exigente ou simplesmente irresponsável. Para desenvolver um senso saudável de responsabilidade, ela precisa sentir sua raiva e perdoar. Tem de sentir pesar por não ter recebido o que queria, mas também tem de reconhecer que não foi responsabilidade dela.

Se não curar esse tipo de comportamento, ela poderá continuar sozinha e sem apoio, pensando que se não existe tempo para ela, não haverá tempo para um homem em sua vida.

Se a mulher apresenta essa tendência no fim de um relacionamento, é porque já estava lá desde a infância. Pode comprometer seu desejo de ter intimidade com alguém outra vez. Se no relacionamento anterior não tinha tempo para ela mesma, não consegue ver que um relacionamento pode ser muito amoroso e estimulante. A menos que tenha uma imagem mais positiva do que é possível, pode resolver nunca mais se envolver.

17
CUIDANDO DOS OUTROS

Um modo bastante comum de as mulheres evitarem as oportunidades de encontrar o amor é estar sempre servindo aos mais necessitados. Servir aos outros é uma boa coisa, mas também pode ser uma forma de evitar as próprias necessidades. É difícil sentir pena de nós mesmos quando os outros têm problemas muito maiores que os nossos.

Não estou sugerindo que a mulher deva sentir pena dela mesma, mas é preciso dedicar um tempo à dor da perda. Quando a mulher não tem segurança para partilhar seus sentimentos, começa a sentir pena de si mesma. Para evitar o mergulho nas profundezas da autopiedade, ela ajuda os outros. É bom ajudar os outros, mas não se com isso ela está evitando o próprio processo de cura.

Para evitar o mergulho nas profundezas da autopiedade, a mulher procura ajudar os outros.

De fato é muito útil um homem ferido ajudar pessoas necessitadas. Isso pode ajudá-lo a sentir a própria dor e a tomar alguma providência. Quanto mais um homem sente que precisam dele, melhor ele consegue superar e curar sua dor pessoal. Vivenciando a dor dos outros, o homem tem um contato maior com seus próprios sentimentos e carências. O resultado é que adquire poder para resolver seu problema.

No caso das mulheres acontece o oposto. As mulheres se perdem com facilidade atendendo às necessidades dos outros. A mulher que vive o processo de cura do coração precisa tomar muito cuidado para não assumir novas responsabilidades. Precisa de um tempo para sentir suas carências e satisfazê-las. Senão, jamais poderá curar sua mágoa e dependerá sempre do cuidado com os outros para escapar de sua dor.

O DESEJO DE TER FILHOS

Quando a mulher se sente impotente para conseguir o amor de que precisa, pode sentir um desejo prematuro de ter filhos. Assim como as mulheres que dependem demais do amor dos filhos, ela vai querer tê-los. É muito fácil receber amor de uma criança. Em vez de enfrentar a responsabilidade de criar um relacionamento adulto, ela busca o amor dos filhos. A idéia de ter filhos dá a segurança de poder e de realmente ser amada. Essa mesma carência pode ser satisfeita de um modo mais saudável, cuidando de um animal de estimação. Ela pode criar um animal sem sentir a pressão dos cuidados que se tem com uma criança.

Isso não quer dizer que o desejo de ter filhos existe sempre por esse motivo. Se ela é jovem, solteira e quer filhos, pode significar que está evitando a intimidade procurando o amor das crianças sem ter de enfrentar os desafios de um relacionamento. Ter filhos antes de curar o coração, além de impedir que a mulher conquiste o amor de que precisa, também não é justo para com os filhos.

Em vez de buscar o amor dos filhos, ela tem de aprender a conquistar o amor dos amigos, da família e depois de um companheiro. Quando tiver plenos relacionamentos adultos, então estará pronta para transbordar com o amor incondicional. Estará bem preparada para ter os próprios filhos.

18
A MULHER QUE TEM MEDO DA INTIMIDADE

Se tem medo da intimidade, a mulher sentirá atração por um homem que não tem disponibilidade para ela. Bem lá no fundo ela quer amor, mas também tem medo de ser magoada outra vez.
Quando um homem se interessa por ela e fica a seu dispor, seus temores impedem a atração. Ela não pensa conscientemente "Tudo bem, não quero me envolver, então vou encontrar motivos para não querer estar com essa pessoa". Acontece automaticamente. De repente, quando se aproxima, fica excessivamente crítica e seletiva por causa do medo.
Se ela está com um homem inacessível, sente que é seguro amá-lo. Todos os seus sentimentos amorosos acumulados afloram. Ironicamente, se o homem não disponível fica livre, a atração que ela sente pode desaparecer de repente. Assim que ele se torna acessível, os medos aparecem e ela o rejeita.
Esse medo da intimidade pode ser curado aos poucos. Em um nível a mulher precisa namorar, mas devagar: ao certificar-se de que não está procurando casamento ou um parceiro sexual, ela começará a curar seus medos em relação à intimidade.
Num outro nível, ela tem de explorar os sentimentos não resolvidos do relacionamento anterior. Enquanto explora e resolve seus sentimentos, é muito útil, e funciona muito bem, associar os sentimentos a antigas experiências. Voltando no tempo ela será capaz de curar os níveis mais profundos do medo, que normalmente nascem nos momentos em que nossos pais nos magoam, traem ou decepcionam de alguma maneira. Cuidando do medo de ser abandonada e rejeitada, com o tempo a mulher acabará sentindo atração por homens acessíveis.

19
MEUS FILHOS PRECISAM DE MIM

A mulher afasta o amor dando prioridade às necessidades dos filhos em relação às dela. Depois de um divórcio ou da morte do marido, a mulher sente necessidade de ser mãe e pai ao mesmo tempo. Ela sabe que uma criança precisa dos dois, por isso compensa e procura dar mais. Esse gesto é nobre, mas impede que ela procure e receba o amor de que precisa de outro adulto.

Se ela sofre por causa da perda, essa tendência natural de se sacrificar pelos filhos fica mais forte ainda. Conforme já foi analisado, a mulher tende a escapar da própria dor satisfazendo as necessidades dos outros. Se não tiver um tempo para curar sua dor, criar os filhos pode ser a saída perfeita para fugir dessa dor.

Concentrada nas necessidades dos filhos, ela consegue evitar ter de enfrentar o medo de procurar amor novamente. Ocupada com o processo de ser mãe e pai, facilmente consegue reprimir as próprias carências de intimidade e amor. Pode sentir-se realizada de ser mãe e pai dos filhos, mas está afastando o amor da sua vida. Isso não é saudável para ela, nem para as crianças.

....
Ocupada com o processo de ser mãe e pai,
a mulher consegue reprimir as próprias
carências de intimidade e amor.
....

Pode parecer que ela está dando mais aos filhos, mas eles acabarão sentindo o peso e a responsabilidade de fazê-la feliz.

Todas as crianças querem fazer a mãe feliz, mas uma mulher adulta tem outras carências que um filho não pode satisfazer.

Tem a necessidade adulta de intimidade, de partilhar, de compreensão, cooperação, companheirismo, afeto, segurança, estímulo e romance. Quando a mulher não assume a responsabilidade de satisfazer essas necessidades de adulto, os filhos automaticamente sentem esse fardo a mais. Começam a sentir a pressão que ela está evitando. Assumem a responsabilidade indevida de satisfazer suas carências de adulto.

....

O que os filhos mais precisam é de uma mãe satisfeita.

....

E quando tentam fazê-la feliz, fracassam. As crianças não podem atender às necessidades de um adulto. Por mais que a mulher ame seus filhos, se não assumir a responsabilidade de buscar a própria satisfação, eles sofrerão e terão uma série de problemas mais tarde na vida.

Em geral, as crianças que sentem responsabilidade demais pela felicidade dos pais se transformam em pessoas conciliadoras, que querem agradar a todos. Quando pequenas tiveram de abdicar de uma parte delas mesmas para agradar à mãe. Esse padrão prevalece na idade adulta. Continuam a fazer sacrifícios demais e mais tarde se ressentem de não terem recebido aquilo de que precisavam. Têm dificuldade de separar as próprias carências das carências dos outros e assim sentem-se mais responsáveis pelos outros do que deviam. O resultado é que acabam dando demais.

....

Filhos de mães insatisfeitas em geral se transformam em pessoas conciliadoras, que querem agradar a todos, dedicadas demais.

....

A criança que sente o peso da responsabilidade cedo demais pode se fechar, vítima dessa pressão. Vai simplesmente para o lado oposto. Em vez de procurar agradar à mãe, ela pára de se importar. Isso é muito grave para a criança, pois ao se desligar da necessidade básica de agradar aos pais, ela perde o rumo na vida. Sem saber o que quer, é facilmente influenciada pelos outros. Essas crianças fazem o que seu grupo faz, e querem o que os outros querem, ou o que vêem na televisão. Não sabem o que querem.

Quando um menininho não consegue fazer sua mãe feliz, ele ficará mais frustrado quando sua companheira estiver infeliz na idade adulta. Em vez de reagir com compaixão, ele reage se defendendo e fica excessivamente frustrado ou revoltado. Não suporta a idéia de não poder satisfazer outra mulher.

A menina pode ficar igual à mãe ou reagir, negando suas necessidades interiores. Não quer sobrecarregar alguém como a mãe fez com ela. Infelizmente essa negação das próprias carências vai frustrar seu companheiro. Ele vai sentir que não consegue fazer contato com ela. Quanto mais tenta, mais ela se afasta. Ela terá dificuldade de pedir o que deseja porque não quer ser um fardo para ninguém. Adotando esse padrão de comportamento, ela será muito dura com ela mesma e com os outros.

O RELACIONAMENTO SAUDÁVEL ENTRE PAIS E FILHOS

O relacionamento saudável entre pais e filhos é o amor incondicional. Os pais dão e os filhos recebem. Quando o amor é incondicional, os filhos sentem que não precisam retribuir. Não são responsáveis pelos pais. Assim a criança aprende a dar, não por ser obrigada, mas porque quer. Desde que os filhos não se sintam responsáveis pelos pais, serão capazes de agradar-lhes de uma forma saudável.

Quando os filhos conseguem agradar aos pais quando pequenos, não crescem querendo agradar a todo mundo o tempo todo. Têm muita consciência de quem são e um desejo saudável de ser útil aos outros.

É normal o pai ou a mãe não estar feliz o tempo todo, ou ficar insatisfeito algum tempo. Desde que não jogue isso em cima do filho, assumindo a responsabilidade das suas carências de adulto, a criança ou o adolescente não sentirá o peso dessa responsabilidade.

Essa análise é importante e ajuda qualquer pai ou mãe que cuida sozinho dos filhos a adequar suas prioridades de forma saudável. Em vez de dar prioridade às necessidades dos filhos, a mãe precisa pôr as próprias necessidades em primeiro lugar, depois as dos filhos. Isso não implica ignorar aquilo de que os filhos precisam, mas fornece ao pai ou à mãe solteiros a sabedoria e a permissão para cuidar das suas necessidades primeiro.

NAMORO E PAIS SOLTEIROS

Quando pais solteiros desejam namorar, muitas vezes se sentem culpados. A mãe acha que devia passar mais tempo com os filhos. Sente que os filhos querem mais e tem a sensação de culpa por estar saindo. O que esses pais e mães solteiros não sabem é que mesmo se continuassem casados, os filhos também iam querer mais.

O papel da criança é querer sempre mais, e o papel do pai ou da mãe é estabelecer limites razoáveis. *Limites razoáveis* significa que os pais devem certificar-se de não estarem sacrificando suas necessidades pelos filhos.

....

Se um pai ou uma mãe não estabelece limites razoáveis, os desejos e as necessidades dos filhos tornam-se excessivos.

....

A criança avança até encontrar o limite. Dar demais ou sacrificar suas necessidades pode parecer amor, mas na verdade não é bom para os filhos. Eventualmente fazemos sacrifícios por amor aos filhos, mas depois temos de equilibrar as coisas e reservar um tempo só para nós. Se a mãe nega as próprias necessidades, o filho jamais conhece um exemplo claro de como estabelecer limites para a própria vida.

Um dos maiores desafios de ser pai ou mãe solteira é estar sempre satisfazendo suas necessidades de adulto. Com essa visão do que os filhos realmente precisam, os pais solteiros podem tomar as decisões certas, para eles e para os filhos.

20
MAS MEUS FILHOS SENTEM CIÚME

Os pais solteiros afastam o amor quando se preocupam demais com o ciúme que os filhos podem ter do novo parceiro ou parceira. Sim, os filhos sentirão ciúme, mas esse não é um bom motivo para evitar o amor. Na verdade é mais uma razão para ter um relacionamento.

Quando o pai ou a mãe se envolve novamente, isso ajuda a criança a enfrentar a própria perda. Também libera os filhos da responsabilidade que sentem pelos pais. Em vez de proteger os filhos do ciúme, o pai ou a mãe solteira precisa se concentrar em ajudá-los a encarar e a superar esse ciúme.

....
Em vez de proteger os filhos do ciúme, os pais solteiros devem concentrar-se em ajudá-los a encarar e a superar esse ciúme.
....

Quando os pais separados têm um envolvimento mais sério, comprometem-se ou casam novamente, costumam proteger os filhos do ciúme minimizando a afeição que sentem pelo novo parceiro na frente deles. Isso pode parecer uma boa idéia, mas não é. Ao contrário, eles devem fazer questão de elogiar o novo companheiro ou companheira.

....
Em vez de minimizar nosso amor ou afeição, devemos deliberadamente expressá-lo na frente dos filhos.
....

As crianças precisam ter motivos para gostar do intruso. Não foram elas que escolheram aquela pessoa. Normalmente os filhos ficam felizes de terem o pai ou a mãe solteira só para eles. Se ouvem, vêem e sentem de diversas formas que aquela pessoa deixa papai ou mamãe muito feliz, eles passam a aceitar e a gostar desse novo parceiro.

> Toda criança acaba gostando de alguém que torna seu pai ou sua mãe feliz.

Quando a criança não gosta de se relacionar com um padrasto ou uma madrasta, é bom criar momentos especiais para estar com ela sem a presença dele ou dela. Assim como um casal que está junto há pouco precisa de tempo só para os dois, os filhos devem sentir que também terão momentos especiais e privados com o pai ou a mãe.

Pais e mães, divorciados ou não, muitas vezes fazem do filho o centro de suas vidas. Para corrigir essa tendência, temos de fazer um esforço especial para priorizar as nossas necessidades como adultos.

ATAQUES E ACESSOS DE RAIVA

Reagindo ao novo parceiro, a criança pode ter ataques e acessos de raiva por ciúme. A mãe ou o pai sensato sabe ouvir com paciência e compaixão, porque compreende o que o filho está sofrendo. Sabe reconhecer que a expressão desses sentimentos é uma adaptação necessária e que vai passar. Algumas crianças são por natureza mais dramáticas do que as outras e manifestam mais claramente a dor que estão sentindo.

Quando a criança não gosta da namorada do pai ou do namorado da mãe, esse pai e essa mãe precisam lembrar que não é nada pessoal. A criança ainda está revoltada com o fato de mamãe e papai terem se divorciado e descarrega essa raiva na outra pessoa. Enquanto essa mágoa, raiva e medo da criança não forem curados, ela pode não gostar de nenhum parceiro que você escolher. Em vez de tentar convencer o filho de que o novo parceiro é simpático, a mãe ou o pai deve concentrar-se mais em ajudar a criança a sentir e expressar sua perda.

....

Em vez de tentar convencer o filho de que o novo parceiro é simpático, a mãe ou o pai deve concentrar-se mais em ajudar a criança a sentir e expressar sua perda.

....

Se o pai ou a mãe tem dificuldade em confirmar a dor do filho, precisa lembrar que não foi uma decisão da criança. Não foi ela que escolheu aquela pessoa. Não tem de amá-la, nem de gostar dela. Quando um estranho entra numa família, ele é um intruso. Representa uma ameaça, alguém que fica entre a criança e o pai ou a mãe.

Em meus workshops para crianças pequenas, testemunhei inúmeras vezes que elas desejam que mamãe e papai se amem, mais que tudo no mundo. Quando desenham as coisas que as deixam felizes, quase sempre são imagens de mamãe e papai juntos. Uma família grande e feliz é o que as deixa mais felizes e seguras.

Quando outra pessoa entra na história, as crianças são forçadas a reconhecer que mamãe e papai não vão mais voltar uma para o outro. São forçadas a enfrentar seus sentimentos de perda. Antes de você levar alguém para casa, seus filhos alimentam a esperança de mamãe e papai voltarem a ficar juntos.

CONTE COM O CIÚME

Quando estamos prontos para ter um novo relacionamento, devemos esperar que nossos filhos fiquem revoltados e ficar agradavelmente surpresos se isso não acontecer. O pai ou a mãe está preparado, mas a criança ainda pode ter sentimentos não resolvidos. Devemos simplesmente esperar o ciúme. Se a criança não trabalhou seus sentimentos de perda, terá ciúme do novo parceiro.

Ajudando nossos filhos a lidarem com o ciúme, estaremos ajudando-os a enfrentar e a lidar com os outros sentimentos de perda. Mágoa, raiva e medo não resolvidos surgem automaticamente. Assim como *nós* precisamos curar a mágoa de nossa perda, eles também precisam encarar seus sentimentos. E se já tivermos enfrentado os nossos, será melhor ainda para eles.

Um filho muitas vezes expressa os sentimentos de todos os filhos. A forma de você lidar com um afeta enormemente os outros. Precisamos ter o cuidado de não tecer comentários com um filho minimizando os sentimentos do outro. A criança que não é ciumenta pode até fazer comentários próprios menosprezando os sentimentos de outra. É importante defender e dar valor aos sentimentos de todos.

> **Um filho muitas vezes expressa os sentimentos de todos os filhos.**

Quando não conseguimos lidar com paciência com os sentimentos de nossos filhos, isso pode ser um sinal de que ainda temos sentimentos não resolvidos. Resistimos aos sentimentos deles porque ainda resistimos a certos sentimentos dentro de nós. Se reprimimos nossos sentimentos quanto a uma separação, nossos filhos sentem e manifestam esses sentimentos. Com certeza eles têm problemas próprios, mas o que reprimimos será acrescentado aos sentimentos deles.

> **Nossos filhos vão expressar ou manifestar o que continuamos reprimindo.**

Isso não significa que devemos partilhar nossos sentimentos dolorosos com os filhos. Isso certamente não é bom. Os filhos não devem sentir nunca que são a caixa de ressonância de nossa dor. Se os usamos dessa maneira, eles sentirão mais ainda a responsabilidade por nossas carências. Em vez de serem crianças e de crescerem naturalmente, podem ser forçados pela nossa carência a tornarem-se adultos de repente.

O que sentimos não magoa nossos filhos se assumirmos a responsabilidade de cuidar disso. Não magoa nossos filhos ficarmos arrasados com a nossa perda, desde que eles não sintam que são responsáveis por nós de maneira nenhuma. É normal que nos vejam tristes ou revoltados, mas só até certo ponto. Precisamos lembrar que eles são muito sensíveis e que vão começar a achar que são responsáveis por nós.

Finalmente, o que os liberta dessa sensação de responsabilidade é até que ponto cuidamos de nós mesmos. Quando assumimos a responsabilidade desse cuidado e procuramos ajuda da família, dos amigos, de grupos ou terapias, nossos filhos se livram do peso que representamos.

21
SENTIMENTOS COMO ATITUDES E NÃO COMUNICAÇÃO

Depois de uma perda, a mulher pode afastar o amor de sua vida representando seus sentimentos. Em vez de dedicar um tempo para explorar e comunicar seus sentimentos, a mulher muitas vezes expressa esses sentimentos por meio de atitudes de comportamento. Essa representação não é uma decisão consciente, em geral é uma compulsão.

....
Quando a mulher não se sente segura para expressar o que sente, começa a representar esses sentimentos.
....

Se no relacionamento anterior ela se sentiu ignorada e negligenciada, vai vestir-se de um modo que diz claramente: "Olhe para mim, eu não sou atraente. Ninguém vai me amar." Seus sentimentos não resolvidos fazem com que ela pare de cuidar dela mesma ou de sua aparência.

Se no passado ela se cuidava fazendo dieta e controlando o peso, terá muita dificuldade para dar continuidade a esse regime. Se sente que ninguém liga para ela, não terá motivação para se cuidar.

Essa apatia muitas vezes acontece quando a mulher tem a tendência de ficar se culpando o tempo todo. Ela não se dá permissão para sentir raiva por causa da perda, e por isso se culpa. Não havendo ninguém mais para assumir a culpa, culpamos a nós mesmos. Se ela não for capaz de modificar essa tendência, a raiva reprimida alimentará essa apatia.

> Quando a mulher não se dá permissão
> para sentir raiva, ela se culpa.

A mulher fica encurralada sentindo pena dela mesma, sem ter a quem culpar. Essa idéia falsa de que tudo é sua culpa fica mais forte à medida que ela continua a se negligenciar. Com certeza ninguém mais tem culpa se ela come demais ou não se cuida. A representação reforça seus sentimentos de baixa auto-estima e a qualidade da sua vida despenca vertiginosamente.

Ela pode libertar-se desse padrão de comportamento aceitando sua raiva por causa da perda. Associando os sentimentos atuais com os sentimentos do passado, terá um contato melhor com seus sentimentos reprimidos.

PERDENDO O CONTROLE

Em geral, quando a mulher pára de cuidar dela mesma, está representando seus sentimentos de impotência. Normalmente sente que é impotente para ir buscar o amor e o apoio dos quais precisa. Se não pode partilhar seus sentimentos, ela representa, como se dissesse para todo mundo: "Perdi o controle. Sou impotente. Preciso de ajuda."

> Quando não podemos lamentar nossa tristeza,
> representamos automaticamente a expressão
> da nossa impotência.

Em vez de perder o controle na vida adulta para sentir e curar o sentimento de impotência, ela pode lembrar de quando era criança e realmente não tinha o poder de conseguir o amor e o apoio de que precisava. Lembrando e explorando os momentos em que era de fato impotente, ela pode livrar-se da tendência de perder o controle na vida adulta.

ACABANDO COM O RESSENTIMENTO

A mulher também pode parar de cuidar dela mesma quando representa seus sentimentos de ressentimentos não resolvidos. Depois de anos cuidando de outra pessoa e não recebendo aquilo de que precisa, ela se sente vazia. Não tem mais nada para dar. Fez tudo que pôde para dar e receber amor e não funcionou. Agora ela está ressentida e exausta.

Recusa-se a continuar tentando conquistar o amor. Pára de fazer qualquer coisa que possa ser associada a atrair amor para a sua vida. Com atitude desafiadora, pára de se cuidar para não ser nem um pouco atraente e não merecer o amor e a afeição de alguém. Deliberadamente rejeita o esforço dos outros para ajudá-la. Essa rebeldia é a confirmação clara de que não confia no amor e que nunca mais será enganada por ele. Ela resolveu que não precisa de amor e não fará nada para conquistá-lo. Esse é seu jeito de expressar o que sente.

A rebeldia da mulher é a confirmação clara de que não confia no amor e que nunca mais será enganada por ele.

Enquanto não for capaz de sentir e de desfazer os sentimentos de mágoa que estão por trás do seu ressentimento, os problemas só vão piorar. Tomar a iniciativa e procurar apoio significaria que ela deseja encontrar o amor de novo. Até pensar nisso provoca sentimentos de mágoa, rejeição, traição e privação. Se não considerar a possibilidade de um novo envolvimento ou de poder contar com o amor, ela não precisa enfrentar esses sentimentos.

VINGANÇA NÃO AJUDA NINGUÉM

Quando a mulher sente ressentimento e impotência, pode representar esses sentimentos por meio da vingança, se não consegue expressá-los. Vingança não ajuda ninguém. Se ela quiser se vingar tomará decisões e fará escolhas infelizes que afetarão o resto de sua vida. Ao buscar vingança ela acredita na noção falsa de que encontrará satisfação.

Quando o homem busca a vingança, deseja que alguém sinta a dor que ele está sentindo. Ele está magoado e quer que alguém pague por isso. Pensa: "Quero que você sinta a dor que me causou." Certamente uma mulher pode sentir isso, mas o mais comum é que em vez de querer que o ex fique magoado também, ela deseje que ele se arrependa muito do que fez. A vingança dela é diferente. Mesmo quando deseja que ele sofra, a necessidade principal é que ele se sinta responsável por tê-la magoado.

> A mulher busca a vingança querendo que o ex se arrependa do que fez com ela.

Quando o homem se vinga dizendo e fazendo maldades, ele quer magoar a ex deliberadamente. Quando a mulher diz ou faz maldades é para dizer para o mundo que ele é mau. Ela pensa: "Quero que todos saibam o que ele fez." Basicamente ela quer que todo mundo partilhe seu sentimento de que ele é realmente mau.

A verdadeira necessidade dela é ser ouvida. Precisa que os outros ouçam e confirmem a sua dor. Tem de curar a mágoa que está sentindo. A necessidade de contar para o mundo o que ele fez é um modo indireto de revelar como se sente. Ela raciocina: "Se vocês souberem o que ele fez, então saberão como me sinto." Essa abordagem indireta dá um alívio temporário, mas não cura. Para curar sua mágoa, ela precisa senti-la, traduzi-la em palavras, partilhá-la e então ser ouvida.

> Por trás da vingança existe a necessidade de partilhar nossa dor.

A vingança só piora tudo para nós. Quando um homem quer machucar alguém, além de acabar na cadeia, ele só machuca ele mesmo porque está se desligando do que há de mais nobre em seu espírito. O homem se realiza por completo quando procura ser útil e proteger os outros. Quando a motivação é machucar o outro, ele se desliga desse objetivo mais elevado.

Quando a mulher quer fazer um homem sentir-se culpado ou arrependido do que fez, ela se desliga da sua capacidade de apreciar as oportunidades que tem de seguir em frente e ser feliz. Quando ela se concentra em fazê-lo sentir culpa, precisa afirmar mais uma vez que ele destruiu sua vida. Para conseguir a simpatia que procura, ela deve continuar a ser a vítima.

....
Para fazer a outra pessoa sentir-se culpada temos de continuar a ser vítimas.
....

Se o marido trocou-a por outra mulher, ela deve continuar sozinha, carente e infeliz para merecer simpatia. Se de repente conhecesse e casasse com o príncipe encantado, não teria do que se queixar. Se seguisse com sua vida e fosse feliz, isso significaria que foi bom o relacionamento terminar. Para justificar a simpatia que procura, ela pode passar o resto da vida recusando a felicidade.

....
Se a mulher de repente conhecesse e casasse com o príncipe encantado, não teria mais do que se queixar.
....

Recusando-se a ser feliz para obter vingança, a mulher sabota a própria capacidade de encontrar amor. Enquanto se agarra à mágoa para fazer o ex-parceiro sentir-se culpado, ela não consegue descartar o ressentimento através do perdão. Presa em seus sentimentos de mágoa, é incapaz de confiar que um dia encontrará o amor novamente. Apesar de achar que está punindo o ex-parceiro, na verdade está punindo a si mesma.

22
APRENDENDO A SER FELIZ SOZINHA

A mulher é treinada desde a infância para esconder seus sentimentos desagradáveis. Ensinam que ela deve ser desejável, mas não desejar. Essa educação entra em conflito com seus sentimentos de perda. Está condicionada a pensar, se quero amor, tenho de ser feliz, mas sua verdadeira necessidade é partilhar a mágoa. Depois de uma perda ela esconde a parte que mais precisa de amor. Acaba reprimindo os sentimentos que atraem o amor. Infelizmente, por mais amada que seja, nunca sentirá que é amada.

Para conquistar o amor, ela nega seus sentimentos negativos e procura ser feliz. Não sabe que os sinceros sentimentos de perda não fazem dela uma pessoa menos merecedora de amor. Para merecer amor, ela tenta ser feliz sozinha. Ironicamente, para conseguir esse amor, acaba sem ninguém. Procurando ser feliz e adotando uma atitude positiva quanto à perda, ela reprime e nega os sentimentos de mágoa, obstrui o processo de cura e, com o tempo, acaba afastando as oportunidades de encontrar amor.

Uma parte dela quer ser positiva, mas outra só deseja chorar no ombro de alguém. Isso vai contra tudo que aprendeu.

....
Quando a mulher mais precisa de amor,
não é capaz de revelar os sentimentos que
têm de ser ouvidos para poder ser amada.
....

Ela aprendeu que se quiser ser amada precisa ser carinhosa, receptiva, saber apreciar, ser amigável, simpática, responsável, generosa, conciliadora e feliz. Se não tiver algo bom para dizer, não deve dizer nada. Esse tipo de condicionamento e programação torna muito difícil para ela ser honesta quanto aos seus sentimentos. Depois de anos aprendendo a usar uma maquiagem emocional para ser mais desejável, a mulher fica tão boa nisso que às vezes é até capaz de enganar a si mesma.

> **Depois de anos usando maquiagem emocional, a mulher é até capaz de enganar a si mesma.**

Diz para os outros que está bem e acredita mesmo nisso. Em vez de dedicar um tempo à tristeza que sente por não ter aquilo de que precisa, convence-se de que está tudo bem. Para evitar a dor da perda, começa a ver o lado positivo. Idealiza sua vida. Concentra-se no fato de estar mais feliz e de ser mais fácil viver sem um parceiro.

FELIZ SEM UM HOMEM

Quando a mulher quer se acostumar a ser feliz sem um homem, tem de tomar cuidado para ser honesta também ao lidar com sua mágoa. É muito fácil para ela desligar-se da necessidade de um homem. Se ela se empenha em ficar satisfeita sem um homem *e também* dedica um tempo aos seus dolorosos sentimentos de perda, então estará, assim, abrindo a porta para encontrar intimidade novamente.

Conforme discutimos antes, o melhor momento para ter um envolvimento amoroso é quando estamos satisfeitos sem um parceiro. É mais provável encontrar um companheiro quando não estamos procurando desesperadamente, nem dependemos de um para ser feliz. As mulheres têm de ter um cuidado especial de verificar se esse contentamento é real, e não um disfarce para evitar os sentimentos da raiva, tristeza, medo ou pesar.

> O melhor momento para ter um novo envolvimento amoroso é quando estamos satisfeitos sem um parceiro ou uma parceira.

Quando a mulher se acomoda nesse estado de negação dos sentimentos, corre o risco de continuar sozinha pelo resto da vida. Se está sempre reprimindo sua mágoa, com o tempo uma parte do seu ser feminino, que precisa de amor, acaba reprimido também. O lado masculino se adianta para cuidar de suas necessidades, assumindo o papel de um homem em sua vida.

Quando a mulher reprime desesperadamente seus sentimentos de mágoa, eles acabam desaparecendo. Ela conquista um alívio permanente, mas não a cura. Pode sentir-se livre da dor, mas isso tem um preço. Está feliz, mas não pode sentir essa felicidade por completo.

> Enquanto reprimimos nossa dor, nossa capacidade de sentir qualquer coisa fica restrita.

Ela se acomoda à vida e não sente a necessidade de um companheiro. Acha que seria bom ter alguém para ir ao cinema ou viajar de férias de vez em quando, mas é só isso. A parte dela que realmente precisa mais de amor fica escondida. Enquanto não curar suas feridas, uma parte continuará vivendo sem amor e ela nem saberá que sente falta de alguma coisa.

Se, e quando ela resolver entrar num novo relacionamento, poderá ter dificuldade para atrair um homem. Se não for capaz de encarar essa parte que precisa de amor, será difícil para o homem sentir atração por ela.

> Quando a mulher se dispõe a destrancar a porta do seu coração, os homens começam a bater.

A mulher precisa se permitir ficar infeliz. Se for difícil, pode dedicar algum tempo por dia para sentir essa tristeza. Se não quer que ninguém saiba, pode começar a partilhar esses sentimentos negativos com um diário. Com o tempo, à medida que for encarando sua mágoa com mais naturalidade, é aconselhável que participe de um grupo de apoio ou consulte um terapeuta com quem possa partilhar isso.

23
TUDO OU NADA

Algumas mulheres afastam o amor exigindo tudo de uma vez só. Elas não se dispõem a esperar o tempo necessário para começar a namorar e conhecer o parceiro aos poucos. Esse tipo de mulher quer tudo na mesa de uma vez. Não quer saber de jogo. Nada de fingimento. Ela diz o que é, e pronto. Se um homem não for capaz de enfrentar essa franqueza toda, pior para ele. Ela não se interessa. É melhor aceitá-la do jeito que é, senão já era.

Se o homem não consegue conviver com esse modo de ser, ela prefere ficar sozinha. Essa atitude pode fazer com que a mulher se sinta forte, mas não é muito cordial para ela mesma. Jamais encontrará amor sendo tão dogmática, rígida, inflexível. Sua abordagem sem meias palavras parece admirável e desejável, mas não funciona.

O poder que ela tem parece autêntico, mas não é. O verdadeiro poder é a capacidade de conseguir o que quer. Apesar de querer ser forte e amorosa, ela não sabe o que isso significa. Precisa de amor como todo mundo, mas o medo impede que dê uma chance ao relacionamento. Para encontrar o amor verdadeiro e duradouro, ela tem de reconhecer que sua atitude radical é muito limitada, para ela e para os outros.

....
O exterior duro de uma mulher muitas vezes
esconde uma pessoa muito sensível e magoada.
....

A relutância em agradar ao homem é sinal de que no passado tentou de tudo e nada funcionou. A aparente falta de responsabilidade na verdade se baseia nos anos em que tentou ser responsável. Ela se deu por vencida no passado e agora está irredutível. Sente que desperdiçou anos procurando agradar aos outros, dando de si mesma e não recebendo nada em troca. Sensatamente busca o equilíbrio, mas pende demais para o lado oposto.

Ela deseja partilhar tudo de uma vez porque não tem muita habilidade para ficar esperando a gratificação. Precisa ter tudo agora, senão perde o interesse. Essa carência emocional é semelhante ao comportamento de uma criança. A criança quer tudo e quer tudo agora. Para cuidar e curar essa sua parte infantil, essa mulher precisa aprender a esperar pela gratificação sem desistir.

Essa capacidade de esperar pela gratificação se desenvolve quando a mulher dedica um tempo à cura de suas mágoas. Ela deseja pôr seus sentimentos na mesa porque a dor está implorando para ser ouvida. O começo de um relacionamento não é o contexto apropriado para executar essa cura. Ela precisa ter o cuidado de não confundir um relacionamento íntimo com terapia. Antes de estar preparada para um relacionamento, ela tem de dedicar algum tempo a uma terapia ou grupo de apoio para encarar seus problemas passados com os homens e curar sua mágoa.

....
O começo de um relacionamento não é o contexto apropriado para curar nossos relacionamentos anteriores.
....

Querer partilhar tudo de uma vez é como um homem querendo sexo no primeiro encontro. Imagine como soaria tolo e imaturo se um homem dissesse: "Quero fazer sexo com você agora mesmo. Se não aceitar isso, eu vou embora. Eu quero o que quero, e se não puder ter nos meus termos, esqueça." A mulher que procura a intimidade emocional logo no primeiro momento é tão impulsiva e imatura quanto o homem que exige sexo. Reconhecer suas carências sob essa luz vai ajudá-la a não justificá-las.

Essa impulsividade também revela falta de compreensão de como o amor cresce. A visão que ela tem do processo do namoro é muito limitada. Seria muito beneficiada se aprendesse os cinco estágios do namoro descritos em *Marte e Vênus apaixonados*. Compreendendo claramente como o amor cresce, ela será capaz de concretizar seu potencial de conquista do amor verdadeiro e duradouro.

COMO CRESCE O AMOR

Um relacionamento se desenvolve aos poucos. Quando plantamos uma semente ela leva tempo para crescer. Não exigimos resultados na mesma hora. As pessoas precisam de tempo para se conhecerem. Se apressamos esse processo, podemos estragar um ótimo relacionamento.

Quando a mulher apressa a intimidade, muitas vezes o homem sente uma necessidade repentina de se afastar. O distanciamento dele alimenta a carência dela, e ela o afasta de vez. Se inicialmente sair com alguns homens não sendo exclusivista, nem assumindo intimidade logo no início, a mulher poderá começar a dominar essa tendência de ligação imediata. O namoro sério parece natural e é o que ela quer, mas a mulher precisa se conter se quiser criar um relacionamento. O amor não pode crescer se o sufocamos com intimidade demais, cedo demais.

....
Saindo com alguns homens a mulher poderá começar a dominar a tendência de querer a ligação imediata.
....

Para entrar num relacionamento íntimo, a mulher tem de ter certeza de que sua vida permanece intacta. Uma mulher carente tende a transformar o homem no centro de sua vida e depois exige que ele satisfaça todas as suas necessidades. Ele até pode sentir-se lisonjeado, mas com o tempo vai acabar querendo fugir. É irreal esperar que qualquer homem realize todas as necessidades de uma mulher. Com paciência e sabendo se controlar, a mulher pode superar sua carência emocional.

TRANSFORMANDO UM HOMEM NO CENTRO DA SUA VIDA

Para superar a carência emocional, a mulher deve certificar-se de não fazer do homem o centro da sua vida. Pode aprender a controlar sua carência procurando ir devagar e mantendo o apoio dos relacionamentos com amigos e com a família. É um erro largar tudo por um relacionamento íntimo com um homem.

O amor e o apoio dos amigos e da família são tão importantes quanto o amor de um homem. De certa forma, até mais importantes. O apoio que ela recebe de parentes e amigos fornece a base para ter um relacionamento com um homem. Com esse alicerce como apoio ela não vai exigir muito do homem, tampouco dará muito de si.

....
> O amor e o apoio dos amigos são como uma boa refeição caseira, e o amor de um homem é uma sobremesa deliciosa.
....

Sem o bom senso fundamentado no conhecimento de como cresce o amor, é fácil a mulher seguir seus instintos e ficar decepcionada. Quando os amigos dizem que precisa se controlar para conquistar a atenção e o amor de um homem, ela resiste. Não quer fazer jogo nenhum. Ela não percebe que o controle nessa situação não é manipulação, e sim sabedoria.

Sem conhecer os vários estágios do namoro, ela sai atirando às cegas. Não tem vontade de se controlar, por isso mergulha de cabeça. Em nome da autenticidade, segue seus impulsos sem parar para pensar. Imagine alguém que bebe demais ou gasta dinheiro demais, utilizando essa abordagem. Se essa pessoa continuar seguindo seus impulsos, sua vida vai desmoronar e um dia ficará sem dinheiro nenhum.

Para recomeçar com sucesso precisamos ter o cuidado de não justificar nossas neuroses em nome da autenticidade ou da franqueza. Respeitar o processo do namoro não significa que estamos fazendo um jogo. Finalizando, a autenticidade é o que faz um relacionamento funcionar, mas precisamos revelar tudo que somos aos poucos.

OS JOGOS

Jogar com as pessoas não funciona, mas o bom senso funciona. Quando a mulher resiste terminantemente a "jogar", em geral é porque ou já jogou no passado e não funcionou, ou alguém jogou com ela e acabou magoando-a. Se ela ainda sofre essa mágoa, está reagindo ao passado e não está dando uma chance ao novo relacionamento.

> Quando a mulher resiste terminantemente a "jogar", pode estar jogando fora o bebê junto com a água do banho.

Os jogos que as pessoas fazem muitas vezes contêm pequenas verdades. De fato a maioria dos jogos que as mulheres fazem para seduzir um homem são baseados na sabedoria da vida. Esse bom senso facilita o crescimento do amor, enquanto os jogos de sedução justificam a mentira. Muitas vezes, se a mulher usa a mentira ou a fraude para conquistar um homem, quando consegue fisgá-lo, ela o perde. Quando ele descobre quem ela realmente é, pode descobrir também que não a ama de verdade.

Esses são alguns exemplos de jogos de manipulação que não funcionam, e bons conselhos que funcionam. Apesar de semelhantes, são muito diferentes.

Jogo de manipulação:	**Bom conselho:**
Não responda às ligações dele e ele vai desejá-la mais.	Não faça de um homem o centro da sua vida. Responda às ligações dele, mas não largue tudo por ele.
Seja sensual, use roupas sensuais, faça tudo que ele quer na cama.	Use roupas que façam você se sentir bem, e não faça sexo até estar preparada.
Esconda seus verdadeiros sentimentos, seja tranqüila e distante. Não demonstre avidez de jeito nenhum.	Evite partilhar tudo que sente logo no início. Cuide para não apressar as coisas. Deixe a flor abrir uma pétala de cada vez.
Não telefone para ele, nem pareça interessada demais.	Tudo bem se quiser ligar para ele, mas não espere que ele tenha muita coisa para dizer e, se tiver, aproveite a surpresa agradável. E não faça muitas perguntas. Em vez disso, partilhe seus pensamentos e sentimentos.
Saia com outros homens para provocar ciúme nele.	Saindo com outros homens, sem ir para a cama com eles, você estará se libertando da necessidade exagerada da atenção dele.
Não fique à disposição dele; eventualmente diga que está muito ocupada.	Tenha certeza de que não está esperando ele ligar. Mantenha-se sempre ocupada para não ficar carente demais.
Vista-se, fale, sorria e flerte de modo a seduzir o homem.	Tenha o cuidado de não perseguir mais o homem do que ele está perseguindo você. Seduzi-la é papel dele; o seu é atrair o interesse dele. A mulher pode seduzir o homem com a maior facilidade, mas raramente ele se compromete.

HOMENS SÃO DE MARTE, MULHERES SÃO DE VÊNUS

Embora pareça bom ser direta e pôr tudo em cima da mesa, esse tipo de atitude revela insensibilidade em relação aos outros e às necessidades deles. Esse tipo de mulher em geral possui pouca tolerância para as diferenças. Acha que o seu jeito é o certo e que o homem deveria pensar, sentir e reagir igual a ela. Essa mulher precisa ler *Homens são de Marte, mulheres são de Vênus*. Tem de entender e reconhecer que os homens são diferentes. Homens e mulheres são diferentes, e é assim que deve ser.

No próximo capítulo vamos explorar muitos desafios típicos que os homens enfrentam quando estão recomeçando. Os exemplos são dirigidos aos homens, mas há uma certa sobreposição em relação às mulheres. Muitas podem encontrar padrões ou partes de padrões de comportamento que elas também vivenciam. Ao compreender a perspectiva masculina, a mulher terá uma idéia do que os homens estão enfrentando quando recomeçam. Isso vai ajudá-las a compreender as próprias experiências e a tomar decisões sensatas para facilitar o crescimento do amor em suas vidas.

PARTE TRÊS

RECOMEÇANDO EM MARTE

Recomeçar em Marte tem seus desafios exclusivos. Pode ser como caminhar por um campo minado. Alguns têm sorte e conseguem passar, mas outros ficam em pedaços. Ouvir os erros dos outros vai ajudá-lo a fazer as escolhas certas no seu caso. De posse de mais conhecimento, você terá a segurança e a sabedoria de prosseguir sem cometer os mesmos erros que outros cometeram antes de você.

Em cada um dos vinte e três exemplos seguintes você poderá descobrir um pedacinho de você. Ao lidar com os desafios enfrentados pelos outros, apesar de diferentes dos seus de alguma forma, você saberá melhor o que é preciso fazer para trilhar seu próprio caminho quando recomeçar. Obtendo o apoio de que precisa e tomando as decisões certas, você será capaz de estimular o que há de melhor em você e de vivenciar o amor e o poder integrais de um relacionamento significativo.

1
O HOMEM DE RESSACA

Uma das maiores diferenças entre homens e mulheres quando estão recomeçando é que os homens tendem a se envolver cedo demais, enquanto as mulheres demoram muito. O homem, na ressaca da separação, pula de um relacionamento para outro. Ele não se dá conta de que ao agir assim está perdendo a oportunidade de curar seu coração. Envolver-se depois de uma perda alivia sua dor, mas não contribui para curá-la.

Sem a compreensão de como lamentar uma perda, o homem simplesmente sente sua dor e parte para resolver o problema. Homens são "resolvedores de problemas". Não se sentem à vontade parados, "sentindo seus sentimentos". Se um homem sofre por não ter dinheiro, ele sai e consegue algum. Se sofre por ter perdido o amor de uma mulher, ele sai e encontra uma mulher para amá-lo.

....
Quando o homem se envolve rápido demais, perde a oportunidade de curar seu coração.
....

O homem de ressaca não percebe que o amor de outra mulher não vai curar seu coração. O amor dela dá certo sossego à alma e traz à tona seus sentimentos dolorosos para serem curados. Ele precisa assumir a responsabilidade de sentir a dor, e não fugir dela. Precisa sentir as quatro emoções de cura até sua dor ir embora. Isso não significa que tenha de suportar tudo sozinho. Essa é a hora de procurar os amigos e a família para obter apoio.

O melhor momento para um homem ter um relacionamento profundo novamente é quando não precisa. Enquanto achar que precisa ter um relacionamento para escapar da dor, não estará pronto para assumir um compromisso. Quando o homem de ressaca assume um compromisso, tem dificuldade de cumpri-lo. Com o tempo, ficará imaginando por que não consegue se decidir, ou então resolverá que aquela não é a companheira certa para ele. A maioria dos relacionamentos durante a ressaca não dura.

Quando o homem se envolve na ressaca de uma separação, o compromisso raramente dura muito tempo.

Um homem faminto come praticamente qualquer coisa. Depois que essa fome imediata é satisfeita, ele pode ficar mais seletivo quanto ao que quer. O homem de ressaca é como o homem faminto. Ele pode se apaixonar por qualquer mulher que ofereça algumas migalhas de amor. Quando sua carência é satisfeita, ele adquire maior discernimento. É como se despertasse do sonho da paixão e de repente não tivesse mais interesse. Já é muito difícil os homens assumirem compromissos hoje em dia; o envolvimento no período da ressaca só agrava o problema.

O homem de ressaca pode se apaixonar por qualquer mulher que ofereça algumas migalhas de amor.

Depois que um relacionamento termina, o homem pode sentir que é um fracassado. Para provar sua masculinidade ou competência como homem, ele procura uma parceira sexual e "marca pontos". Isso pode provocar bem-estar, mas também é uma excelente oportunidade para curar os sentimentos que surgem automaticamente. O amor de uma mulher pode fazer com que ele se sinta bem e pode ajudar no processo de cura. Mas ele deve tomar cuidado para não fazer promessas. Quando um relacionamento termina, o homem precisa de tempo para se libertar da necessidade de assumir um compromisso. A força e o sucesso de um homem no futuro se baseiam na sua capacidade de ficar satisfeito com ele mesmo, sem depender da segurança de um relacionamento sério.

ENVOLVIMENTO AMOROSO NA HORA CERTA

O momento em que o homem deve dar início a um relacionamento é aquele em que seu desejo de dar é maior do que a necessidade de receber. Entrar num relacionamento em que recebe mais do que dá enfraquece o homem. Ele fica mais carente e obcecado com ele mesmo. O homem deve prestar atenção para só se envolver a partir de uma posição de poder. Ele deve sentir que tem o poder de proporcionar felicidade para uma mulher, não só que ela tem o poder de satisfazê-lo. Quando um homem tem sexo antes de estar pronto para assumir um compromisso, ele deve deixar claras suas intenções, que está na ressaca de uma separação, que procura o conforto do amor de uma mulher e que não está preparado para assumir um compromisso.

> ....
> O homem enfraquece quando tem um
> relacionamento em que recebe mais do que oferece.
> ....

No entanto, em geral é a mulher que sente a mágoa desse erro, mais que o homem. O homem ferido aparece na vida dela, cobrindo-a com o calor do seu apreço, gratidão e amor, e depois tira tudo. Um dia os sentimentos dele mudam sem razão aparente. Ela não mudou nada, mas os sentimentos dele sim. Sem o estímulo da fome causada pela privação, ele não precisa de fato apreciá-la. Apesar de chegar com muito ímpeto, ele perde o interesse bem depressa também. Esse padrão de comportamento obviamente não é bom para ela, nem para ele.

A mulher sensata tem o cuidado de só ir para a cama com um homem de ressaca se não tiver expectativa nenhuma de um compromisso duradouro. Ela deve estar preparada para ele parar de procurá-la a qualquer momento. Se resolver fazer sexo com ele, deve reconhecer que os sentimentos dele são temporários. Assim não ficará magoada. Sem essa análise, quando ele terminar o namoro, ela terá de enfrentar a mágoa e a sensação de ter sido traída, e ele terá de encarar a sensação de culpa. Para evitar essa sensação de culpa, ele reprime seus sentimentos negativos começando outro relacionamento. Esse padrão continua indefinidamente até ele parar e dedicar o tempo necessário para curar sua dor. Se não se abstiver de fazer promessas nesse período de ressaca, jamais encontrará um amor duradouro.

RECONHECENDO A PESSOA CERTA

Sentimentos de mágoa e de culpa não resolvidos impedem-nos de ver ou reconhecer a pessoa certa para nós. O envolvimento na ressaca da separação praticamente garante que não será a pessoa certa. Quanto mais o homem sente a culpa (ou reprime) por ter decepcionado uma mulher, mais tempo terá de esperar até ser capaz de reconhecer a mulher certa para ele.

> O envolvimento na ressaca da separação praticamente garante que será a pessoa errada.

Quando o homem se envolve com uma mulher a partir de uma posição de fraqueza e carência, quase sempre procura outra quando começa a sentir a própria força e independência. Dessa nova posição de poder vai querer uma mulher de quem possa cuidar, não uma mãe para cuidar dele.

Ele quer uma mulher que perceba e aprecie sua força, não suas fraquezas. Não importa se a mulher sacrificou-se por ele ou se dedicou a ele os melhores anos de sua vida. Se não for a pessoa certa, ele segue em frente. Por mais que ela tenha se dedicado, isso não faz dela a companheira certa. O homem só consegue manter a atração que sente por uma mulher se ela for a pessoa certa para ele. Na maioria dos casos a mulher que um homem escolhe quando está na ressaca da separação não serve para ele. E ele também não é o homem certo para ela. Pode acontecer de a mulher ser ideal para o homem, mas ele não consegue ver isso, nem sentir. Na verdade, o envolvimento no período de ressaca pode impedi-lo de reconhecer que ela é a parceira adequada. Se ela estava ao seu lado quando ele estava por baixo, no momento em que se recupera ambos terão a sensação de que ele deve isso a ela. Essa sensação de dever alguma coisa e de obrigação pode impedir que o homem sinta amor por ela. A grama vai parecer muito mais verde do outro lado da cerca.

....

O envolvimento no período de ressaca na verdade pode impedir o homem de reconhecer que a mulher é a companheira adequada para ele.

....

A sensação de dever alguma coisa para alguém impede o homem de escolher livremente se quer ou não ter um relacionamento. Quando sente que *tem* de ficar com ela porque está devendo seu apoio, em geral não consegue. O débito é como uma bola de ferro acorrentada à perna dele. A idéia de ter uma nova parceira é como escapar da prisão com a ficha limpa. Recomeçar com a tábula rasa é muito tentador.

2
SEXO NA RESSACA DA SEPARAÇÃO

Um dos maiores obstáculos para os homens no processo de cura do coração é a sua sede de sexo. É muito fácil o homem confundir sua necessidade de amor com a necessidade de sexo. Apesar de sentir que não está pronto para um envolvimento emocional, quer envolver-se sexualmente. Esse envolvimento sexual casual oferece alívio temporário, mas não cura. Depois de cada relação ele precisa de um tempo para explorar os sentimentos que surgem.

O sexo é uma bela expressão de amor e de intimidade. Quando nosso coração está ferido, o sexo se transforma num meio potente de o homem ter contato com seus sentimentos. No entanto, ele precisa tomar cuidado para não se comprometer, pois isso tornaria mais forte ainda sua dependência em relação à mulher nesse momento. É melhor relacionar-se sexualmente com uma série de parceiras, ou pelo menos deixar bem claro que não é capaz de assumir nenhum compromisso.

A sede de sexo persistente no período de ressaca pode virar um vício. Depois de obter o alívio temporário, ele precisa processar sua dor. O homem pode evitar os sentimentos de cura mergulhando em mais sexo. Se não tomamos cuidado, o estímulo sexual pode transformar-se num meio de evitar e abafar nossos sentimentos, em vez de ser um meio de fazer contato e tratar da nossa dor.

Abstendo-se temporariamente do estímulo sexual, o homem tem mais chance de completar o processo de cura. Se for muito difícil para ele, é sinal de que realmente precisa fazer isso. Ele pode tornar as coisas mais fáceis se evitar circunstâncias muito excitantes.

> Abstendo-se temporariamente do estímulo sexual, o homem tem mais chance de completar o processo de cura.

Se ele usa mais sexo para evitar seus sentimentos, então não é hora de assistir a filmes eróticos ou pornográficos, de ler revistas pornográficas, ou de sair à procura de mulheres. Esse tipo de estímulo sexual só reforça sua necessidade de sexo. Banhos frios, exercícios e convívio com amigos são as melhores formas de manter o controle.

VÍCIOS NÃO SÃO NECESSIDADES REAIS

Vícios parecem necessidades reais, mas não são. Na verdade são necessidades *substitutas*. Quando é doloroso demais sentir uma necessidade ou carência verdadeira, a mente cria uma nova necessidade, uma necessidade substituta. A sede obsessiva de um homem por sexo quando vive a ressaca de uma separação é uma necessidade substituta. A necessidade verdadeira é a de curar seus sentimentos: sexo moderado ajuda, mas sexo obsessivo pode obstruir o processo de cura.

Os homens são mais dados a vícios do que as mulheres, porque em geral são menos adeptos do processo de partilhar seus sentimentos. A maioria não possui habilidade para fazer amizade ou para se comunicar, e assim ter uma conversa mais profunda sobre sentimentos íntimos. Para enfrentar o estresse normal da vida, os homens costumam conversar entre eles sobre esportes, negócios, política, ou sobre o tempo. Em geral isso basta até o coração se partir.

> Os homens costumam conversar sobre esportes, negócios, política, ou sobre o tempo, não sobre sentimentos dolorosos e vulneráveis.

Depois de perder o amor, se o homem não sabe o que fazer, muitas vezes sucumbe à sua tendência para o vício. A verdadeira necessidade de partilhar seus sentimentos é substituída por uma necessidade falsa. Esse mesmo princípio serve também para as mulheres. Os homens têm maior inclinação para adquirir o vício do sexo, enquanto as mulheres são mais vulneráveis ao vício da gula. Se não compreendermos muito bem e não aplicarmos esse conhecimento da cura do nosso coração, podemos ceder ao impulso sedutor da nossa tendência ao vício.

3
VÍCIOS POSITIVOS

Durante a crise de cura, se o homem não reconhece sua capacidade de criar oportunidades para partilhar seus sentimentos, ele sofre. Para escapar desse sofrimento, busca alívio nos vícios. O vício mais comum dos homens é o sexo, e depois vêm os vícios mais destrutivos, como o álcool e as drogas. Qualquer comportamento que representa excesso pode ser usado para reprimir os sentimentos.

....
Para escapar do sofrimento, buscamos alívio nos vícios.
....

  É comum o homem ficar viciado no trabalho durante a crise de cura. Trabalhar demais pode ser um vício, mas não representa um obstáculo para a cura. Na verdade pode até facilitar esse processo. Se além disso o homem também obtém apoio por meio de aconselhamento ou participando de um grupo, concentrar-se no trabalho pode significar um alívio saudável. Seu trabalho passa a ser um meio de recuperar independência e autonomia, deixando de depender tanto de um relacionamento amoroso íntimo.
  Para o homem é saudável essa concentração no trabalho durante a crise da cura, mas para a mulher não é. A mulher tem a tendência de evitar os próprios sentimentos dando demais de si. Concentrada no trabalho ou dedicada aos outros, ela pode tornar-se excessivamente responsável por outras pessoas e por isso reprimir seus próprios sentimentos e carências. A mulher deve ter cuidado para não se perder no trabalho.

....
Para os homens o trabalho pode ser um vício positivo,
mas para as mulheres pode obstruir o processo de cura.
....

O trabalho honesto ajuda o homem a curar seu coração. Obtendo sucesso, apreço, aceitação e confiança servindo aos outros, conquistará força e capacidade para examinar e curar mais a fundo seus sentimentos. Durante a crise da cura, qualquer coisa que o homem faça de útil para outras pessoas, ou para ser mais independente ou autônomo, facilitará seu processo interior de cura.

Recreação também pode ser um vício positivo. É muito bom sair e fazer as coisas de que gosta. Este é o momento de fazer coisas especiais para ele também. Se andava querendo um carro novo, é hora de comprá-lo. Se quer uma nova aparelhagem de som, deve comprá-la. Com certeza divertimentos e gastos excessivos podem ser vícios, mas com moderação são vícios positivos. Se o homem tem dinheiro para gastar, esse é o momento de gastá-lo. Desde que os filhos recebam aquilo de que precisam e ele seja responsável no trabalho, é o melhor momento da vida para tirar umas férias e divertir-se. É hora de fazer as coisas que não podia fazer quando estava casado.

4
TRABALHO, DINHEIRO E AMOR

É possível também que o homem se afunde tanto no trabalho que acabe ignorando seus sentimentos de perda. Reprimindo os sentimentos de pesar e de impotência, pode criar situações no trabalho que são impossíveis de resolver. Ele vai assumir mais do que pode fazer e depois sentirá que é incapaz de atingir seus objetivos.

Se a antiga companheira exigia demais dele, e se ele não trabalhar sua raiva, pode começar a exigir demais de si mesmo. A raiva reprimida fará com que fique igual à ex-mulher exigente. Estabelece objetivos irreais e trabalhosos que exigem todo seu tempo e energia.

O homem deve ter o cuidado de estabelecer objetivos realistas na vida. Senão, criará uma enorme pressão para atender aos próprios padrões irreais. Essa pressão para trabalhar mais cria menos oportunidades ainda para curar exatamente a mágoa que alimenta essa obsessão doentia.

....
O homem cria uma pressão enorme para atender aos próprios padrões irreais.
....

Um homem de negócios bem-sucedido que conheço resolveu, depois de uma separação traumática, que não se envolveria novamente até juntar dez milhões de dólares. Esse tipo de pressão não é saudável. Depois de curado da separação, o ideal é que o homem não ache que precisa conquistar nada além do que já tem.

Ele não deve ter de fazer mais para poder ter um relacionamento amoroso. A mulher certa para ele não vai amá-lo pelo dinheiro, e sim porque é o homem certo para ela.

> Estabelecendo objetivos financeiros como
> pré-requisito para um relacionamento, o homem
> está dando importância demais ao dinheiro.

Depois de um relacionamento negativo e sem compreensão, o homem também pode concluir que para progredir é melhor ficar sem uma parceira. É claro que o ideal é que um homem saiba cuidar das próprias necessidades antes de entrar numa relação íntima, mas não precisa esperar tanto.

Criando um equilíbrio entre amor e trabalho, as chances de conquistar o sucesso, e depois manter esse sucesso, aumentam drasticamente. O alicerce de um relacionamento amoroso ajuda muito o homem a atingir suas metas.

Eu mesmo costumava achar que tinha de ser tremendamente bem-sucedido para merecer amor. Não que andasse por aí pensando, tenho de ser bem-sucedido, senão não serei amado. Conscientemente eu sentia uma enorme pressão para conquistar o sucesso. Nunca ficava satisfeito com o que conseguia. Não importa o que eu fizesse, nada bastava.

> A pressão que o homem sofre para se realizar
> muitas vezes é alimentada pela noção falsa de que
> para ser amado ele precisa ser bem-sucedido.

Mas o que alimentou a pressão foi a noção subconsciente de que tinha de ter mais para ser amado. Enquanto pensava assim, além de não ter tanto sucesso, nunca ficava satisfeito. Quando casei com a minha mulher, Bonnie, tudo isso mudou.

Em dois anos vivenciei o poder curativo do amor. Ela continuou me amando e descobri que não precisava fazer mais, ou ter mais, para conquistar seu amor. O que ela mais amava era o tempo que passávamos juntos. Isso modificou toda a visão que eu tinha do trabalho.

Quando você estiver recomeçando, em vez de trabalhar mais, por mais tempo, procure trabalhar um pouco menos e concentre-se mais nas suas necessidades de amizade e recreação. Além de encontrar apoio para curar seu coração, vai atrair mais sucesso também.

Na minha vida, quando aprendi a equilibrar minhas necessidades emocionais com minhas necessidades de trabalho, meu sucesso aumentou. E esse sucesso continuou aumentando. Todo dia encaro oportunidades que me deixam tentado mais uma vez a trabalhar demais, mas procuro me conter, lembrando-me da base do meu sucesso. Regando a raiz do meu sucesso, como uma planta, ele continuará a florescer.

Quando o homem trabalha para manter seu coração aberto, está cuidando da base do seu sucesso no trabalho. Quando é amado pelos amigos e pela família e as pessoas confiam nele, o mundo também confia. Uma vida equilibrada é como um ímã que atrai oportunidades de sucesso cada vez maiores.

5
AMOR NÃO É O BASTANTE

Homens e mulheres cometem o erro de supor que o amor é suficiente para fazer um relacionamento durar. Às vezes duas pessoas se amam, mas não foram feitas uma para outra. Podem se amar muito, mas não o bastante para casar ou para permanecer casadas. É comum pensar, na nossa sociedade, que se amamos alguém, devemos casar com essa pessoa. Que se amamos alguém, então ele ou ela é a pessoa certa. Com certeza o amor é um pré-requisito do relacionamento duradouro e satisfatório, mas não garante que a pessoa seja certa para nós.

Escolher um companheiro ou uma companheira é como escolher um emprego. Podemos fazer muitas coisas, mas devemos vasculhar nossa alma para encontrar o emprego certo. Podemos adorar fazer um monte de coisas, mas no fim temos de focalizar uma única direção. Da mesma forma, deve haver milhares de pessoas que poderíamos amar, mas poucas seriam adequadas para o casamento. Desse pequeno grupo temos de examinar nossa alma para descobrir quem é a pessoa certa para nós.

Quando tentamos transformar um ao outro no par perfeito, acabamos criando problemas. Ou mudamos demais para satisfazer as necessidades do parceiro ou da parceira, ou são eles que procuram mudar demais. Para um casamento dar certo, temos de sentir que podemos ser mais nós mesmos, e não menos. Se um tem de deixar de ser quem é para fazer o outro feliz, não pode funcionar.

....
Por mais que amemos alguém, não se pode
forçar uma compatibilidade que não existe.
....

Na tentativa de ficar juntos, podemos afundar até deixar de gostar um do outro. Na verdade paramos de gostar da pessoa em quem nos transformamos. Parte da durabilidade do amor é gostar de quem somos quando nos relacionamos com nosso parceiro ou parceira. Cada relacionamento faz aflorar uma parte de nós. A pessoa certa fará aflorar o que temos de melhor. Quando a companheira não é a pessoa certa para o envolvimento íntimo, ela pode provocar o que temos de pior. Em vez de ficar mais carinhoso, sábio, receptivo e criativo, paramos de crescer.

Ironicamente, quando um casal que se ama consegue terminar o relacionamento com perdão, compreendendo que simplesmente não eram feitos um para o outro, são capazes de ser muito bons amigos, desde que não tentem manter um relacionamento íntimo romântico.

Sem compreender que às vezes é impossível fazer um relacionamento funcionar, um, ou os dois, podem ficar presos. No fim do relacionamento, um dos dois, ou ambos, podem sentir-se culpados por não conseguirem fazê-lo funcionar. Para evitar essa sensação de culpa, podem continuar juntos muito tempo depois de descobrirem que é hora de acabar. Só quando as coisas pioram muito é que achamos que temos motivos para terminar. Infelizmente, quanto mais tempo ficamos, mais sofremos decepções e até magoamos um ao outro. Daí temos mais culpa ainda para curar e deixar para trás.

....
Para evitar a sensação de culpa, a pessoa não pode continuar num relacionamento muito tempo depois de descobrir que é hora de acabar.
....

Reconhecer que duas pessoas podem se amar mas não conseguirão fazer um relacionamento íntimo funcionar é fundamental para uma separação sem culpa e com perdão. Com essa análise ainda podemos dizer: "Eu te amo; apenas não somos as pessoas certas uma para a outra." Reconhecemos que fizemos o melhor possível, mas não combinamos. Reconhecemos que nossa parceira também fez o melhor possível. Mantendo nosso coração aberto dessa maneira, nossas chances de escolher a parceira certa da próxima vez aumentam muito.

Quando procuramos um novo relacionamento estando deprimidos, com sensação de culpa, incompetência ou achando que somos um fracasso, é muito mais difícil encontrar a pessoa certa. Por outro lado, acabar um relacionamento com amor, reconhecendo que a parceira não era certa para nós, faz com que sigamos na direção certa para encontrar um par melhor. Sensação de culpa é sinal de que precisamos de mais cuidados e da cura antes de seguir em frente.

6
APRENDENDO COM NOSSOS ERROS

Uma das formas de o homem reprimir seus sentimentos de perda é culpando a ex-parceira. Simplesmente reconhecendo que ela não era a pessoa certa para ele, ele pode ignorar e reprimir facilmente os sentimentos naturais de perda. Raciocina que foi bom os dois terem se separado. Essa racionalização reduz qualquer sentimento de perda.

Além de impedir que ele abra seu coração novamente, isso também impede que o homem encare de que maneira contribuiu para os problemas no relacionamento. Os problemas de um relacionamento nunca são culpa de uma pessoa só. Não basta dizer simplesmente: "Eu me envolvi com a pessoa errada."

....

Parte da capacidade de encontrar a pessoa certa no futuro se deve ao que aprendemos com os erros que cometemos nos relacionamentos anteriores.

....

Quando duas pessoas que não são compatíveis se unem e procuram fazer o relacionamento funcionar, inevitavelmente revelarão o que há de pior na outra. Mas estar com a pessoa certa também não é como um passe de mágica que faz todos os problemas desaparecerem.

Com a pessoa certa ou a pessoa errada, nós sempre contribuímos para os problemas. Para termos certeza de que não vamos repetir padrões de comportamento, quando terminamos um relacionamento precisamos assumir a responsabilidade pela nossa parte dos problemas. Examinando a nossa contribuição nos problemas do último relacionamento, podemos garantir que seremos mais amorosos nas relações futuras.

Quando aprendemos com o nosso passado, somos mais capazes de criar o que queremos no futuro. Pôr a culpa de todos os problemas na ex-parceira é perder uma oportunidade importante de aprender e crescer. Fazendo isso, continuaremos a cometer os mesmos erros e também seremos automaticamente atraídos para o mesmo tipo de relacionamento.

....
Quando aprendemos com o nosso passado, somos mais capazes de criar o que queremos no futuro.
....

Para o homem é fácil esquecer, mas não é nada fácil perdoar. Quando se envolve em outro relacionamento e problemas semelhantes começam a aparecer, em vez de enfrentá-los como se fosse a primeira vez, ele fica menos tolerante. Antes de seguir em frente é muito útil para o homem explorar os erros e as apreensões da parceira, mas também os próprios erros no relacionamento. Ao analisar seu comportamento ele poderá perdoar e não simplesmente esquecer o que aconteceu.

7
NÃO TEMOS DE PARAR DE AMAR

Mesmo reconhecendo que a ex-parceira não é a pessoa certa para ele, o homem não tem de parar de amá-la. Muitas vezes o homem acha que precisa parar de gostar da parceira para dizer adeus. Ele não percebe que pode dizer: "Eu te amo e descobri que não somos as pessoas certas uma para a outra. É melhor sermos amigos." Certamente o amor que ele sentia por ela pode ter mudado, mas ele não tem de fechar seu coração para terminar um relacionamento.

Quando terminamos um relacionamento, precisamos dedicar um tempo às lembranças do amor que partilhamos no começo. Essa é uma parte muito importante do tratamento de um coração partido.

8
AMOR NÃO RETRIBUÍDO

Os homens tendem a ser motivados por desafios. Quando queremos alguma coisa difícil de ser obtida, queremos mais ainda. Para um homem, o desafio cria paixão. Quando queremos o amor de uma mulher, somos atraídos por ela e não podemos tê-la, as chamas da paixão aumentam drasticamente.

Às vezes, quando um relacionamento termina, o homem sofre pela mulher que ama. Não consegue acreditar que ela não o quer. Isso só faz com que ele a queira ainda mais e alimenta a dor insuportável da separação. Essa sensação de amor não retribuído ajuda o homem a descobrir seus sentimentos de pesar, mas precisa explorar outros sentimentos também.

Quando o homem vivencia a dor do amor não retribuído, a dor do desencontro de não poder consumar seu amor, isso indica claramente que há sentimentos não resolvidos do passado. Essa tendência de não aceitar a rejeição ou de ficar magoado com a perda do amor começou muito antes na vida dele.

....
A dor agonizante do desencontro amoroso indica claramente que há sentimentos não resolvidos do passado.
....

Para livrar-se da prisão apaixonada e agonizante do amor não retribuído, o homem tem de associar essa dor do presente com o seu passado. Precisa buscar na memória outras situações, dos primeiros namoros, e depois mais cedo ainda, numa época em que sentiu que estava sendo rejeitado ou abandonado pela mãe de alguma maneira.

Para o homem, a incapacidade de deixar para trás muitas vezes está ligada a sentimentos não resolvidos em relação ao amor da mãe. Quando criança, se foi forçado a parar de depender da mãe antes de estar preparado, uma parte dele continuou ligada a ela. Pode acontecer quando perde a mãe muito cedo, ou então quando tem muita afinidade com ela durante um tempo e então nasce um irmãozinho. Associando os sentimentos de dor do presente com o passado, ele pode aos poucos livrar-se da prisão que representam.

É perfeitamente normal o homem achar que nenhuma mulher vai estar à altura, e que ele nunca será feliz. É esse tipo de idéia que alimenta a dor e o drama do amor não correspondido. Se pudéssemos ver o futuro para saber que encontraremos um amor ainda melhor, não ficaríamos tão desesperados.

Mas como não conhecemos o futuro, continuamos a sofrer. Se processamos a situação do passado de amor não correspondido, ficamos sabendo, do ponto de vista vantajoso do presente, que encontraremos um amor maior. Ouvindo nossos sentimentos do passado no presente, podemos enriquecer a exploração da dor do passado com essa análise otimista.

9
ASSUMINDO A RESPONSABILIDADE DE DEIXAR PARA TRÁS

Às vezes o homem não consegue prosseguir porque não assume a responsabilidade de deixar para trás. Sente que ela o deixou, mas cisma com a idéia de que ela errou. Culpá-la desse jeito impede que ele se sinta bem novamente. Quando um relacionamento termina, o ideal é que seja de comum acordo. Assim ninguém sente que é vítima.

Em algum ponto ele deve se convencer de que na verdade um não servia para o outro. Talvez pudessem fazer o relacionamento funcionar, se as circunstâncias e o momento fossem diferentes. Com essa perspectiva mais positiva, ele terá mais facilidade de perdoar e poderá se abrir para criar uma vida nova e maravilhosa para ele.

Quando o homem sente que foi abandonado e continua querendo a parceira, em geral fica preso na culpa e na crítica. Se tem filhos, pode cometer outro grande erro, dizendo que a mãe deles é egoísta e que não se importa com ninguém. Ele tem de manter esses sentimentos guardados só para ele e para o terapeuta.

Como pais e mães, devíamos ter sempre o cuidado de não julgar ou criticar violentamente o ex-parceiro na frente das crianças. É muito difícil para elas. Todo tipo de problema aparece quando a criança é forçada a ficar do lado do pai ou da mãe, contra o outro.

Se o homem sente que ama a parceira e que ela não devia tê-lo deixado, então cabe a ele ser o exemplo do que é o verdadeiro amor. Se realmente ama a companheira, deve apoiá-la quando ela faz o que julga ser o melhor para ela. É errado tratá-la como se fosse sua filha ou sua propriedade. Isso não é amor. Se quer mesmo que ela volte, a melhor abordagem é deixar para trás.

CUIDANDO DA REJEIÇÃO

Não pode acontecer de alguém ser a pessoa certa para nós, e nós não sermos a pessoa certa para ela. Se a mulher não nos quer, então certamente ela não é a pessoa certa para nós. Acreditar no contrário é continuar a ser uma vítima, agarrada à mágoa e à perda.

> Para deixar para trás precisamos reconhecer que ela pode ter chegado perto de ser a mulher certa para nós, mas não era.

Não nos faz bem idealizar uma mulher que não nos quer. A partir dessa perspectiva podemos ver que as idéias abaixo são logicamente inconsistentes:

"Éramos o casal perfeito, se ao menos não tivéssemos cometido aquele erro..."
"Somos o casal perfeito, ela devia voltar para ficar comigo..."
"Devíamos estar juntos, se ela não tivesse conhecido aquele outro cara..."
"Poderíamos ser perfeitos um para o outro, se eu a tivesse conhecido antes."
"Seríamos um casal perfeito, se ela não fosse de outro."

Se ela fosse realmente perfeita para você, então devia perdoar seu erro, devia ir morar com você, você a teria conhecido na hora certa, ela não amaria outro cara, estaria disponível, e não comprometida com outro... Se nos agarramos à idéia de que alguém é perfeito para nós, então precisamos redefinir a perfeição de maneira correta, pelo menos no que diz respeito à pessoa estar ao nosso alcance.

> É uma ilusão da paixão acreditar que alguém
> que não nos ama, aceita ou deseja poderia
> ser a pessoa certa para nós.

Para deixar para trás uma mulher que não o quer, o homem precisa reconhecer que ela não o quer. Reconhecer isso é doloroso, mas ajuda o homem a enfrentar e a suportar a verdade de que ela não o ama o bastante para ficar com ele. Ela não quer ficar com ele. Ter essa noção generalizada é importante, mas não é bom concentrar-se nas razões específicas que ela pode ter para não querê-lo.

As razões específicas para ela podem ser que ele não é bastante rico, suficientemente inteligente ou sofisticado, que é complicado demais, egoísta demais, obcecado, que precisa demais de incentivos etc. Essas são apenas condições superficiais. O verdadeiro motivo de não querer estar com ele é o fato de não ser a pessoa certa para ela. Se fosse, essas coisas não teriam importância. Concentrado nesse tipo de críticas, o homem pode facilmente pensar, eu posso mudar... E isso vai guiá-lo pelo caminho errado.

UM PROCESSO CONCLUSIVO

Se um casal faz terapia no fim do relacionamento, esse processo conclusivo pode ser muito útil. O terapeuta, para ajudar o homem a deixar para trás, pede para a mulher repetir as frases seguintes inúmeras vezes. Será bom sentir diretamente a dor da perda para ele conseguir deixar tudo para trás. Ela simplesmente diz para ele várias vezes as seguintes frases:

"Não quero ficar com você."
"Não o amo tanto quanto pensava."
"Você não é o companheiro certo para mim."
"Quero estar com outra pessoa."

"Vou amá-lo sempre, mas não o bastante para ficar com você."

"Eu sei que você não é a pessoa certa para mim."

Ouvindo essas frases muitas vezes, ele terá a chance de vivenciar claramente a separação e poderá deixar para trás. Depois de fazer esse exercício, o terapeuta deve pedir para a mulher sair da sala e então explorar melhor os quatro sentimentos de cura com o parceiro dela.

Para completar o exercício, ele deve dizer as mesmas frases para ela. Mesmo se não sentir integralmente ainda, deve apenas dizê-las. Pronunciando essas palavras, ele pode vivenciar a verdade, que por sua vez pode ficar gravada e então libertá-lo da prisão ilusória da dor.

Se ela não faz terapia com ele, ele pode fazer o mesmo exercício como teatro, com o terapeuta. O terapeuta faz o papel da ex-companheira e repete as frases que são de rejeição, porém honestas também. O homem então tem a oportunidade de sentir e de processar os sentimentos que surgem. Depois de explorar esses sentimentos, ele pode completar o exercício expressando as mesmas afirmações.

10
ALMAS GÊMEAS NÃO SÃO PERFEITAS

Às vezes o homem não consegue se comprometer porque compara a nova parceira a alguma fantasia da mulher perfeita de seus sonhos. Pode amar a mulher, mas não saberá se a decisão de ficar com ela é a certa. Ele quer certificar-se de que é a melhor de todas. Preocupa-se com a possibilidade de haver outra melhor em algum lugar. Esperando que sua alma gêmea seja perfeita, ele não se dá a chance de encontrar o amor verdadeiro e duradouro.

Esse homem adia o compromisso porque está à espera da perfeição. Imagina que sua alma gêmea é perfeita. Não possui uma perspectiva realista de relacionamentos e de gente. Uma alma gêmea não é uma pessoa perfeita. Não existe alguém assim. A alma gêmea é perfeita para ele.

> A alma gêmea não é perfeita,
> ela é perfeita para nós.

A descoberta de que a mulher é a alma gêmea de um homem acontece depois que ele dedica um tempo para conhecê-la. É irreal esperar essa descoberta logo no início do convívio. O nosso coração leva algum tempo para se abrir por completo para alguém. Quando o amor cresce, um dia descobrimos que nossa parceira é a pessoa certa para nós. Esse reconhecimento não é uma avaliação mental. É um conhecimento natural.

A pessoa certa para nós é reconhecida pela nossa alma, não pela nossa mente. A alma não avalia nada. Ela simplesmente sabe. Essa é a pessoa certa para mim. Se tentamos avaliar se uma parceira é a pessoa certa, estaremos julgando essa parceira racionalmente. A partir desse ponto de vista ela nunca satisfará tudo. Nossa mente sempre encontrará uma lista de defeitos. Para escolher uma alma gêmea, precisamos escolher com a alma.

....

Não podemos escolher nossa alma gêmea tentando analisar se ela é a pessoa certa.

....

Devemos usar nossa mente para descobrir como dar e receber amor e apoio da melhor forma possível. Quando somos bem-sucedidos no namoro usando nossas mentes, nosso coração começa a se abrir. Com o coração aberto, nossa alma pode então nos guiar para continuar ou acabar.

Às vezes, quando nosso coração se abre, descobrimos que a parceira não é a pessoa certa para nós. Conforme já vimos, o amor não basta. Só porque amamos nossa parceira não significa que ela seja a pessoa certa para nós. Uma alma gêmea é alguém com quem sentimos, no fundo do coração, o desejo de partilhar nossa vida. Podemos amar uma mulher, mas não querer partilhar nossa vida com ela.

11
TER PRESSA

O homem pode perder a oportunidade de amar por agir apressadamente. Esse homem tem uma missão. Se não souber com certeza que aquela mulher é a pessoa certa, ele segue em frente. Não quer se envolver mais, porque não deseja perder tempo. O tempo é precioso. Ele raciocina que dedicando muito tempo a um relacionamento, pode estar perdendo a oportunidade de encontrar a mulher certa.

Conhecendo melhor o processo da descoberta da alma gêmea, ele pode relaxar e não ter tanta pressa. Se ele ama uma mulher mas não tem certeza se ela é a pessoa certa para ele, não está desperdiçando tempo.

....
Mantendo o relacionamento até saber de
fato se a mulher é ou não a pessoa certa, o homem
estará se preparando para encontrar sua alma gêmea.
....

Se ele continuar a amar sua companheira e mais tarde descobrir que ela não é a pessoa certa, não terá perdido tempo. Terá usado esse tempo de maneira sábia para abrir seu coração e desenvolver sua habilidade de saber e reconhecer a alma gêmea. Dedicando tempo à lamentação do fim do relacionamento, suas chances de encontrar a pessoa certa da próxima vez aumentam muito.

Apesar de ter errado, ele não desperdiçou seu tempo. Da próxima vez suas chances de ganhar a partida aumentam drasticamente. Babe Ruth era o recordista de *home runs* (ponto máximo no beisebol), mas também era recordista de erros de rebatidas. Dando tudo de si, ele rebatia mais vezes de forma errada, mas logo depois conseguia um *home run*.

12
RECONHECENDO A ALMA GÊMEA

Muitas vezes nos preocupamos demais com a escolha da parceira certa. Apesar de cada mulher ser única e especial, o que podemos receber em qualquer relacionamento tem mais a ver com o que oferecemos, do que com a pessoa para quem nos entregamos. Se um homem pudesse conviver com muitas mulheres, ele receberia quase a mesma coisa de todas. Quando nossa alma reconhece a gêmea, não estamos reconhecendo uma mulher que é melhor do que as outras. Estamos reconhecendo alguém com quem podemos crescer com amor por toda a vida.

> O que recebemos de um relacionamento
> tem mais a ver com o que oferecemos
> do que com quem a pessoa é.

Quando reconhecemos nossa alma gêmea, é como se tivéssemos encontrado a única pessoa com quem podemos partilhar nossa vida. Como é uma escolha da alma, parece que tinha de ser. Descobrir nossa alma gêmea pode parecer obra do destino, mas continua sendo uma escolha. É limitado demais pensar que existe apenas uma pessoa para nós. Esse tipo de raciocínio pode deixar qualquer um nervoso na hora de fazer uma escolha.

> É limitado demais pensar que só
> existe uma pessoa para nós.

O homem muitas vezes comete o erro de pensar que existe uma mulher perfeita que é melhor do que as outras. Isso torna muito difícil decidir, porque não existe tal mulher. Para cada homem podem existir centenas de mulheres para escolher. Muitas vezes os homens dizem para mim: "Como vou escolher uma? Elas são todas maravilhosas! Há muitas, e cada uma diferente da outra."

A resposta para essa pergunta é que isso não se resolve racionalmente. Simplesmente escolhemos uma que parece tão boa quanto o resto e damos uma chance ao relacionamento. Se o amor dos dois cresce, à medida que você vai se entregando ao relacionamento, então seu coração pode se abrir mais completamente. Quando o coração está aberto, você conquista a capacidade de saber se é a mulher certa para você. Se não for, da próxima vez chegará mais perto de encontrar a sua.

13
CONCRETIZANDO AS FANTASIAS

Quando o homem está pronto para recomeçar, em geral só procura mulheres que se encaixam na "imagem" criada por ele. Todo homem anda por aí com um retrato da mulher ideal na cabeça. Na maioria dos casos, a mulher que se revela a parceira perfeita para ele não corresponde a esse retrato de jeito nenhum. É uma surpresa completa.

Quando os homens só procuram mulheres semelhantes ao retrato, estão adiando suas chances de encontrar a mulher certa. Muitas vezes o homem vai a uma festa e se interessa por várias mulheres. Mas ignora essa atração simplesmente porque a mulher não tem a aparência que ele acha que devia ter.

> O homem ignora a atração que sente, a menos que a mulher tenha uma aparência determinada.

Se o homem pudesse deixar as imagens de lado e sair com as mulheres pelas quais se sente atraído, teria muito mais chances de encontrar a pessoa certa. Em vez de focalizar a aparência da mulher, é melhor focalizar o que ela faz o homem sentir.

Atração física desaparece muito depressa. A paixão só se mantém quando a atração que sentimos é baseada em algo além da aparência física da mulher. Uma alma gêmea é alguém por quem nos sentimos atraídos nos quatro níveis do ser: físico, emocional, mental e espiritual. Sentimos atração sexual por ela, gostamos dela, achamos que é uma pessoa interessante e ela inspira o que há de melhor em nós. Para ter uma vida inteira de amor e não apenas algumas semanas, meses ou anos, precisamos fazer contato nos quatro níveis.

....

A paixão só se mantém quando a atração que sentimos é baseada em algo além da aparência física.

....

Fiquei surpreso de ver que clientes que pareciam estrelas de cinema e modelos quase sempre reclamavam que seus namorados ou maridos não sentiam mais atração por elas. Se não tinham envolvimento com alguém, muitas vezes ficavam muito decepcionadas com muitos homens que as desejavam e perdiam o interesse rapidamente. Não era difícil amar essas mulheres, mas isso acontecia porque elas se relacionavam com os homens errados. Homens que só sentiam atração no nível físico.

Se queremos ser felizes e bem amados a vida toda, devemos fazer como o sábio, que não julga o livro pela capa. Alguns homens ainda consideram isso difícil. Não conseguem desistir de encontrar a mulher perfeita que parece página central de revista. No entanto, quando encontram uma, aparece sempre algum defeito. Concentração demais no aspecto físico não satisfaz por muito tempo. A análise a seguir pode ajudar o homem a deixar a imagem de lado.

Quando o homem olha para uma mulher atraente, o que a torna tão maravilhosa? Ela é linda. É realmente um assombro. Por causa disso, ele se sente muito bem. Ela o excita. Faz com que ele queira o contato físico e, quando consegue, é ótimo. Quando se tocam, os dois ficam excitados.

Essa reflexão demonstra que o que deixa o homem mais feliz é a sensação que a mulher provoca. A principal exigência do homem devia ser o que provoca nele quando olha para ela, e não só sua aparência.

Às vezes o homem se agarra às suas fantasias pela mesma razão que se agarra à parceira antiga. Tem vínculos. Conforme já comentamos antes, para soltar esses vínculos ele precisa lamentar integralmente sua perda. Se um homem se apega a uma imagem, isso indica claramente que ainda não conseguiu liberar algum ponto dos antigos relacionamentos.

14
NÃO PODEMOS VIVER COM ELAS E NÃO PODEMOS VIVER SEM ELAS

Depois de vários relacionamentos fracassados, alguns homens simplesmente desistem. Param de tentar. Procuram a companhia de mulheres, mas quando os problemas começam a surgir, eles partem para outra. Em vez de aprender com suas experiências, eles criam generalizações negativas e limitadas. Esses homens não têm uma perspectiva positiva para compreender como homens e mulheres são diferentes. Eles amam as mulheres, mas concluíram que não podem viver com elas. Querem se envolver, mas não estão interessados em casamento.

Esses homens formam expectativas incorretas de como a mulher deve reagir diante de determinadas situações. Quando ela não reage como devia, ele sente uma frustração tremenda. Começa a julgá-la e tenta modificá-la, em vez de considerar uma mudança na sua abordagem. A frustração entre homens e mulheres ocorre especialmente na área da comunicação.

Ela quer conversar, e ele não quer. Ele quer espaço, ela quer ficar junto. Ela quer que ele ouça, mas quando ele propõe soluções, ela não leva em consideração, e ele conclui que ela não dá valor aos seus conselhos. Ele faz o melhor possível, mas nunca parece suficiente para ela. É difícil o amor crescer quando estamos sempre batendo cabeças.

....
Quando o homem dá soluções para a mulher, ela pode ficar mais frustrada ainda.
....

Se o homem tem sempre os mesmos problemas, em vez de concluir que há algo errado com as mulheres, precisa ver o quanto ele contribui para criar esses problemas. Em geral, fazendo apenas alguns ajustes na sua abordagem, ele pode viver exatamente o que quer e espera de um relacionamento amoroso. Aprendendo as diversas formas de comunicação de homens e mulheres, ele pode modificar esse padrão.

Às vezes a questão é mais profunda do que o que ele sabe sobre o sexo oposto. Se os sentimentos do relacionamento passado de um homem não são resolvidos, ele pode achar que nenhuma mulher atende às suas expectativas. Logo que se aproxima mais de uma mulher e sente amor e devoção naturais, alguma mágoa aparece e diz: "Espera aí, eu já fiz isso antes e não funcionou; acabei me sentindo um tolo. Isso pode me magoar..."

....

> Se os sentimentos dos homens não são resolvidos, ele pode achar que nenhuma mulher atende às suas expectativas.

....

Bem lá no fundo, se o homem tem alguma mágoa, rejeição ou se sente inadequado, quando se aproxima de uma mulher esses sentimentos começam a aflorar. Quando aparecem, não se identificam como sentimentos antigos. Ao contrário, o homem pode pensar que há algo errado com a parceira. Quando os homens se sentem inadequados, defendem-se rapidamente culpando outra pessoa.

Se o homem não se dá valor, é muito difícil dar valor a alguém que acha que ele tem valor. Essa atitude é igual à piada: "Eu não gostaria de ser sócio de nenhum clube que me aceitasse como sócio." Quando a mulher se rende facilmente às investidas de um homem, ele pode começar a questionar até que ponto ele a quer, ou até que ponto deseja relacionar-se com ela. Então, quando surgem problemas, tem muita dificuldade em atribuir valor suficiente ao relacionamento para superar os maus momentos.

15
A BUSCA SEM FIM

Alguns homens estão sempre procurando. Jamais se satisfazem com uma mulher, buscam sem descanso a certa. Continuam a empurrar o amor para longe supondo que por aí existe uma mulher que não será difícil. Quando vivencia os desafios normais que aparecem em quase todos os relacionamentos, ingenuamente conclui que está com a parceira errada. Assume erradamente que está sempre pegando os abacaxis.

É ingenuidade esperar ter sempre um bom entendimento no relacionamento, ou sempre conseguir o que quer. Todo relacionamento tem seus altos e baixos. Num bom relacionamento, os casais enfrentam os desafios e acabam mais próximos um do outro. Podem olhar para trás e rir de suas frustrações e desapontamentos.

Sem uma expectativa realista de como funcionam os relacionamentos, o homem conclui que não pode fazer nada para dar certo. Quando a parceira reclama de alguma coisa, se ele não obtém a reação que deseja depois de expor seu ponto de vista, desiste. Para ela parece que ele não se importa, mas o que acontece é que ele não sabe o que fazer.

Quando o homem sente que pode resolver um problema, tem energia para insistir até conseguir. Se conclui que não sabe o que fazer, ele desiste. Por exemplo, se alguma coisa enguiça no seu computador, ele passa horas tentando consertar. A diferença entre o computador e a parceira é que ele sabe que os computadores estão sempre enguiçando e supõe que consultando os manuais e modificando as especificações vai acabar conseguindo. Essa expectativa de sucesso alimenta seu interesse e sua perseverança.

PROBLEMAS E RECLAMAÇÕES DAS MULHERES

Se o homem chega à conclusão falsa de que está simplesmente paquerando as mulheres erradas, ele terá pouco interesse em tentar resolver os problemas e as questões que surgirem. O homem sabota suas chances de descobrir o amor duradouro esperando que os relacionamentos não tenham problemas e dificuldades de vez em quando. Que homem poderia supor que seu trabalho seria sempre fácil e divertido? A vida é uma alternância de trabalho e divertimento. É ingênuo esperar que o relacionamento seja diferente.

....
O homem sabota suas chances de descobrir o amor esperando que os relacionamentos não tenham problemas.
....

Depois de aconselhar milhares de homens e mulheres, cheguei à nítida conclusão de que as mulheres em geral têm as mesmas reclamações e os mesmos problemas em relação aos homens. Conversando comigo, elas achavam que seus problemas eram exclusivos dos seus relacionamentos. Não tinham idéia de que todos os dias da semana, todas as semanas, eu ouvia as mesmas histórias.

Certamente cada relacionamento é único e especial, mas há muitos padrões de comportamento, problemas, queixas e incompreensões que acontecem em quase todas as relações mais íntimas. Depois de ler *Homens são de Marte, mulheres são de Vênus*, homens e mulheres normalmente desconfiam que eu devo ter ficado escondido embaixo de suas camas ouvindo suas conversas. Eles sentem um certo alívio de saber que não estão sozinhos e que outras pessoas passam pelas mesmas coisas. Parte desse alívio também se deve ao fato de reconhecer que "se outras pessoas estão passando por isso, então eu não estou por fora".

O homem que procura eternamente acha que é diferente dos outros. Com essa nova perspectiva ele pode finalmente relaxar. Independentemente de quem ele escolher, com o tempo terá as mesmas reações que sempre teve. Jamais encontrará uma mulher que não seja uma mulher.

Isso não significa que não conseguirá o que quer de um relacionamento; ao contrário, terá uma oportunidade de encontrar o verdadeiro amor. É fácil amar a perfeição. O verdadeiro amor é aprender a amar uma pessoa de verdade, com todos seus defeitos e características diferentes.

....
Não importa quem o homem escolhe, com o tempo terá o mesmo tipo de reações que sempre teve.
....

Ele não está pegando os "abacaxis". Simplesmente não sabe adoçar um abacaxi e fazer um suco. Concluiu erradamente que suas dificuldades surgiam da escolha da mulher errada. Agora ele pode se consolar sabendo que com qualquer mulher terá de lidar com os mesmos tipos de problemas. Considerando que certos problemas são inevitáveis, ele pode começar a reconhecer que a frustração que sente é mais resultado da sua abordagem do que da mulher que escolheu.

As mulheres também se beneficiam muito com essa análise. Apesar de a mulher ter mais inclinação para reconhecer que os relacionamentos passam por dificuldades, muitas vezes ela resiste às tendências específicas de um homem. Inúmeras vezes mulheres me disseram que reconhecer o comportamento diferente dos homens ajudou-as a aceitar seus maridos, em vez de tentar modificá-los. Em geral a mulher leva para o lado pessoal quando o homem reage de forma diferente, ou deixa de fazer alguma coisa que ela faria por ele. Compreendendo como os homens são diferentes, ela pode achar graça e concluir que ele é de Marte.

16
REPRESSÃO

Se o homem não lamenta sua perda, pode sem saber estar afastando a oportunidade de amar, reprimindo nele certas atitudes. Quando é hora de recomeçar a namorar, se não extravasou seus sentimentos negativos, nem perdoou a ex-parceira, ele não vai se permitir assumir um compromisso.

Logo depois de uma separação, esse controle é muito saudável. Antes de se envolver, é importante que o homem recupere sua independência, auto-suficiência e autonomia. Se não reprimir durante um tempo a necessidade de assumir um compromisso, quando tiver um novo envolvimento a quebra do compromisso será inevitável.

Se fracassou em satisfazer sua parceira no passado, em vez de correr o risco de se queimar novamente, ele não se empenha tanto. Adota a atitude de querer ser amado pelo que é, e não pelo que faz. Toma muito cuidado para não se entregar demais, ou fazer qualquer promessa.

Esse tipo de repressão não é produtiva para o homem. Se vai se envolver, deve estar preparado para fazer isso e dar o melhor de si. Um ditado muito útil de Marte é: "Se o trabalho vale a pena, então vale fazer da melhor forma possível." Se ele não empenhar o que tem de melhor, ele perde.

> ....
> **Se o trabalho vale a pena, então vale fazer da melhor forma possível.**
> ....

O homem prospera quando sente que é bem-sucedido ajudando os outros. Sua auto-estima nasce ao fazer coisas para os outros e sentir-se bem-sucedido. Ele cresce fazendo promessas e o possível para cumpri-las. Se seus esforços no passado não foram apreciados, o ônus não reside na sua intenção de agradar e de cuidar dos outros, e sim na falta de apreço pelo que fez. Se não apreciam o que um homem faz, em vez de reprimir o desejo de se dedicar, ele precisa se entregar a alguém que saiba apreciá-lo.

    O maior desafio na vida de um homem é tomar a iniciativa de dar o melhor se seus esforços não foram valorizados no passado. Ele pode tentar novamente, mas continuará reprimindo o que tem de melhor. Ele se controla para se proteger. Caso fracasse, há sempre algum consolo em poder dizer: "Bom, eu não me esforcei de verdade." O que ele não percebe é que não se empenhando acaba perdendo contato com sua força e poder interior.

OS HOMENS EVITAM, AS MULHERES SE DEDICAM DEMAIS

Se não cura seu coração primeiro, quando recomeça a se relacionar o homem tende a se reprimir, enquanto a mulher tende a se dedicar demais. As mulheres têm uma necessidade especial de sentir que são amadas pelo que são, sem ter de fazer por merecer. Certamente a mulher gosta de cuidar dos outros e de ser valorizada, mas seu senso de valor depende de ser amada sem ter de fazer nada. *Em primeiro lugar* a mulher precisa ser amada por quem ela é e não pelo que faz. Quando ela depende demais de ser amada pelo que faz, tende a dedicar-se demais.

> ....
> Em primeiro lugar a mulher precisa ser
> amada por quem ela é, e não pelo que faz.
> ....

    Claro que tanto o homem quanto a mulher devem ser amados pelo que são, e não apenas pelo que empenham num relacionamento. Mas os homens também têm uma necessidade especial. *Em primeiro lugar* eles precisam ser valorizados pelo que fazem. Se um homem só é amado pelo que ele é, nunca será o bastante. Vai sempre faltar alguma coisa. Para receber o amor integralmente, o homem tem de sentir que o amor que recebe é resultado de seus esforços e realizações, não apenas porque é uma pessoa boa e carinhosa.

O homem se valoriza mais quando suas ações atendem às necessidades dos outros. Se num relacionamento anterior os atos de um homem não foram suficientes, então só quando essa dor for curada ele vai parar de se reprimir. Se não for capaz de perdoar a sua antiga parceira, ficará limitado no que poderá oferecer livremente no futuro. Antes de se comprometer novamente, ele tem de ter certeza de que está pronto para dar o melhor de si e não se reprimir.

17
SER VERSUS FAZER

É comum o homem ficar confuso e desistir de agradar a uma mulher. Ele pode afirmar que deseja ser amado pelo que é, e não pelo que faz. Não quer mais ser um escravo, trabalhando sem descanso para sustentar a mulher. Ele começa a achar que é uma máquina, cujo valor é avaliado pela produção. Quer ser amado como pessoa, e não por seus feitos.

Todos esses sentimentos são válidos, mas são sintomas de mágoa não curada. São as reações de um homem diante da sensação de não ser amado pelo que pode fazer, ou fez. Esse homem desistiu de tentar satisfazer a mulher porque acha que seus esforços no passado não serviram para nada. Considera que esses esforços não foram reconhecidos, por isso não se importa mais.

Em vez de desistir de agradar a mulher, o homem precisa aprender como satisfazê-la. Esse desafio é composto de duas partes. Primeiro ele tem de reconhecer que pode querer agradar a mulher, mas não sentir que é responsável pela felicidade dela. Segundo, ele tem de reconsiderar o que funciona e o que não funciona. Em vez de desistir definitivamente, ele pode sensatamente desistir apenas do que não funciona.

....
O homem tem de reconhecer que pode satisfazer
a mulher sem ser responsável pela felicidade dela.
....

Quando o homem acha que é responsável demais pela felicidade de uma mulher, quando ela não está feliz ele se sente derrotado. Quando ela está insatisfeita, ele acha que é um fracasso. O ideal seria que o homem não achasse que é responsável pela felicidade da mulher. Um homem sensato sabe que a mulher é responsável por isso. Nos momentos de tristeza ele só tem a responsabilidade de ajudar. Não pode assumir a responsabilidade por ela. Se fizer isso, será como se levasse uma paulada na cabeça.

Existe uma diferença enorme entre fazer o melhor possível para deixar uma mulher feliz e fazer o melhor possível e exigir que ela fique feliz imediatamente. Para compreender a mulher, o homem tem de reconhecer que às vezes a forma de fazê-la feliz é ficar do seu lado quando está infeliz. Quando a mulher está deprimida ou triste, a última coisa que quer é que o homem tente resolver seus problemas para que ela se sinta bem. Em vez de uma solução, ela quer que ele compreenda o que ela está vivendo.

> Quando o homem acha que é responsável demais pela felicidade da mulher, sente-se derrotado quando ela não está feliz.

Em vez de não ajudar de modo nenhum, o homem tem de perceber que às vezes a melhor maneira de ajudar é simplesmente ficar ao lado dela. Nesse caso, *ficar ao lado dela* já é fazer alguma coisa. Com uma compreensão mais profunda do modo de pensar e sentir das mulheres, o homem pode ter muito mais sucesso no seu relacionamento. Pode oferecer seu apoio livremente sem ter de achar que é responsável pelo modo que a mulher se sente.

Na verdade ele pode dar menos e apoiá-la mais. Quando um homem se dedica demais, acaba sentindo que depende demais do resultado. A entrega na medida certa faz com que ele não precise reprimir seu desejo de ser útil, pois ele está dando o que pode e recebendo o apreço de que precisa.

18
QUANTO MAIOR MELHOR

O ideal é que o homem não pense que seu valor é medido por sua produção. Não deve ser escravo do trabalho, nem sentir-se pressionado a desempenhar e sustentar para ser amado. Ele deve trabalhar e sustentar pessoas porque quer. A pressão que sente está mais relacionada com ele mesmo do que com o desejo de uma mulher de ser satisfeita. Ele pode achar que para ser amado e valorizado precisa fazer mais do que pode, ou do que está fazendo.

Na maioria dos casos, quando o homem resiste em identificar-se como provedor, é porque espera demais dele mesmo. Em vez de reconhecer que o que é capaz de fazer merece amor, comete o erro de sucumbir à pressão da sociedade que exige que faça mais, realize mais e possua mais bens para justificar o amor de uma mulher. Ele cai na armadilha da crença de que quanto maior, melhor.

Enquanto aconselhava casais percebi que o que os homens mais precisam é parar de se concentrar em fazer coisas grandiosas e pensar mais nas pequenas coisas. É a ação que agrada à mulher, mas ela não depende das coisas grandiosas que o homem realiza. Ele não precisa fazer muito mais para deixá-la feliz. Às vezes pode até fazer menos coisas grandiosas e mais pequenas coisas, e modificar completamente o relacionamento.

....
É a ação que agrada à mulher, mas ela não
depende das coisas grandiosas que o homem realiza.
....

Algumas mulheres querem realmente que o homem faça grandes coisas. Mas quando a mulher descobre as pequenas coisas que o homem pode fazer concretamente, passa a ver como são importantes os pequenos atos de carinho e apoio. A maioria das mulheres já sabe disso. São os homens que acham que têm de ter mais, fazer mais e realizar mais.

O QUE AS MULHERES REALMENTE QUEREM

Mesmo quando a mulher reclama que quer mais de um relacionamento, o que ela na verdade deseja é mais comunicação, mais carinho e compreensão. Quando o homem descobre que ela se aborrece com pequenas coisas, imediatamente comete o erro de supor que não aprecia as coisas grandiosas que ele faz. Então conclui que precisa fazer coisas ainda mais grandiosas para torná-la feliz. Tem de ganhar mais dinheiro, planejar férias maravilhosas, comprar uma casa, e assim por diante.

Em Marte o homem pensa da seguinte forma: se eu fizer algo realmente bom e útil por outra pessoa, ela vai manifestar seu apreço ignorando os pequenos erros que cometo. Quando o homem se envolve com uma mulher, se ela reclama de coisas pequenas, ele acha que ela não está dando valor às coisas grandes. Sente uma pressão ainda maior para fazer coisas grandiosas, e o resultado é que ignora ainda mais as pequenas coisas.

....

Quando a mulher reclama das pequenas coisas, o homem acha que ela não aprecia seus grandes feitos.

....

Se a mulher reclama de pequenas coisas, na verdade é porque para ela as pequenas coisas são tão importantes quanto as grandes. Em vez de resistir e de entender errado essa tendência feminina, o homem pode beneficiar-se muito com isso. Se quer agradar e satisfazer sua parceira, ele não deve concentrar-se tanto nas coisas grandiosas. Deve dedicar-se mais a fazer as pequenas coisas.

> Para a mulher as pequenas coisas são
> tão importantes quanto as grandes.

Agradar a uma mulher é muito mais fácil do que os homens costumam imaginar. Na verdade é um alívio para o homem compreender que a mulher é capaz de amá-lo e de valorizá-lo pelas pequenas coisas que faz. Ser apreciado por pequenas coisas liberta o homem das pressões da sociedade para fazer mais, realizar mais e ter mais. Eis alguns exemplos das pequenas coisas que contam muito em Vênus.

PEQUENAS COISAS PARA MARCAR PONTOS COM UMA MULHER

Seja afetuoso e faça carinho nela algumas vezes por dia.
Ouça com interesse quando ela fala.
Planeje com antecedência e organize programas românticos ou viagens regularmente.
Faça pequenos elogios.
Compre flores para ela.
Carregue as coisas para ela.
Ajude-a com suas responsabilidades quando ela estiver cansada.
Ofereça-se para fazer coisas úteis sem que ela precise pedir.
Escreva pequenos bilhetes com recados de vez em quando.
Incentive-a a tirar uma folga e ter um tempo só dela.

Não são as grandes coisas que estragam um relacionamento, e sim as pequenas coisas. Os casais podem brigar pelas grandes, mas é a realização das pequenas coisas que permite que a mulher dê ao homem o amor de que ele precisa para continuar se empenhando.

19
ENCONTRANDO O EQUILÍBRIO

Depois de uma separação ou um divórcio, o homem costuma julgar a ex-companheira pelo modo que ela trata a separação. Enquanto ele sente necessidade de evitar relacionamentos, ela pode tornar-se mais ativa e sair muito. Descobrir que ela está saindo com outras pessoas pode magoá-lo, especialmente se ele se sente rejeitado. Uma maior compreensão do que a mulher precisa pode ajudá-lo a não levar os novos interesses dela para o lado pessoal.

O homem tende a interpretar mal o comportamento da mulher porque suas necessidades depois de uma separação são diferentes. Se ele foi dedicado demais e se sente rejeitado, para restaurar o equilíbrio da sua vida pode querer isolar-se por um tempo. Utilizando esse tempo sozinho, ele pode explorar e processar corretamente seus sentimentos e recuperar um senso saudável de independência, auto-suficiência e autonomia. É o momento de ficar sozinho e de estar com a família e os amigos. Não é hora de envolver-se num relacionamento sério. Afastado dessa maneira, ele estará no caminho certo.

> Ficando sozinho um tempo, o homem pode sentir sua independência, auto-suficiência e autonomia.

A mulher tem necessidades diferentes no processo de cura. Ela encontra o equilíbrio recuperando o sentido saudável de segurança, encanto e independência. Se ela não recebia o que queria, pode querer sair de férias com uma amiga. Comportamentos que ele pode julgar egoístas são exatamente aquilo de que ela precisa. Também não é errado a mulher agir como solteira e aproveitar a companhia dos homens. A segurança que obtém com o afeto e interesse de muitos homens vai ajudá-la no processo de cura.

A mulher é capaz de encontrar equilíbrio quando se afasta das suas responsabilidades e deixa outra pessoa cuidar de suas necessidades. É bom aproveitar o interesse de outros homens, mas o ideal é que ela não assuma nenhum compromisso sério com algum parceiro. Cuidar das necessidades de um companheiro num relacionamento exclusivo pode afastá-la do tempo que precisa para sentir, reconhecer e satisfazer as próprias necessidades. O melhor conselho é que ela saia bastante, com muitos homens, e evite comprometer-se.

O HOMEM QUE VAI PARA A CAMA COM MUITAS MULHERES

Depois de uma separação traumática ou de um divórcio, homens e mulheres podem sentir a necessidade de ir para cama com muitos parceiros para melhorar a auto-estima. Quando é este o caso, os dois precisam tomar cuidado para não entrar logo em outro relacionamento sério. Depois da perda do amor, precisamos de tempo para prestar atenção nas nossas necessidades, e não nas necessidades de outra pessoa. Antes de ter uma relação exclusiva de novo, temos de primeiro curar nossos sentimentos de perda.

Ir para a cama com vários parceiros ou ter relações sexuais com certa regularidade ajuda o homem a manter contato com os sentimentos que precisa curar. Sem a liberação sexual é fácil o homem ignorar seus sentimentos de perda. Para alguns é apenas por meio do sexo que conseguem sentir o vazio de suas vidas. Depois da satisfação sexual com uma parceira, ou sozinho no chuveiro, é importante que o homem sinta as quatro emoções de cura. O momento ideal para processar esses sentimentos é depois da descarga sexual.

Se a utilização do sexo como forma de contato com os sentimentos não for consciente, o homem pode usá-lo, sem saber, como mecanismo para evitar esses sentimentos. Qualquer função natural em excesso pode tornar-se um vício que nos afasta dos sentimentos. Por exemplo, dormir demais, trabalhar demais, ou comer demais também podem entorpecer nossa dor e impedir a cura da nossa perda. Sexo, como qualquer outra função natural, pode ajudar-nos a manter contato com nossos sentimentos, ou afastá-los. Moderação no sexo para homens e mulheres é um ponto importante no processo de cura.

A MULHER QUE VAI PARA A CAMA COM VÁRIOS HOMENS

As mulheres têm mais inclinação para manter contato com seus sentimentos e não dependem tanto da liberação sexual. Sexo e romance podem ajudá-la a reconstruir sua auto-estima depois de sentir-se ignorada ou mal-amada num relacionamento. Para a mulher é importante sentir o desejo de um homem para manter um nível saudável de auto-estima. Quando a mulher está envolvida num relacionamento exclusivo e seu parceiro perde o interesse por ela, é quase inevitável que sua auto-estima diminua. Sair com várias pessoas e até ir para a cama com vários homens, se ela quiser, pode ser uma ajuda para fazê-la sentir-se bem com ela mesma de novo.

O ideal é que o sexo seja uma expressão de bem-estar e de oportunidade de partilhar algo com alguém. A mulher não deve se oferecer sexualmente esperando conquistar o comprometimento de um homem. Isso é um grande erro e pode magoá-la muito. O sexo na ressaca da separação só deve existir para gerar bem-estar e para criar algum laço que alivie a solidão. A mulher deve tomar cuidado para não usar o sexo como forma de conseguir um envolvimento mais sério com o homem. Se ela levar a sério o envolvimento, então deve adiar o sexo deliberadamente até seu coração estar curado. Se a mulher faz sexo esperando mais de um homem, está se expondo à mágoa.

A BUSCA DO SEXO

O sexo em si é inocente, desde que seja praticado voluntariamente por duas pessoas adultas. Mas às vezes a busca do sexo pode interferir no processo de cura. A concentração na procura do sexo pode nos afastar do reconhecimento da verdadeira fonte da nossa dor. Na busca de um parceiro sexual, ficamos excessivamente preocupados com a quantidade de sexo que devemos ter. E quando a procura do sexo em si se transforma em dor, não é saudável.

Nesse caso, em vez de continuar frustrados na busca do sexo, devemos assumir o controle para permanecer no caminho da cura. Pelo simples artifício de liberar sozinhos a tensão sexual, sem depender de uma parceira, podemos usufruir de um momento privado para sentir e curar nossa sensação de perda. Quando estivermos nos sentindo melhor, podemos começar a satisfazer nossas outras necessidades importantes de amizade, divertimento, reflexão e trabalho produtivo. Liberando nossa tensão sexual regularmente, ficamos livres da preocupação com o sexo e também temos tempo para atender às nossas outras necessidades.

O alívio da tensão sexual é apenas uma entre muitas necessidades. É importante não negá-la, nem ficar obcecado com ela. Equilíbrio e moderação são sempre o melhor remédio. O bom sexo com uma parceira ou sozinho muitas vezes é associado à culpa e à vergonha. Isso porque depois de aliviar a tensão, nossos sentimentos não resolvidos aparecem. Por exemplo, se estamos reprimindo vergonha, tristeza e sensação de vazio, esses sentimentos automaticamente surgem depois da liberação da tensão sexual. Se não compreendemos esse processo de cura, associamos por engano esses sentimentos negativos com o ato da liberação de tensão.

Depois do prazer sexual sozinho ou com uma parceira, podemos ter sentimentos ruins. O ideal é dizer para nós mesmos: "Tudo bem, agora tenho a oportunidade de sentir e curar as emoções que estão surgindo. Não estou me sentindo mal por ter acabado de fazer algo mau. Estou me sentindo mal por causa da separação; meus sentimentos não resolvidos estão aparecendo. Estou vivenciando os sentimentos do meu passado." Associando os sentimentos do passado e praticando a técnica de sentir-se melhor, o processo de cura pode começar.

A liberação da tensão sexual não é má em si, mas nos põe diante dos nossos sentimentos negativos não resolvidos. Se estamos reprimindo sentimentos que nos deixam mal, então depois do prazer sexual esses sentimentos vão aparecer. Para curar nosso coração é importante reconhecer claramente que o prazer é inocente e natural. Simplesmente nos liga ao nosso estado natural de sensibilidade, e de repente enfrentamos todos os nossos sentimentos não resolvidos.

Sem saber como processar os sentimentos não resolvidos que surgem depois do sexo, a liberação da tensão sexual deixará uma sensação ruim, em vez de boa. Se você não está disposto a aplicar as técnicas deste livro, o prazer sexual não é recomendado. Simplesmente fará aflorar a dor dos sentimentos não resolvidos novamente, até ficarmos entorpecidos pela repressão. Se você é capaz de processar as emoções curativas naturais que vêm à tona, então o prazer sexual se transforma numa forma fácil de entrar em contato e vivenciar suas emoções de cura.

20
ESCOLHENDO A MULHER CERTA

Quando o homem está recomeçando depois de uma separação, pode afastar o amor da sua vida e não ser capaz de tomar uma decisão. Ele tem dificuldade para escolher uma mulher. Inicia muitos relacionamentos, mas jamais completa algum. Pode estar saindo com três ou mais mulheres ao mesmo tempo. Se pensa em comprometer-se com alguma, não consegue se decidir porque de repente começa a lembrar-se de todas as boas qualidades das outras mulheres com quem esteve.

....
Alguns homens acham que estão se contentando com menos quando assumem compromisso com uma mulher.
....

Uma parceira parece boa, mas ele parte para outra. Toda vez que se aproxima mais de uma, a anterior parece mais desejável. Ele volta para a outra, mas sempre aparece uma nova que parece melhor. Dessa forma ele está sempre voltando para um relacionamento antigo e trocando por uma novidade.

Ele não consegue se comprometer porque nenhuma é suficientemente boa. Ele pensa em todas as qualidades de cada mulher e quer uma combinação de todas. Quanto mais mulheres namora, mais irreais ficam suas expectativas, e mais dificuldade ele tem para decidir. Não é capaz de se abrir para apreciar de verdade um relacionamento porque ainda se agarra ao passado.

....
O homem pensa em todas as qualidades de cada mulher com quem já saiu e quer uma combinação de todas.
....

Esse comportamento limitado pode ser corrigido se ele simplesmente reduzir o número de parceiras. Quando o homem não consegue se contentar com alguém é porque tem sentimentos não resolvidos do passado, ou então porque tem parceiras demais. Às vezes com um número muito grande de parceiras sexuais é praticamente impossível reconhecer a alma gêmea. As condições necessárias não estão presentes para o homem reconhecer que a parceira A é sua alma gêmea, se acabou de fazer sexo com a parceira B num período de três meses. É bom ter uma série de parceiras sexuais para facilitar o contato com seus sentimentos, mas quando ele está pronto para encontrar a alma gêmea, precisa ir mais devagar e dar uma chance para cada relacionamento.

É necessário investir em uma combinação consistente e monogâmica de energias para reconhecer uma alma gêmea. Para saber se quer compartilhar sua vida com uma mulher, o seu amor tem de poder crescer. Uma união especial precisa acontecer para o homem poder "saber" e ficar satisfeito. Se ele fez sexo com outra mulher durante esse período de maior união, os laços se desfazem e ele tem de recomeçar.

> É necessário investir em uma combinação consistente e monogâmica de energias para reconhecer uma alma gêmea.

Sem pelo menos alguns meses de exclusividade, é impossível saber. O homem fica indo e vindo, indeciso entre o desejo pela mulher A e pela mulher B. Tenta descobrir qual é a certa para ele, em vez de conhecer qual é com o coração e a alma.

Para acabar com esse ciclo, ele tem de escolher uma parceira e esquecer as outras por um tempo. Seu objetivo é levar um relacionamento até o fim. Deve ter o cuidado de permanecer sexualmente exclusivo em relação a essa parceira e nem mesmo paquerar uma nova candidata. Não pode nem pegar telefones para o futuro.

Durante esse tempo, é normal passar por um período em que acha que a grama do vizinho é mais verde. Mas dessa vez, em lugar de partir atrás de outros interesses, ele precisa permanecer fiel. Nesse ponto pode até deixar de sentir atração pela mulher A. Deve continuar com ela por mais alguns meses. Tem de dar um tempo para a reciclagem das suas necessidades sexuais.

....

Quando o homem tem dificuldades de se comprometer, é comum perder temporariamente a atração sexual.
....

Se ele descobrir que a atração por ela voltou, vai querer continuar. Se não voltar, então tem de acabar com o relacionamento de uma vez por todas. Pode também acontecer de a sexualidade continuar forte, mas depois de ser fiel um tempo, ele descobre que ela não é a mulher certa.

Completando esse relacionamento, o homem precisa ter certeza de não querer voltar. Para isso precisa curar qualquer sentimento que aparecer. Se quiser sair com várias mulheres, tudo bem, mas antes de comprometer-se novamente com uma, precisa descartar as outras.

Antes de fazer sexo ele deve estabelecer um padrão. Pelo menos assumir um compromisso num relacionamento exclusivo que pode ser o melhor. Não precisa ter certeza absoluta, mas deve parar se descobrir que a mulher com quem está indo para a cama não é a certa. Fazer sexo com uma parceira que definitivamente não serve para ele é perda de tempo e contraproducente.

Modificando seu comportamento em relação às namoradas, o homem vai descobrir que tem capacidade para escolher apenas uma parceira. Fazendo da forma correta, não será perseguido pela dúvida no futuro. Não vai achar que está de fora. Ao contrário, vai sentir que se não se comprometer é que ficará de fora.

21
APRENDENDO A DIZER ADEUS

Alguns homens têm dificuldade de aceitar um relacionamento, outros acham difícil dizer não. Depois de perder o amor, eles se envolvem com uma mulher, mas quando começam a perceber que não é ela, não conseguem terminar. Ela o ama e ele não é capaz de magoá-la com a rejeição. É muito comum segundos casamentos não funcionarem por causa disso. O homem assume um envolvimento rápido demais, os dois tornam-se íntimos e casam. Ambos são levados pela carência impulsiva dele. Ele precisa tê-la já. Não pode esperar. Sempre que somos impulsivos assim quanto ao casamento ou ao relacionamento íntimo, cometemos um erro.

> Segundos casamentos em geral não funcionam porque são realizados na ressaca da separação.

Depois de casado, ele começa a ter dúvidas e sente que caiu numa armadilha. Desperta do estado sonhador da paixão e descobre que a parceira não é a mulher dos seus sonhos. Vê-se numa situação muito dolorosa. Para ser fiel a si mesmo, ele tem de terminar tudo. A separação depois de casado infelizmente é muito mais dolorosa e causa mágoa muito maior do que a rejeição antes do casamento. Quanto mais tempo ele esperar, mais doloroso e complicado será.

O homem pode poupar-se e poupar a companheira dessa dor a mais, não casando. Melhor ainda, não deve se comprometer rápido demais. Precisa de tempo para sentir-se livre, algum tempo sozinho, e depois muito tempo de preparação para encontrar a mulher certa, na hora certa. Depois do sexo, ele precisa processar os sentimentos que surgem. Quando o homem não consegue dizer não para uma mulher porque não deseja magoá-la, existe uma razão por trás. Essa tendência parte de sentimentos de mágoa não resolvidos dentro dele. Se foi magoado por alguém que o rejeitou, ele não vai querer magoar a parceira do mesmo jeito. A incapacidade de pôr fim a um relacionamento é um sinal muito claro de que ele ainda precisa trabalhar a própria mágoa antes de estar pronto para envolver-se com alguém. Conseguindo perdoar a pessoa que causou a mágoa, ele será capaz de terminar um relacionamento sem o peso da culpa.

ESCREVENDO UMA CARTA DE ADEUS

Com ou sem culpa, se ele tem de acabar um relacionamento, deve fazê-lo. Na verdade é a melhor dádiva que pode oferecer para a mulher que teme magoar. Se o homem fica constrangido de terminar um relacionamento, ele pode escrever o que quer dizer e depois ler seus sentimentos para ela. Pode ser simples como o exemplo seguinte:

Querida........,
Quero que saiba que a amo, mas acho que não devo manter um relacionamento agora. Ainda não tive tempo para superar meu relacionamento anterior. Descobri que preciso de tempo para sair com muitas mulheres antes de comprometer-me como fiz com você.
É difícil dizer isso, porque não quero dizer nem fazer nada que magoe você. Mas preciso fazer isso por mim. Estou triste com o fim de nosso relacionamento.
Tenho medo de dizer essas coisas de um modo errado e magoar você. Não quero magoá-la. Sei que você me ama, por isso sei também que isso provavelmente vai doer muito. Sinto muito não poder dar o que você quer, nem poupá-la dessa dor.

Mas sei com certeza que preciso acabar com esse relacionamento.
Obrigado pelos bons momentos. Jamais esquecerei nosso amor e os momentos especiais que tivemos juntos. Você é uma pessoa maravilhosa e estou certo de que encontrará o homem certo.
Amor, ...

Depois de escrever seus pensamentos, sentimentos e intenções, ele pode ler a carta para a parceira. Não é correto pôr no correio e não conversar pessoalmente com ela. A conversa depois da leitura da carta é muito importante para ela saber que ele está tomando conhecimento das suas reações. Ele precisa tomar cuidado para não mudar de idéia. Deve ater-se à intenção de acabar com o relacionamento. Deve ser carinhoso mas firme.

Ela perguntará: "Por quê?" A resposta para essa pergunta só pode ser: "Eu te amo e descobri que você não é a pessoa certa para mim. Se não é a pessoa certa para mim, sei que não sou a pessoa certa para você."

Se ele der motivos triviais, ela vai pedir outra chance, ou que ele dê mais um tempo para o relacionamento. Pode ser que ela prometa mudar, ou peça para ele mudar. São apenas digressões. O verdadeiro motivo para pôr um fim no relacionamento é o mesmo que nos move quando planejamos casar. No nosso coração sabemos que é isso que temos de fazer. Quando nosso amor é incondicional, não existem motivos. As razões que podemos supor para o fato de estarmos ou não com alguém são todas secundárias ao sentimento do nosso coração que diz sim ou não.

Mesmo quando esse homem não está na ressaca da separação, ele ainda pode ter dificuldade para terminar um relacionamento íntimo. Se o homem sabe com certeza que a pessoa com quem está saindo não é a pessoa certa, ele pode escrever uma carta como esta e depois lê-la:

Querida..........,
Quero que saiba que a amo muito. Estou escrevendo esta carta porque é difícil dizer estas coisas para você. Não quero

magoá-la. Você é uma mulher muito especial. Merece ser amada e adorada. Eu descobri que apesar de amá-la muito, você não é a pessoa certa para mim. Quero terminar nosso relacionamento.
Sinto muito a dor que isso vai causar. Quero que você seja feliz e realizada, e sei muito bem que não sou o homem certo para isso. Sei que você encontrará o amor que merece e eu partirei em busca da pessoa certa para mim.
O tempo que passei com você foi muito especial e não vou esquecer.
Amor, ...

Para alguns homens, romper um relacionamento é muito difícil. Superando esse desafio eles se tornam capazes de perdoar a todas as mulheres do passado que podem tê-los rejeitado. Dizer não para um relacionamento que definitivamente não serve para nós é uma preparação excelente para poder encontrar e reconhecer a pessoa certa no futuro.

22
TENDÊNCIAS AUTODESTRUTIVAS

Quando o homem não consegue sentir nem curar a sensação de perda, pode ficar preso nas garras das tendências autodestrutivas. Pelo fato de não ser capaz de lidar de forma construtiva com sua mágoa, ele tende a magoar a si mesmo. Pode ser vítima de drogas, pode fugir e começar uma vida nova, pode arriscar sua vida, pode destruir sua força vital e pode até tentar se matar. Quando perde o controle, sua vida continua a afundar até chegar ao fundo do poço, e então ele procura ajuda.

Sem uma compreensão clara das formas alternativas de abordagem da dor, o homem não vai procurar ajuda. Com o tempo, se sua vida só for piorando, ele pode perceber que não conseguirá sair dessa sozinho. Muita gente acredita que o homem só pode melhorar depois de atingir o fundo do poço.

Mas não tem de ser assim. Se o homem tem uma escolha, não precisa chegar ao fundo do poço. Se compreender o processo de cura, ele poderá usar seu poder de raciocínio para reconhecer o valor do apoio e sair em busca dessa ajuda.

....
Se o homem reconhece que tem uma escolha,
não precisa chegar ao fundo do poço.
....

Mesmo se apenas começar a praticar os processos de cura deste livro sozinho, ele pode melhorar. Quando seu coração começar a se abrir novamente, ele poderá reconhecer o valor dos grupos de apoio. Ele precisa entender que tem essas tendências autodestrutivas porque está reprimindo alguns sentimentos.

Sem a ajuda de outras pessoas, é quase impossível recuperar-se totalmente.

INTERVENÇÃO

Quando uma pessoa querida sofre de tendências autodestrutivas, muitos terapeutas especializados podem ajudar, intervindo. Mesmo se o homem não procura ajuda, pode ser atendido por meio da intervenção. Ele é o responsável pela própria cura, mas para ajudá-lo a superar essas tendências autodestrutivas, a família e os amigos têm muita importância.

Não se deve dizer o que ele deve ou não fazer, mas é bom que os amigos e a família expliquem como o seu comportamento está afetando a todos. Também é um bom momento para os parentes fazerem os exercícios para sentir-se melhor e para lerem em voz alta as cartas que exprimem os sentimentos de raiva, tristeza, medo, pesar, amor, compreensão, desejo e confiança. Dizer para ele o que sentem, sem mencionar o que ele tem de fazer, pode ter um efeito curativo muito grande e poderoso.

....
Para intervir não se deve dizer para o homem o que ele deve fazer, mas é útil comunicar de que modo ele nos afeta.
....

Conhecendo os verdadeiros sentimentos das pessoas que ele está magoando, o homem encontrará forças para fazer as modificações necessárias. Se ele pensa que não afeta ninguém com a sua decadência, fica mais fácil mergulhar no poço do desespero. Os homens sempre ficam motivados quando alguém precisa deles. Ouvir o que os outros sentem pode fazer com que ele desperte para a sua capacidade de superar essa adversidade. Ele pode não gostar, mas mais tarde agradecerá esse apoio dos amigos e da família.

CURANDO O SEU PASSADO

Tendências autodestrutivas ocorrem quando o homem possui a propensão de reprimir certos sentimentos. Quando homens ou mulheres demonstram tendências autodestrutivas, é importante reconhecerem que não vão melhorar sem ajuda. O estado deles exige auxílio de apoio externo. Se as condições externas da infância fizeram com que ele reprimisse seus sentimentos, então vai precisar de condições externas para se abrir para esses sentimentos. É aí que o homem mais precisa de um terapeuta ou de um grupo de apoio.

> ....
> Sentimentos reprimidos provocam
> tendências autodestrutivas.
> ....

Se ele foi criado num ambiente punitivo, será especialmente autodestrutivo. Quando sente a humilhação do fracasso, ele se pune. Para libertar-se dessa tendência de autopunição, ele tem de lembrar dos momentos em que foi castigado, ou que teve medo de ser castigado. Processando e curando os sentimentos não resolvidos dessa época da sua vida, ele poderá modificar seu padrão de comportamento.

FUGA ATRAVÉS DE DROGAS E ÁLCOOL

Para tornar sua vida suportável, o homem pode fugir da dor através do abuso do álcool e das drogas. Se já bebe, ou usa drogas, durante uma crise de cura achará difícil resistir a esses hábitos. Provocando alterações no seu estado mental, ele consegue evitar seus verdadeiros sentimentos. Substâncias que alteram o estado mental entorpecem temporariamente nossos sentimentos dolorosos, mas aprisionam a mente e o corpo com a dependência.

Ficamos mais vulneráveis às drogas logo depois de uma perda. Quando nosso coração sofre, nosso corpo sofre. Para enfrentar essa dor, o corpo começa a produzir endorfinas naturais para aliviar a dor.

....

Os processos de lamentação descritos neste livro estimulam a produção natural de endorfinas, hormônios que reduzem a dor.

....

Drogas e álcool também estimulam o organismo a liberar endorfinas. O problema do estímulo externo é que o corpo pára de produzir as endorfinas. Quando não estamos sob o efeito das drogas, o corpo sofre a tremenda agonia da privação. É extremamente doloroso porque o organismo não produz mais as endorfinas normais que fazem nosso coração se abrir e ajudam nossa mente a encontrar a paz.

Evitando as drogas, o homem pode ter de encarar sua dor, mas ela será bem menor do que a agonia física e mental da abstinência. Participando de um grupo de desintoxicação ou freqüentando as reuniões dos Alcoólicos Anônimos, ele terá a chance de obter o apoio de que precisa sem precisar chegar ao fundo do poço.

ESCAPANDO DE CARRO

Quando a capacidade de sentir suas emoções está bloqueada, o homem pode ficar entorpecido ou apático. Para sentir-se vivo novamente, sente vontade de fugir. Pode simplesmente entrar no seu carro e ir embora. Não tem idéia de para onde quer ir, só sabe que tem de ir.

Sair por aí dirigindo dá a sensação de poder deixar os problemas e o sofrimento para trás. Com o tempo ele acaba descobrindo que os problemas são como a sua sombra: não vão embora, nem desaparecem quando sai da cidade, ou muda de endereço. Ele pode até sentir um certo alívio, mas deve tomar cuidado para não fechar porta nenhuma, nem se afastar do valioso apoio dos amigos e da família.

> Nossos sentimentos não resolvidos são como a sombra: não vão embora quando saímos da cidade.

Desde que dirija o carro com segurança, se gosta de dirigir, tudo bem. Em vez de fugir e de ficar longe, ele deve acabar voltando. Para curar seu coração, esse homem precisa enfrentar seus sentimentos, e não fugir. Deixar para trás todas as pessoas que o amam é outra tendência autodestrutiva.

O homem foge porque acha que não merece estar com ninguém, nem receber ajuda. Encarando os amigos ele aprenderá uma das lições mais poderosas de cura da sua vida. Ficará surpreso de ser amado mesmo quando acha que não merece isso.

ARRISCANDO A VIDA

Às vezes, quando o homem reprime seus sentimentos, a única forma de saber que está vivo é arriscando a própria vida, ou sendo temerário. Depois de uma perda, ele pode resolver escalar uma montanha, ou pilotar um carro de corrida. Se correr esses riscos com uma margem razoável de segurança, tudo bem. As pessoas fazem isso diariamente. Tirar férias para escalar uma montanha ou embrenhar-se numa floresta é bom, porque pode ajudá-lo a sentir-se mais independente e autônomo de novo.

Quando o homem arrisca a vida fazendo alguma coisa, é forçado a concentrar toda a sua energia na sobrevivência. Preocupado com questões de vida e morte, desliga temporariamente sua necessidade de amar e de ser amado. Subitamente a dor provocada pela perda do amor fica insignificante, se comparada ao perigo de perder a vida. Para permanecer vivo, ele precisa estar completamente concentrado naquele momento. Durante esse tempo sente a euforia do contato com seus sentimentos.

> A dor provocada pela perda do amor é suprimida automaticamente quando enfrentamos o perigo.

Essa é uma válvula de escape positiva, mas não cura a mágoa, nem corrige a tendência de reprimir sentimentos. Viver o momento nos livra temporariamente do passado, mas não cura esse passado. Logo que o perigo acaba, nossos sentimentos não resolvidos afloram para serem curados. Antes de sair correndo para outra aventura arriscada, o homem precisa de tempo para processar seus sentimentos.

Muitas vezes as pessoas ficam imaginando por que as terapias se concentram tanto no que aconteceu no passado, se o verdadeiro objetivo é viver o momento. Olhar para o passado é importante, porque na verdade são as experiências incompletas do passado que nos arrancam do presente. Se ouvirmos com atenção o nosso passado, ele não invadirá mais o nosso presente. O ideal é estar totalmente presente no momento, sentindo a plenitude da vida, em contato com nossos sentimentos, sem ter de correr perigo.

PERDENDO A ENERGIA VITAL

Quando o coração de um homem está fechado, ele pode ficar sexualmente obcecado por mulheres pelas quais não sente afeição alguma. A energia bloqueada em seu coração busca alívio através do sexo. O sexo faz com que ele comece a sentir novamente.

O homem pode reduzir a tensão emocional liberando sua energia vital sexual. Com intenso estímulo sexual ele é capaz de sentir um alívio momentâneo. Dissipar a energia vital através do sexo sem amor pode provocar uma sensação boa, mas depois ele não se sente bem. Apesar do alívio da tensão, ele sabe que também perdeu alguma coisa. Essa sensação de perda não acontece por causa do sexo sem amor, nasce dos seus sentimentos de perda não resolvidos do passado.

....
Sexo sem amor pode provocar uma sensação boa,
mas depois o homem sente um grande vazio.
....

Quando o homem reprime sua dor, pode ansiar pelo prazer do sexo. Sente uma forte atração por prostitutas, pornografia e masturbação em excesso. Sente-se atraído por mulheres que não despertam interesse fora da relação sexual. Sente uma atração especial quando não há chance de haver intimidade. Para curar seu coração, depois de tais encontros ele precisa processar e curar os sentimentos dolorosos da vergonha, da perda e do vazio que afloram. Para evitar estímulo sexual excessivo, banho frio, exercício, comer, estudar e assistir a filmes sem sexo são atividades úteis. Mais de uma ejaculação por dia pode significar vício de sexo.

TIRAR A PRÓPRIA VIDA

A tendência autodestrutiva final é a tentativa de cometer suicídio. Um número maior de mulheres tenta o suicídio, mas o número de homens que consegue é maior. O homem pensa no suicídio quando a vida se torna insuportável. Muitas vezes é a vergonha associada ao fracasso que provoca essa vontade de morrer. Ele prefere morrer a enfrentar a família e os amigos, e a admitir sua incompetência. Não aceita ajuda deles porque acha que não merece.

O homem pode se matar por não saber o que mais pode fazer. Se não puder salvar as aparências, tem de morrer. As mulheres cometem suicídio quando a dor de não conseguir o que querem é tão grande que não conseguem suportar e não sabem mais o que fazer. Muitas vezes a mulher comunica aos outros que deseja cometer suicídio para explicar que precisa de ajuda.

> Para salvar as aparências depois da humilhação de um fracasso, o homem acha que deve morrer.

O homem comete suicídio porque não sabe o que fazer, e acredita que sua presença só vai piorar as coisas para todos. Prefere morrer a ter de enfrentar as conseqüências do fracasso.

Não suporta a idéia de decepcionar as pessoas que ama. Quando começa a pensar que continuando vivo só vai piorar as coisas, a própria morte se transforma num jeito de ajudar a solucionar o problema que ele mesmo causou. Uma razão genérica do suicídio que se aplica aos homens e às mulheres é o fato de querer morrer para parar de sofrer. Querer deixar a dor para trás.

....
Por trás do desejo de morte o que existe de fato é o desejo de acabar com a dor, de ser feliz novamente e de encontrar a paz.
....

Uma forma de modificar a tendência suicida é reconhecer esse sentimento: "Eu quero morrer." Temos de ir mais fundo e perguntar: "Por que quero morrer?" A resposta será sempre uma afirmação de vida. Pode ser: "Quero livrar-me da dor, quero parar de sofrer, quero deixar tudo isso para trás, quero ser livre, quero ser feliz, quero paz, quero viver."

Depois de conscientizar-se dessas intenções positivas que estão por trás do desejo de morte, a pessoa pode começar a processar as quatro emoções de cura. Conectados ao nosso desejo de viver, é mais fácil fazer contato com nossos sentimentos de raiva, tristeza, medo e pesar. Isso pode ser feito sem ajuda, mas, até aprender direito, é bom partilhar esses sentimentos com um terapeuta.

23
DESCOBRINDO O PODER DO PROVEDOR

Depois da perda de um amor, o homem enfrenta todo tipo de sentimentos de insegurança. Pode confiar muito no seu trabalho, mas quando pensa que precisa começar a namorar de novo, é natural que tenha receio. Independentemente de como seu relacionamento terminou, é embaraçoso e assustador recomeçar a sair e namorar.

Quando o homem tem mais de quarenta, pode sentir-se muito embaraçado. Se ficou casado algum tempo, às vezes não sabe por onde começar, aonde ir para conhecer gente. Os hábitos de paquera e namoro sofreram mudanças dramáticas. Hoje em dias as mulheres têm novas necessidades e expectativas diferentes. Ele levará algum tempo para conquistar confiança e ficar à vontade no processo do namoro.

....
Os hábitos de paquera e namoro sofreram mudanças dramáticas; hoje é muito mais complicado que antes.
....

Ajudando a si mesmo e não assumindo compromissos na ressaca da separação, o homem aos poucos poderá se ambientar melhor. Com o tempo vai desenvolver uma confiança interior e a consciência do seu poder de provedor. Quando começar a sentir que tem o poder de conquistar uma mulher, conseguirá encontrar a pessoa certa para ele.

Se seu objetivo principal é apenas encontrar uma parceira sexual, ele estará adiando a oportunidade de obter um sucesso crescente no processo do namoro. Descobrindo e vivenciando que tem mais a ganhar do que apenas sexo quando conhece alguém, será muito mais fácil aclimatar-se a essa nova condição de solteiro.

SAINDO COM MULHERES MAIS JOVENS

Quando o homem já passou dos quarenta e ainda não está à vontade na condição de solteiro, automaticamente sente atração por mulheres mais jovens. A juventude e a falta de experiência fazem com que ele se sinta mais competente e poderoso. Quando a mulher tem entre vinte e trinta anos, normalmente sente atração por um homem mais velho, mais poderoso. Ele é mais maduro que os homens da idade dela. Isso pode ser muito interessante, especialmente se ela está um pouco insegura e à procura de alguém que a ajude.

Não há nada de errado em sair com mulheres mais jovens. Na verdade isso pode até dar mais vida ao homem. Com mulheres mais novas ele automaticamente se sente mais jovem e mais poderoso. Isso pode ser mais bem analisado como uma fase, uma oportunidade para fazer contato com seu passado. Em geral o jovem não possui a mesma confiança que o homem mais velho. Quando o homem mais velho consegue sentir que é jovem outra vez e ao mesmo tempo desfruta da sua segurança por ser mais maduro, isso pode significar grande liberdade e satisfação.

Um dos problemas que ocorrem quando estamos com uma mulher mais jovem é que quando elas amadurecem as coisas mudam. Conforme a mulher se aproxima dos trinta, seus hormônios começam a mudar. Ela passa a não ceder tanto quanto antes. Sente uma necessidade maior de ser ela mesma e não cede com a mesma facilidade às vontades do parceiro.

....
Conforme a mulher vai chegando mais perto dos trinta, seus hormônios começam a mudar e ela passa a ceder menos.
....

Outro problema possível é a atração. É difícil manter o interesse por alguém com um nível diferente de maturidade. A menos que ele seja muito jovem intimamente e ela mais madura para a idade, depois da primeira corrida hormonal ambos perderão o interesse um pelo outro. Para certificar-se de que está se envolvendo com a mulher certa para ele, o homem precisa ter o cuidado de não casar depressa demais com uma mulher mais jovem. Ele necessita de tempo para desenvolver seu poder de provedor e para ter certeza de que está atraído pela mulher certa para ele.

FRACASSO SEXUAL

Quando está recomeçando, quase todo homem sente algum tipo de incapacidade no desempenho sexual. Muitas vezes entra em pânico e acha que tem alguma coisa errada. Não há nada de errado. É apenas seu corpo alertando que ainda não está pronto para o sexo — indicando que ele deve ir mais devagar.

Mesmo se sentir desejo sexual, quando a oportunidade surgir ele pode não conseguir uma ereção, perdê-la antes da relação, ter uma ejaculação precoce, ou ter a ereção mas não conseguir gozar. Se algum desses sintomas ocorre, ele supõe que algo esteja errado. Não é isso; o que ele precisa é reconhecer que não está preparado para chegar a esse ponto.

> ....
> Quando o corpo de um homem falha sexualmente, está indicando que é para ir mais devagar.
> ....

Se ele ainda se prende a alguma mágoa, não pode entregar-se sexualmente à mulher que ama. Pode ter um desempenho excelente com uma prostituta, ou sozinho no chuveiro, mas quando está com uma mulher que o interessa, seu corpo não funciona. Tentar fazer isso acontecer antes de estar preparado só vai complicar o processo.

Baseado no sexo que não funcionou no passado, sua ansiedade quanto ao desempenho automaticamente aumenta na tentativa seguinte. A melhor coisa a fazer é observar o alerta que seu corpo está manifestando. Quando curar seu coração e começar a vivenciar seu poder natural de provedor, a capacidade sexual estará inteira a seu dispor.

SALVANDO AS MULHERES

Quando o homem ainda não sente seu poder de provedor, em geral é atraído pela mulher necessitada. Se puder salvá-la sentirá seu poder novamente. A sensação é boa, mas ele precisa ter cuidado. Pode ficar dependente dela para sentir segurança e poder. O melhor é primeiro sentir seu poder de provedor, e depois partir para o envolvimento mais íntimo.

Depender de uma mulher para sentir-se poderoso não é um poder real. A carência dela libera o homem temporariamente da sensação de impotência. Quando ele dispõe dos meios para resolver os problemas dela, pode ficar imediatamente excitado. Se estava sofrendo, subitamente sentir-se-á melhor. Esse tipo de romance, apesar de passional, em geral não dura muito.

....
**Quando o homem dispõe dos meios
para resolver os problemas de uma mulher,
pode ficar imediatamente excitado.**
....

Quando acaba o desespero e ela não sente mais necessidade de ser salva por ele, a atração diminui. Ele ou ela pode descobrir que não servem um para o outro. A atração que ele sente em geral só se baseia no desejo de ser útil e no prazer da volta da sensação de poder. O homem consegue essa mesma onda de poder ajudando a mulher e não se envolvendo sexualmente. Então fica mais fácil terminar, caso não sejam as pessoas certas uma para a outra.

ENCONTRANDO A MULHER MATERNAL

Quando está recuperando seu poder, é comum o homem sentir-se atraído temporariamente pelas mulheres maternais. A mulher que é nutriz ou maternal ajuda o homem a sentir as mágoas da infância. Quando essas mágoas são curadas, em geral ele descobre que ela não é a escolha certa para ele.

Quando o homem tem problemas não resolvidos da infância, pode sentir atração por uma mulher que vai acalentá-lo como se fosse um menino. Ele quer que ela o trate como queria que a mãe o tivesse tratado. Quando cura essa mágoa, perde a atração. Na melhor das hipóteses, a atração aparece e desaparece.

> Quando o homem sente atração por uma mulher maternal durante o processo de cura, normalmente essa atração dura pouco.

Depois do relacionamento consumado, a confusão é ainda maior. Ele automaticamente começa a projetar nela seus sentimentos não resolvidos. Enquanto ele sente a necessidade de que ela faça o papel da mãe, seus sentimentos não resolvidos da infância serão projetados nela. O que sentia pela mãe será transferido para a parceira.

Por exemplo, se tem problemas não resolvidos de raiva e mágoa, no seu relacionamento de adulto ficará excessivamente sensível e magoado com o que ela disser ou fizer. Terá reações exageradas de raiva. Já é bem difícil ter um relacionamento no presente sem permitir a intromissão do passado. Antes de assumir um compromisso o homem deve cuidar para não procurar uma mãe para curar suas mágoas.

> O sexo durante o processo de cura intensifica a tendência de projetar nossos sentimentos do passado.

Ter um relacionamento sexual com uma mulher maternal e assumir um compromisso firme durante o processo de cura representam tensão no convívio e obstruem o processo natural de cura. Se depender demais de uma mulher dessa forma, o homem também estará atrasando a sensação de independência e poder que precisa recuperar. Esse relacionamento pode ser confortante e curativo, mas ele vai sentir-se preso.

Se o homem sente atração por mulheres maternais durante seu processo de cura, deve procurar uma terapeuta mulher. Ela será capaz de ser maternal como ele quer, e também poderá torná-lo cada vez mais independente e poderoso. Assim, ele terá o tempo necessário para recuperar seu poder antes de assumir um compromisso.

....
Quando o homem busca uma mulher maternal, na verdade deve procurar uma terapeuta mulher.
....

Em cada um desses exemplos o homem sente atração por uma mulher ou situação na qual acha que tem poder. Essa tendência não é nada limitada, desde que ele trate de evitar um compromisso sério durante a crise de cura.

Tirando o compromisso da equação, o homem é livre para sentir seu poder de provedor sem muitos vínculos. Isso exige controle, mas o homem ganha força sendo útil aos outros, sem depender intimamente de ninguém. Uma segurança maravilhosa finalmente aparecerá e, além de tornar o processo do namoro divertido, também vai estar preparando o homem para o relacionamento certo. Consciente do seu poder de provedor, ele poderá manter a paixão pela vida toda.

O homem sente um grande poder quando vivencia livremente o sexo sem ter de assumir um compromisso duradouro. Aproveitar os dotes sexuais de uma mulher sem condições vai ajudá-lo a sentir e a curar seus sentimentos de mágoa gerados pelos vínculos. Depois de curar seu coração ele estará pronto para encontrar o amor e assumir um compromisso.

CONCLUSÃO

A ENCRUZILHADA NO CAMINHO

Quando estão recomeçando, tanto os homens quanto as mulheres se deparam com uma encruzilhada no caminho. De um lado a luz, o amor e a esperança. Do outro a escuridão, o desespero e o vazio. O primeiro caminho é uma subida, difícil no início. Ao longo dele precisamos sentir nossa dor e aprender novas formas de relacionamento. O desafio de viver é o que temos de melhor. O outro caminho é mais fácil a princípio, mas vai se tornando cada vez mais doloroso e difícil. Promete alívio, mas não cura nosso coração. Não nos leva de volta para casa.

Quando assumimos os risco de amar novamente, ficamos mais fortes e também mais amorosos. Ao enfrentar o desafio de curar nosso coração, seguimos ao encontro de um amor ainda maior. Com o coração cheio de amor podemos expressar todo o nosso potencial e ao mesmo tempo satisfazer o objetivo mais profundo da nossa alma: amar e ser amado.

Não somos os únicos a nos beneficiar com essa graça. Nossos filhos também se beneficiam. Quando os pais estão sofrendo, uma parte deles também sofre. Os pais estão sempre pensando no que podem fazer pelos filhos. A maior dádiva que podem oferecer é o exemplo de amor e de cura. Quando curamos nosso coração, nossos filhos automaticamente crescem em amor. Quando curamos e nos livramos da dor, o fardo que eles carregam também diminui.

A dor que não curamos fica para trás, e quem a carrega são os filhos. Quando nosso fardo pesa demais e somos tentados a desistir, devemos lembrar que também fazemos isso por eles.

Não estamos apenas ajudando a nós mesmos, e sim afastando o perigo e conduzindo os filhos rumo à segurança e ao calor do amor.

Ao ler este livro com atenção você manifestou interesse no compromisso de completar sua jornada de cura e de voltar para casa, para o seu coração. Esse pode ser o momento mais doloroso de toda a sua vida, mas vai olhar para trás e agradecer as dádivas que a cura oferece. Ao curar seu coração partido você ficará mais forte do que nunca. Essa dor vai passar e você terá uma nova vida com mais amor, compreensão e compaixão, muito além do que seria capaz de imaginar.

Mesmo se a perda aconteceu há muitos anos, nunca é tarde para dar meia-volta, curar seu coração e depois seguir ao encontro do amor verdadeiro e duradouro. Se já cometeu alguns erros descritos em *Marte e Vênus recomeçando*, ainda terá a opção de reencontrar o amor.

APRENDENDO A DEIXAR O PASSADO PARA TRÁS

Richard ficou casado vinte e três anos antes do divórcio. Casou cedo. Depois de vinte e três anos, percebeu que a mulher não era a pessoa certa para ele. Em vez de curar seu coração primeiro, partiu para uma série de relacionamentos. Cometeu quase todos os erros que constam deste livro.

Ficava comprometido com uma mulher, de repente surgiam as dúvidas e começava a sair com outra. Depois de passar três anos mantendo relacionamentos íntimos com seis mulheres, não conseguia decidir com qual delas devia se comprometer. Cada mulher tinha algumas qualidades que ele desejava encontrar. Escolher uma significava abandonar as outras. Em vez de optar por uma, ele até considerou desistir da idéia de ter qualquer relacionamento.

Depois de participar de um workshop Marte & Vênus, Richard conseguiu recomeçar, dessa vez com maior sucesso. Descobriu que não conseguia acabar com seu novo relacionamento porque não tinha deixado para trás a ex-mulher. Ao curar seus sentimentos não resolvidos em relação à ex-companheira, ele conseguiu modificar suas atitudes no namoro. Terminando seu casamento, foi capaz de terminar também seus outros relacionamentos.

Um ano depois encontrou a mulher perfeita para ele e passou a viver o amor verdadeiro e duradouro. Quando estava de fato preparado para se envolver, descobriu que a mulher certa para ele morava a um quarteirão da sua casa. Dessa vez não foi nada difícil assumir um compromisso.

DESCOBRINDO O PERDÃO

Lucy foi vítima de traição no casamento. O ex-marido tinha se apaixonado pela secretária e a abandonou. Ela ficou arrasada. Para recuperar a confiança, Lucy começou a sair com vários homens. Era bom sentir-se querida e desejada, mas não bastava. Não podia bastar, porque ela ainda sofria a influência de sentimentos não resolvidos do casamento. Não sabia como processar e curar sua mágoa.

Depois de um tempo resolveu concentrar-se na carreira e nos filhos, e parar de se preocupar com relacionamentos. Nove anos mais tarde estava razoavelmente satisfeita, mas ainda faltava alguma coisa. Participou de um workshop Marte & Vênus e descobriu que ainda estava presa à mágoa não resolvida. Aprendeu a sentir as quatro emoções de cura e conseguiu encontrar o perdão, passando a desejar de forma saudável um relacionamento íntimo.

Lucy achava que jamais encontraria o amor novamente, mas ao curar seu coração percebeu que tinha escolha. Com essa mudança de atitude, em seis meses conheceu um homem que se revelou o par perfeito para ela. Ao curar seu coração ela pôde recomeçar e encontrar o amor duradouro.

A OPÇÃO DE AMAR NOVAMENTE

Equipado com as análises simples de *Marte e Vênus recomeçando*, você agora tem uma opção. Possui um mapa para guiá-lo em sua jornada. Como um sábio professor, espero que possa ajudá-lo a encontrar as respostas de que precisa. Como um bom amigo, espero que viaje ao seu lado. Como um anjo celeste, que possa confortá-lo no momento em que mais precisa, e que seja a lembrança de que você é amado, que não foi esquecido, que suas preces estão sendo atendidas.

Na sua viagem de volta para casa, encontrará o apoio necessário para continuar fazendo a melhor opção. A cada nova encruzilhada no caminho, escolhendo a cura do seu coração, lembre-se que está resgatando o amor divino para este mundo. Escolha o amor não só para você, mas para seus filhos, seus amigos e, inclusive, para o mundo. Nunca se esqueça de que seu amor é necessário. Obrigado por partilhar sua jornada comigo e obrigado por deixar que eu promova modificações em sua vida.

Este livro foi impresso na Editora JPA Ltda.,
Av. Brasil, 10.600 – Rio de Janeiro – RJ,
para a Editora Rocco Ltda.